鏖战破局

钢铁供给侧改革与流通创新法则

BATTLE,BROKEN

王京　赵颖·著

企业管理出版社
ENTERPRISE MANAGEMENT PUBLISHING HOUSE

图书在版编目（CIP）数据

鏖战·破局：钢铁供给侧改革与流通创新法则 / 王京，赵颖著. — 北京：企业管理出版社，2017.12

ISBN 978-7-5164-1624-2

Ⅰ. ①鏖… Ⅱ. ①王… ②赵… Ⅲ. ①钢铁工业—工业发展—研究—中国 Ⅳ. ①F426.31

中国版本图书馆CIP数据核字（2017）第281114号

书　　名：鏖战·破局：钢铁供给侧改革与流通创新法则
作　　者：王　京　赵　颖
责任编辑：张　羿
书　　号：ISBN 978-7-5164-1624-2
出版发行：企业管理出版社
地　　址：北京市海淀区紫竹院南路17号　邮编：100048
网　　址：http://www.emph.cn
电　　话：总编室（010）68701719　发行部（010）68701816　编辑部（010）68701292
电子信箱：80147@sina.com
印　　刷：北京宝昌彩色印刷有限公司
经　　销：新华书店
规　　格：170毫米×240毫米　16开本　19.75印张　296千字
版　　次：2017年12月第1版　2017年12月第1次印刷
定　　价：68.00元

序　一

新常态下，我国“经济增速换挡、结构调整阵痛、动能转换困难”相互交织，有效需求乏力和有效供给不足并存，结构性矛盾日趋凸显。推进供给侧结构性改革，从供给生产端入手，着力提高供给体系质量和效率，对于钢铁、煤炭等长期过剩的行业来说极为迫切。

从钢铁的角度来理解，钢铁行业作为我国供给侧结构性改革的第一个行业，肩负着政策“破题”，为其他行业提供可复制性经验的重要使命。我国钢铁行业供给侧结构性改革的成败与否，对供给侧结构性改革整体推进实施都有着重要影响。从流通的角度来看，物流业连接着供给、需求两侧，是关乎国民经济发展的战略性、基础性产业。在新形势下，我国钢铁供给侧结构性改革的持续推进必然需要流通环节的变革，迫切要求企业改善供需链管理、调整流通模式和提升物流技术，有效实现上下游供应链整体的良性运转与创新发展。不容置疑，我国钢铁、物流两个行业高度关联，钢铁为物流改革提供了载体，物流为钢铁行业提供了路径。

本书既有对供给侧结构性改革引领下的钢铁流通发展现状总结，也有对钢铁流通发展未来的前瞻性建议，同时还寄期望钢铁行业供给侧结构性改革的实践经验和有效良策，能够对我国其他行业改革提供借鉴和参考。

中国是世界钢铁大国。改革开放以来，受益于国内外经济高速增长，中国钢铁产能迅速跃居世界第一，技术和装备制造水平均为国际一流。与此同时，作为资源能源消耗型产业，钢铁行业在长期粗放式发展模式下，也积累了许多结构性产能过剩的沉疴顽疾。当前，我国钢铁流通和物流领域同时出现了小规模企业较多、流通方式普遍落后、专业水平不足等主要问题，主要体现在产业供给不适应钢铁产业加快转型的需要，这是我国经济进入工业化中后期，产业形态向中高端时期发展后出现的新问题。

2015 年 11 月 10 日，习总书记在中央财经领导小组会议上提出“供给侧结构性改革”，强调要“着力加强供给侧结构性改革，着力提高供给体系质量和效率，增强经济持续增长动力”，中国钢铁行业供给侧结构性改革的最终目标是要实现钢铁行业长远、稳定、高效、节约、环保、优化和健康有序发展。本书既分析研判了宏观经济政策的走向和着力点，也拓展延伸了对我国钢铁行业与物流行业供给侧结构性改革的认知、感知和具体实施思路。

“推进供给侧结构性改革，是适应和引领经济发展新常态的重大创新，是适应国际金融危机发生后综合国力竞争新形势的主动选择，是适应我国经济发展新常态的必然要求。”正如中央经济工作会议所强调的，“供给侧改革”最终还是要落到结构改革上。从钢铁供给侧结构性改革的内容来看，不仅仅要控制产能总量，更要注重结构的调整，实现供给端“高品质供给”，以激活行业的自我调节机制，实现产业可持续性发展。

本书是业内第一部聚焦钢铁全产业链条、全面问诊供给侧结构性改革的著作，对供给侧改革与流通创新进行了综合调查研究，系统分析了钢铁全产业链供给侧结构性改革的逻辑思路和路径，全面地梳理了我国钢铁行业改革的“钢铁生产环节”“钢材流通环节”“钢材集散市场”“电子商务平台”等主战场，通过钢铁流通概念的切入解读，不但使“钢铁供给侧结构性改革”的效果更具象、更显现，也使未来的操作性路径更清晰、更准确，是一部指导流通企业创新破局竞争红海至关重要的“参考指南”。

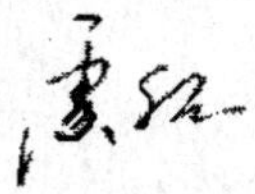

（中国物流与采购联合会副会长、钢铁物流专业委员会主任）

2017 年 9 月 6 日

序　二

2017年是我国钢铁供给侧结构性改革的关键年。这两天，我有幸读了《鏖战·破局：钢铁供给侧结构性改革与流通创新法则》（简称《鏖战·破局》）一书的书稿。这是一部记录中国钢铁全产业链上各产业在顺应供给侧结构性改革大潮中遇到的问题、难题，以及未来趋势和创新发展的调查研究。值得关注的是，这本书不仅展示了中国钢铁产业链供给侧结构性改革的最新成果，更是向中国钢铁全产业链进行了一次“大汇集、大归纳、大总结和大普及”。这也是目前我国第一本涵盖钢铁生产、流通、贸易和电子商务等重要产业领域的系统性研究著作。

书中提到，“我们在绘制去产能路线图时，缺少相应配套的科学标识系统和规划保障说明，而且去产能并不是最终目的，转型升级、创新模式、提升效益和健康发展才是改革的根本目的。”在我国钢铁供给侧结构性改革大环境下，即使2017年底或明年某个时间点钢铁产能过剩的情况得到基本解决，这也只是阶段性的成果，绝不等同于钢铁行业的效益从此就会稳步上升。鉴于此，当前我国钢铁生产企业要做的，就是加快抓住“去产能风暴”带来的新机遇，把自己做实、把资产做实、把设施做实、把管理做实，为完成转型升级打下坚实基础。

去产能工作是推进我国钢铁供给侧结构性改革的一项重要任务。在我国供给侧结构性改革政策大力实施下，2016年和2017年两年内我国将完成1.25亿吨的钢铁去产能任务，同时7000万吨地条钢得到铲除，钢铁产能严重过剩局面大大缓解。从目前来看，剩下的去产能任务主要是一些僵尸企业，难啃的骨头。难啃的原因，正如《鏖战·破局》提到，目前我国钢铁行业中的“僵尸企业”债务处理非常难，这涉及银行信贷的风险，不是政府部门单方面就能解决的。因此，处置“僵尸”企业不会像清除落后、违规产能那么快，而会有一个比较漫长的整治过程。要在2017年底前完成对钢铁“僵尸”企业的全面处置工作，任务将是非常艰巨的。

当然，对于我国钢铁企业来说，这两年在供给侧结构性改革推动下，整个行业处于化解产能和转型升级破立并举的艰难进程中，唯有积极响应、以变应变，才能打破原有格局，实现淘汰产能与创新升级的双重发展。我比较认同该书中的建议：新常态下，钢厂要加快革新老体制老思想，借力强化管理实现“降本增效”；积极参与国际竞争，借助“走出去”迎来战略窗口期；加快环保倒逼升级，走绿色钢铁发展之路；积极拥抱“互联网+”，通过“触网”参与到新兴战略产业；联合“去量求强”，大胆探索兼并重组方式化解过剩产能。

未来的最终发展出路还是联合重组。不过，无论是联合重组，还是兼并重组其关键都是“重组”，如果只“联”不“组”或只“并”不“组”，则没有意义。联合重组或兼并重组必须是只有一个重组主体，必须是将包括企业经营模式、管理模式和企业文化在内的发展业态和企业理念按重组主体的模式运转，而不是简单地将原有几个企业的名称组合在一起，甚至重组主体和被重组企业各自独立运转。否则，将达不到兼并重组或联合重组的真正目的。从最近这几年一些民营钢铁企业的兼并重组情况来看，整体是好的。在这里可以把其中的部分模式归纳为：“沙钢模式”“建龙模式”和“方大模式”，他们做到了既“并”又“组”，值得称赞。他们还有一个重要的共同点，或者说有一个相同的理念，就是沉下心来经营企业，想开百年老店。不论是从经营产品到经营资本，还是再到经营企业，使兼并重组后的企业效益真正实现了“1+1>2”的效应。

机遇与挑战并存。目前我国钢铁行业正进入一个新的发展周期，这个周期的特征不是规模和数量，而是绿色和质量。这个质量不是“小质量”，不是单纯的钢铁产品质量，而是“大质量”，整个钢铁产业链的质量包括钢铁贸易流通、电子商务和上下游用户。目前“顶层”正在全国部署这种“质量行动”。《鏖战·破局》聚焦钢铁全产业链，也是钢铁质量行动的一部分。

我国现有300多家大型钢铁生产企业，300多家钢铁电商平台，超过万家钢铁贸易流通商。谁先知先觉，谁先转型发展，谁就有机会成为百年老店，否则就会被市场淘汰，这是事物的本来发展规律。

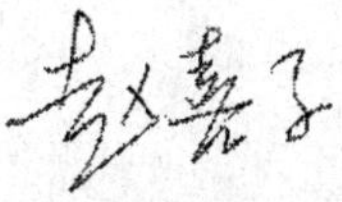

（原国家冶金工业局副局长、全联中小冶金企业商会原名誉会长）

2017年9月12日

序　三

中国经济迅速发展的吸引力和一带一路合作双赢倡议正在引领新兴经济体国家经济融入国际合作的历史洪流。深化供给侧结构性改革促进中国经济转型发展并与世界经济的深度融合，不仅为中国经济拓展了发展空间，也推动了发展中国家经济崛起。这种世界经济格局的变化新趋势将是 21 世纪人类社会最伟大的实践。不难看出，目前世界经济大格局的变化新趋势和中国经济转型发展的阶段性大趋势特点，与过去相比已经发生了根本性的变化。

机遇和挑战是企业当前面临的时代发展课题。我国推进供给侧结构性改革的积极意义是通过破解深层次市场经济关系难题促进深化改革，全面推动经济的转型发展。这就决定了中国经济转型发展重点是不断深化涵盖包括钢铁行业在内的整个制造业和物流业的供给侧结构性改革。为此，我们要在实践中形成一批创造引领行业、市场的企业集群优势，并能够通过打破植根于企业利益格局的体制障碍，创新发展模式，形成相互参与合作，共同实现发展战略目标的市场活力和竞争优势。只有这样，企业才能把握机遇，迎接时代挑战，赢得转型发展的市场新机遇。

而对于钢铁行业来讲，供给侧结构性改革重点是全面协调钢铁企业转型发展，大力推动解决企业和市场发展中面临的战略课题。人们谈起钢铁企业发展的竞争力往往关注是否构建现代企业制度、实现企业生产经营要素结构的优化、关注产业产品的技术进步与低成本竞争优势。其实，建设现代钢铁供应链物流服务体系优势更是体现企业市场竞争力强弱的重要标志。因为它是钢铁全产业链的重要集成创新，是我国钢铁行业供给侧结构性改革的重要任务之一。

30 多年中国经济的快速发展冲破了传统计划经济体制的束缚，可面对过剩经济形态的形成和企业转型发展的巨大压力，彻底让人们看清了建立工业经济强国的现代市场经济体制和现代钢铁大物流服务体系，仍然面临着许多亟待解决的与新市场形势发展和供给侧结构性改革任务很不适应的体制课题。例如：企业如何冲破市场利益格局的体制限制，推动资产和市场物流要素的整合，让有一定市场资源要素优势的企业改变自己的存在方式，融入做强钢铁业和现代大物流的再创业时代洪流中；如何在去产能阶段性成果中，不走过度竞争老路，依据市场需求变化趋势建立产需平衡机制和市场淘汰落后机制，以此促进行业和市场的长期健康稳定发展；如何快速发展非钢产业，让企业包括劳动力在内的各种生产经营资源要素在社会化经济布局结构调整中得到合理配置，从而创造人均社会水平的劳动生产率；如何让老钢铁生产企业彻底摆脱负担重、改革难问题，承担起创新区域经济繁荣的社会责任……

而对于钢铁物流行业来讲，中国现有十几万钢铁贸易流通企业，一起经营着全球最大的钢铁市场。在我国供给侧结构性改革影响下，这些流通企业几十年来传统的“买断式”销售模式正在面临着历史性挑战。与此同时，他们也肩负着建设现代钢铁供应链物流服务新体系的时代责任。事实上，未来决定企业市场竞争力的将不再是现在意义上的大流通商独立经营模式，而是新的钢铁全产业供应链条服务模式形成的规模效应、服务竞争力和市场品牌影响力。因为只有在未来市场博弈中胸怀目标、不断探索和创新发展的企业，才能不断创造市场比较优势和新竞争优势，才能有希望成为未来市场竞争红海里的强者。我们不难发现，目前现代钢铁供应链物流服务体系建设步履艰难，我国钢铁贸易流通企业在建设现代钢铁供应链物流服务体系的出路中承受着各种困惑与压力。事实上，在这一建设过程中，钢厂和钢铁贸易流通商要特别重视物流要素整合、电商融合、资本融合和服务品牌影响力建设四个环节，要从战略上破解这些难题，从市场深层次经济关系演变大趋势中寻求新思路。如果忽视从目标出发，破解深层次市场经济关系入手，就不会有真正意义上的创新发展。

例如：如何发展战略融合与合作，加快整合钢铁供应链上各环节流通要素，增强供应链整体服务能力与竞争力；如何把从钢厂到消费者手中的钢铁物流转变到一站式第三方物流供应链一体化全流程服务；面对钢铁电子商务的迅速发展，如何加快推进钢铁供应链上各环节与电子商务技术的深度融合，最终通过钢厂、流通商和电商平台的共同努力，形成大区域市场的钢铁供应链电子商务服务平台；如何把握钢铁全产业链条服务的区域性市场特点，从钢材市场经营实际出发，以大区域钢材市场现代钢铁供应链物流体系建设为重点，加快培育大区域钢铁供应链物流服务优势……

总之，目前发展中国家钢铁需求已经进入年度 4% 的增长轨道。加快建设具有中国特色的现代钢铁供应链物流服务体系，助力我国钢铁全产业链的国际化布局已然成为中国钢铁物流改革发展的大趋势。正是在这种大背景下，我的年轻好友王京和赵颖，凭借自己对困扰钢铁供给侧结构性改革难题的理解和对破解流通市场深层次关系障碍的深刻洞察力，居安思危，通过行业积淀进行了大量调查研究，奋笔疾书，写下了 20 余万字的《鏖战·破局：钢铁供给侧改革与流通创新法则》一书。这是第一部反映中国钢铁全产业链供给侧结构性改革的系统性调查研究著作。该书抓住了我国钢铁全产业链的发展趋势和供给侧结构性改革的热点、难点问题，并通过对深层次流通市场矛盾关系的观点激辩，澄清了许多模糊概念和认识混乱，提出了许多极具参考价值的供给侧结构性改革和现代钢铁供应链物流服务体系建设的思路框架，值得一读。

马忠普

（著名钢铁市场专家）

2017 年 9 月 16 日

目　录

写在开篇的话

钢铁供给侧改革那些事儿

面对中国经济“新常态”，实现经济转型升级最得力的工具就是“改革”，最终出路也在“改革”。当前我国推进供给侧结构性改革，是“创新驱动发展、经济转型升级”的关键。像钢铁这样的工业必需品，首当其冲成为我国供给侧结构性改革中的主战场，这个“大方向”很明确，但根本还要落实“细步骤”。时至如今，我国钢铁产业结构调整和化解过剩产能工作算是起步早、力度大，可是一路爬坡攻坚，成效时好时坏。

中国钢铁产能世界第一，目前粗钢产能约为12亿吨，可单位GDP对钢材消费强度正在下降，钢铁产能、产量、流通和需求严重失衡已经成为突出矛盾。步入2016年，我国政府开始加大深化供给侧结构性改革力度，已将“去产能”正式列为五大结构性改革的任务之首。在国务院下发的《关于钢铁行业化解过剩产能实现脱困发展的意见》中，给钢铁行业供给侧结构性改革下达了中短期目标，未来3～5年内，将在全国化解钢铁过剩产能1亿～1.5亿吨，全面落实“三去一降一补”任务。

正是在这一系列政策的正面推动下，这两年，我国钢铁生产、流通和交易市场对供给端产能收缩预期反应十分强烈，最终形成“现货－期货－股票”三级联动效应，短时期还出现了“量减价涨”的预期新态势。从长期来看，我国在推进钢铁供给侧结构性改革并形成供给约束的条件下，一般供需可以在任何价格点上构成平衡，市场价格暴涨暴跌“过山车式”行情必然会得到遏制，可是如何统筹落实好“去产能”“保供应”“稳价格”和“保蓝天”之间的关系，将成为政府未来不容忽视的重要问题。

一、警惕市场供给收缩预期和习惯性需求干扰

这两年，我国钢铁行业实际产量确实出现一定下滑，事实上在前期已经缓解了市场上的“供需关系”。可由于我国有些钢铁生产企业，生产及调配未能及时跟上市场步伐，导致这轮“下跌”行情维持了较长时间，而目前在政策效应下出现的暂时性“供小于求”局面，也正是市场想看到并期盼已久的。

不过，我国钢铁供给侧结构性改革并非只是一道简单的“加减法”算术题，将钢铁流通、贸易等关联产业“去产能、调结构”和供需市场平衡全面纳入一揽子计划，才是“治疗”过剩产能的根本所在。我们研究市场价格需要理解长期和短期区别，即“长期价格中枢由长期供求关系决定”，而“短期价格变化则由边际供求关系决定”，有时产能利用率可以作为供求关系所处水平的关键指标。

从2016年下半年钢铁价格走势不难看出，上半年我国钢铁供给侧结构性改革措施取得了积极成果，说明“三去一降一补”的方针是正确的，但切勿被眼前的价格上涨“一叶遮目”，忽略此次推进钢铁供给侧结构性改革的深层次问题。特别需要注意的是：钢铁限产并不等于去产能，而涨价也并不意味着成本下降，要真正医治钢铁产能过剩的“痼疾”，还需要更为精准和深入的“对症下药”。

这一轮钢材市场价格上涨的导火索，主要是因为国家推进供给侧结构性改革预期所致。作为供给侧结构性改革的重点对象，2016年，我国钢铁行业去产能计划任务看似圆满，实际完成的还并不彻底。由统计数据显示，2016年，全国退出钢铁产能超过6500万吨，超额完成年底既定数量指标。可现实情况是，这一数据主要来源于许多地方政府集中对钢铁“僵尸企业”及不符合产业政策的落

后产能大量清理所得。换言之，钢铁去产能、调结构，去的是落后产能，调的是产业政策，并未真正到削减“过剩产能”的深层次问题。

而从需求端来看，受每年我国北方寒冬季节的影响，各地钢铁流通贸易及用钢企业为了提前准备“冬储”行情，在习惯性传统需求刺激下，市场钢材价格会出现一轮“阶段性”上涨行情。我们不要把特例看成普遍现象，要始终坚持钢铁供给侧结构性改革不松懈，眼下工作的重点应该放在关闭或兼并中小型钢铁生产企业和去产能上，双管齐下，严格控制我国钢铁供给市场释放新产能。当然，值得肯定的是，2016 年以来，国家同时加大了环保力度，对传统用能企业的整治力度不断加强，特别是在 G20 杭州峰会期间，对杭州、上海等地的钢铁生产企业加大淘汰落后产能整顿力度。针对每年秋冬季北方地区雾霾频发势头，河北邯郸、唐山等地钢铁生产企业实施停产整顿，这些都侧面推动着我国钢铁供给侧结构性改革和能源结构优化调整的进程。

可是，一道道的“限产令”也大大刺激着我国钢铁市场的“神经”。这两年，全国市场钢价出现创历史性涨幅，2016 年，螺纹钢和热卷板期货主力合约累计涨幅分别达 60% 和 70%，钢价上涨的“甜头”同样诱惑了一些中小钢铁生产企业“暗中”加速增产。“可谓一天一个价，现在许多钢厂的产能利用率达到上限，每天快速运转的生产线好比印钞机，每一秒都是钱。”以上海螺纹钢为例，现货市场吨钢价格从 2017 年初到 8 月份，已由原来的 3150 元涨到了 4440 元左右，涨幅超过 40%，预计 2017 年我国钢铁行业总体产能利用率将提高至 78%。反过来讲，如果忽略市场预期干扰或者不有意考虑北方雾霾影响，基于中国房地产以及钢铁其他关联行业的实际需求，将很难真正评估出我国钢铁供给侧结构性改革的进展成效。

二、警惕供给侧结构性改革“不同步调”行为

无论如何，随着国家供给侧结构性改革工作不断深入，我国钢材市场供需关系还是得到了一定改善，钢材市场价格总体出现明显“反弹”迹象。据“西本新

干线”监测数据显示，全国钢价指数从2016年初的2100元/吨起步一路攀升至目前的4440元/吨，涨幅已经翻倍。而作为钢铁生产主要原料之一，焦炭价格在2016年年底短短一个月涨幅达到41.59%。焦炭在吨钢生产成本中的占比同时出现大幅攀升，原料成本的不断抬升也进一步推高钢材现货市场价格。

毋庸置疑，在生产上“唇齿相依”的几个黑色商品品种在价格形成中本来就是互相影响的。通常情况下，“双焦”价格上涨带来的影响一般会迅速传导到钢铁工业身上，由此可能导致钢铁生产企业的焦煤供应非常紧张，而由于钢材价格回暖和焦煤等原料价格没能及时跟随调整，有时候部分主产区甚至会出现排队等煤现象。

事实上，我国钢铁生产企业日益受到煤炭供应量的限制，很大程度上缘于双方在供给侧结构性改革工作推进过程中的不同步调。原材料过剩与钢铁过剩具有很大关联性，上下游环环相扣，产能过剩的情况也是相互关联的。如何统筹处理好“去产能、保供应、稳价格和保蓝天”之间的关系，警惕“去”和“调”过程中的“不同步调”行为，积极稳步推动煤炭、钢铁等相关产业的健康发展，已然成为我国当前不容忽视的亟待解决问题。况且，中国是世界钢铁大国，推进钢铁供给侧结构性改革是眼下经济发展中必须啃的“硬骨头”。尽管这会对GDP增速带来影响，但这既是我国经济提质增效的发展要求，也是老百姓追求“蓝天”的根本需要。

同时，我们必须认清事实，像钢铁这样的工业必需品，事实上产能过剩有合理性过剩和严重过剩之分。在推进供给侧结构性改革并形成供给约束的条件下，一般钢铁供求双方可以在任何价格点上构成平衡。也就是说，假定价格上升不能刺激供给关系，那么理论上讲，价格是可以无限上涨的。这也正是我们担心钢材期货市场“被操纵”的关键原因，因为我国钢铁行业在去产能过程中，一定程度上约束了市场供给；而有些钢铁企业恢复生产需要时间和原材料准备，这种不同步势必会给市场留下价格“炒作投机”的空间和时间。

此外，国家坚持剔除过剩产能，一定要结合市场规律，重视政策与市场规律的协调协同发展。如果说“供求关系决定价格”，那么像钢铁这样产能严重过剩的商品，其市场价格原本没有大幅上涨的基础，但是我们并不排斥一定程度上的震荡，因为市场毕竟是波动的，跌久必涨、涨久必跌，这是市场经济的价格规律。可无论市场是跌还是涨都会出现“过度现象”，我们称这种现象为“反射性原理”。现在我国钢铁市场上发生的恰恰符合这样的“反射性原理”，长期过低的市场价格开始出现“报复性”上涨，而且在投机的作用下，这种上涨态势会显得气势如虹。

三、警惕钢铁去产能的道路陷入反复循环当中

去产能工作是推进我国钢铁供给侧结构性改革的一项重要任务。不过，目前我国钢铁去产能重心还主要集中在对钢铁僵尸企业以及不符合产业政策的落后、违规产能进行出清，因此对目前钢铁产量影响并不算大。众所周知，从市场角度衡量钢铁产能是否严重过剩是钢铁行业能否建立供、需大体平衡的钢厂产需平衡机制，相比较煤炭产业，我国钢铁产业金融属性太强，产业链也长，未来总体产量降低幅度较低。

可按照历史经验，如果钢厂利润持续下降，高炉开工率就会有一定比例下调。但核心问题恰恰就出在这里，我们钢铁行业的去产能，往往是拆了高炉或者减少生产线，极少数情况会出现责令一家钢铁生产企业全面退出的现象。而且，现在许多地方工作集中在了对“钢铁僵尸企业”及不符合产业政策的落后产能清理上，往往有时还会适得其反：可能高炉被拆了，换来的是另一个产量更高的高炉。换言之，起初我国钢铁行业供给侧结构性改革并未真正落实到削减过剩产能的深层次问题。

而从中长期来看，钢铁产能过剩是中国经济发展到一定阶段必然会出现的，符合市场经济的自然发展规律。其实，更深层次的钢铁产能过剩原因是，伴随 2008 年总需求 5 亿吨到 2015 年的 8 亿吨，钢铁市场需求增长演变过程必然出现的市场经济符合规律的结果。可是随着我国经济发展进入新常态时期，经济增速将长期保持中高速水平，钢材消费会在峰值平台区持续较长时间，钢铁总供给过

剩的格局短期内不会出现根本改变。而煤炭由于清洁能源替代等因素，需求增长空间相对有限。可以判断，短期内“倒逼钢铁过剩产能退出的市场环境”不会因价格一时涨跌而出现根本性变化。

与此同时，这一轮焦煤等原材料价格的快速上涨同样影响着钢铁企业生产成本，因此这两年许多钢厂齐声呼吁煤炭扩产。不过按此逻辑，下一次钢材价格上涨如果又触动了下游行业利益，也不排除会有下游相关利益方齐声呼吁钢铁“复产”。鉴于此，作为我国供给侧结构性改革的第一大任务，去产能之路很可能会陷入反复循环的旋涡之中。

从市场经济规律来看，我国积极推进的供给侧结构性改革将是一个长期的、系统的市场干预过程。可是我国钢铁行业作为供给侧结构性改革的头等大户，去产能之路却是走得“艰苦反复、叫苦不迭”。尤其这两年，由于我国钢铁产能严重过剩问题已经对国际钢铁市场价格产生强烈冲击，所以钢铁产能过剩问题已升级成为世界问题。2016 年 5 月，欧洲议会拒绝承认中国的市场经济地位，主要理由就是中国的产能过剩问题，尤其是中国钢铁产能过剩和对欧洲的廉价出口，为欧盟带来严重的社会、经济和环境不良影响。

四、要毫不动摇地坚决推进供给侧结构性改革

不难看出，这两年我国钢铁行业供给侧结构性改革之路的艰难与反复，同样折射出依靠行政指令和等待市场调节之间的矛盾一时难以调和。从眼下情况来看，去产能过程中政府之手扮演的角色还是远远大于市场之手，这就使得无论是钢铁行业还是其他行业，在去产能道路上总是需要有关政策事后进行“修修补补”。

比如：2016 年下半年，我国钢铁去产能提速过快，结果导致钢铁市场供需在短时间内严重失衡，造成钢价强势反弹，于是，政策又开始引导释放先进产能，把打击目标主要集中在“中频炉”“地条钢”身上。可是，这未必能够适合当前我国钢铁市场供需环境，一旦将来市场供需状况再度出现失衡，我们可能不

得不对政策细节再去打“补丁”。如此和市场反复博弈，多数的结果就是政策只能跟随在市场后面走。

事实上，问题关键在于人为制定的具体去产能数字根本无法确保其科学性和合理性。由于人类认知的局限和激励机制的扭曲，一些产业政策是注定有瑕疵的。虽然去产能这一大目标已经毫无疑问成为当前中国经济亟须解决的问题，但是具体到如何去产能，以及如何制定合理的去产能数量目标，可能还需要更多的实践来加以验证。尤其是政府和市场之手各自应该扮演怎样的角色，把握怎样的尺度，或将是我们当下急需反思的问题。

与此同时，我国在推进钢铁供给侧结构性改革路上不能“掉以轻心”。如果在此刻侥幸放开钢铁产量，之前所做的一切努力就会功亏一篑。短时期内，我国各地政府还须继续核查并清除过剩钢铁产出设备（中频炉），做好员工安置工作，确保各地钢铁产业完成去产能的年度新目标。此外，还要在思想上坚定决心，毫不动摇地坚决推进化解过剩产能进程，继续健全公平、开放和透明的市场规则，并适时考虑综合运用市场机制、经济手段和法治办法。

当然，各地方政府在推进钢铁供给侧结构性改革中要“彻彻底底”去落实。2016 年 12 月 1 日，中国宝武钢铁集团在上海正式揭牌成立，这是我国钢铁行业“去产能、调结构”大形势下的标志性产物。宝钢和武钢的“联姻”，可谓率先实现集团重组与上市公司合并推进，通过这种“比较彻底”的中央级企业联合重组方式，来大大推动我国钢铁产业布局全面优化和优势竞争力的重新集聚。

值得强调的是，中央级企业实实在在地动手干起来，自然是好事，不过千万不可“囫囵吞枣”、幻想“一步到位”，要一步步来，台阶分得细一点，走路可以稳一点。宝钢武钢推进联合重组是大势所趋，而且重组步骤比较清晰，层次比较分明。业务和管理上既顾及眼前又看到长远，既抬步于脚下又抬眼于远方。不过，我们还需要通过市场化手段深入有序推进，尤其是现行的“双总部”机制，未来要考虑如何走“邯钢、唐钢联姻后组建的河钢集团大总部”管理道路。

五、推进供给侧结构性改革要有壮士断腕的气魄

供给侧结构性改革是我国经济新常态下的又一新生事物，对于钢铁这种传统行业而言，更是一种全新的探索和变革，需要各地政府和钢铁生产企业鼓起“不破不立”的勇气，以“壮士断腕”之气魄剔除这些过剩产能。这本来就是一个前所未有的“大手术”。短时期内，我国钢材市场价格不同程度的回升有利于钢铁生产企业扭亏增盈，当然这种变化与积极推进去产能工作是分不开的，但与此同时也确实会对一些地方政府和行业企业去产能的决心产生不利影响。比如，这个时候已经减产和停产的中小钢厂会“忍不住”复产，从而进一步增加化解过剩产能的难度。

此外，实施钢铁供给侧结构性改革进程中淘汰落后产能不等于置换新增产能，我们须严格把关，确保此次钢铁产能“真去真退”。这几年，河北钢铁实施的“6643”工程贯彻了“三去一降一补”要求，但河北安丰钢铁有限公司未批先建、顶风违法违规项目严重背离初衷，我们坚决“不能让一颗老鼠屎坏了一锅汤”。当然，这应该算是我国供给侧结构性改革进程中的发展中问题，亟待通过更好的发展来实现有效化解。而化解产能过剩“痼疾”的深层目的，是为了完成我国过剩行业“从增量扩能为主转向调整存量、做优增量并存”的转变，通过严格控制新增产能，有序退出钢铁过剩产能，以此大力促进我国钢铁产业国际竞争力的总体提升。

鉴于上述情况，建议我国政府有关部门在积极推进供给侧结构性改革进程中，要警惕改革进程中发现的新近变化和已经暴露出的现象问题，并制定阶段性合理的政策加以指导。

一是产业方面，政府有关部门要力促过剩产能有效化解不松懈，鼓励过剩产业积极开展优化重组战略，优化产品和服务供给结构，强化制造业走高端供给路线。其实，2016 年年底，中国宝武钢铁集团在上海正式揭牌成立，就是一个十分鲜活的例子。政府就是要通过这种“比较彻底”的联合重组方式，来引领和推动我国钢铁产业布局优化和优势竞争力的集聚，以此推动“中国智造”创新改

造，同时这也为我国其他产能过剩行业提供了一个很好的“范本”。

二是干预方面，政府有关部门调整干预价格、企业整合淘汰、拓宽外部市场的方式要适时、适度和不失控，这毕竟关系到市场经济层面供给端的改善成效。作为政府要善于转变角色和思路，兼顾国内与国际资源，设法“倒逼”企业降低成本与创新业态和模式，以新产品和新服务来创造新需求，真正为有效、有序推进产业结构优化升级，增强供给结构对需求变化的适应性，推动生产性服务业向专业化和价值链高端延伸，提升我国传统产业整体竞争力做好方向引导工作。

三是调控方面，政府有关部门化解过剩产业库存，促进我国支柱产业持续发展，在政策调控层面消除供给制约同时，不仅要注意保持“全盘棋”的协调同步发展，也要做好整体联动控制机制。尤其在加大过剩产业结构调整力度同时，政府要加快引导发展战略性新兴产业，深化服务业综合改革试点，促进传统产业转型升级，优化提升现代服务业能级，通过大力培育“四新经济”，以新的有效供给引领消费结构升级，以此来确保、巩固和提高国际经济地位。

四是资本方面，政府有关部门在推进供给侧结构性改革进程中，一定要注意防范金融市场潜在风险。我们要鼓励战略性新兴产业生产经营与资本运作并重发展，但更要加快形成融资功能完备、市场监管有效、投资权益有保障的政策监督体系，要始终在资本层面强调供给的安全性和稳定性。我们真的不要忽视供给侧结构性改革这场“大手术”，它的成功与否可能将直接影响着中国未来经济形势自然走势与政府宏观调控的现实存在意义。

第一部分

改革背景

第一章　中国供给侧结构性改革内涵

“十三五”时期，中国经济进入“新常态”后正在实现“动力转换”，经济结构和发展方式都在发生深刻变化，“供给侧结构性改革”已经成为时下发展的新焦点。我们都知道，供给端有劳动力、土地、资本和创新四大要素，而需求端有投资、消费和出口三驾马车，我国积极推进供给侧结构性改革旨在调整经济结构，使要素实现最优化配置，提升经济增长的总体质量和数量。

那么，究竟何谓供给侧结构性改革呢？供给侧结构性改革是指借用增量改革促使存量调整，在深度优化过程中改变投资结构和产业结构，在经济可持续高速增长的基础上实现经济可持续发展。换言之，就是通过市场或行政干预手段减少无效供给，扩大有效供给，提高供给结构的适应性和灵活性，提高全要素生产率，最终实现资源配置效率的快速提高。目前我国众多产业供给结构已经不适应需求结构的变化，无效供给占用着有效供给的资源，大量有效需求在我国得不到满足，最为紧迫的就是化解过剩产能。

20 世纪 70～80 年代，美国、英国经济相继陷入滞胀，“里根经济学”和“撒切尔主义”分别采用政府减税和国企改革等措施帮助国家经济走出“衰退”的泥沼。相比之下，这次我国政府推进供给侧结构性改革更加注重经济结构的优化调整，这样可以避免发展过程中潜在增速的急速下滑。

当然，供给侧结构性改革都有一个窗口期，但窗口期并不是长期打开的。若今天不以“壮士断腕”的改革加快促使转型发展，明天就可能面临着更大的变革痛苦。尤其是“十三五”时期，中国要继续发挥经济巨大潜能和强大优势，必须加快转变经济发展方式，着力推进供给侧结构性改革，坚定不移地实施创新驱动发展战略，全面提高产业发展的质量和效益，加快培育形成中国新的经济增长动力。

一、我国供给侧结构性改革的必然性

在中国经济持续了30余年的高速增长之后，现在最直接的变化是经济增长正从“高速”转为“中高速”，国民经济运行逐渐步入“缓中趋稳、稳中向好”的新常态。统计数据显示，2016年GDP增速为6.7%，为20世纪90年代以来的新低。透过数字看本质，虽然我国经济长期向好的基本面没有根本改变，但同时也面临着诸多挑战。这些挑战包括当前世界经济复苏乏力、外需萎靡不振、虚拟经济泡沫加大、实体企业盈利下降、财政收入增幅下降和经济风险发生概率上升等突出矛盾。

而当前的关键问题，虽然有需求总量和需求结构方面原因，但主要原因并不全在需求端，而是供给端的重要性开始日益凸显。换句话讲，中国经济增速出现放缓，既有周期性的原因，也有结构性的因素，但根本问题出在经济结构上。从供需关系来看，自2003年起，我国国有企业生产力变革陷入“缓慢”进程，钢铁、煤炭、水泥、玻璃、石油、铁矿石和有色金属等几大行业，亏损面已经达到80%，产业的利润水平下降幅度最大，产能过剩已经成为行业顽疾。很明显，这些产业的供需关系正面临着不可忽视的结构性失衡。同时，“供需错位”也成为阻挡中国经济持续增长的最大路障：一方面过剩产能已变为制约我国经济转型的一大包袱；另一方面，中国的供给体系与需求侧严重不匹配，总体上是中低端产品过剩，高端产品供给存在严重不足。从经济结构性上看，我国的结构性问题主要包括产业结构、区域结构、要素投入结构、排放结构、经济增长动力结构和收入分配结构等六个方面的问题。

具体而言，一是产业结构问题，突出表现在低附加值产业、高消耗、高污染、高排放产业的比重越来越偏高，而高附加值产业、绿色低碳产业、具有国际竞争力产业的比重仍显偏低。二是区域结构问题，突出表现在人口的区域分布不合理，城镇化率尤其是户籍人口城镇化率偏低，且户籍人口城镇化率大大低于常住人口城镇化率，区域结构的另一个问题是区域发展不平衡、不协调、不公平。三是投入结构问题，突出问题表现在我国经济发展过度依赖劳动力、土地、资源等一般性生产要素投入，人才、技术、知识、信息等高级要素投入比重偏低，导致我国中低端产业偏多、资源能源消耗过多等问题。四是排放结构问题，主要表现在我国排放结构中废水、废气、废渣、二氧化碳等排放比重偏高，这种不合理的排放结构会直接导致资源环境的压力不断加大。五是动力结构问题，主要表现在我国经济增长过多依赖“三驾马车”来拉动，特别是过度依赖投资来拉动。最后是分配结构问题，主要表现在我国城乡收入差距、行业收入差距、居民贫富差距都比较大，财富过多地集中在少数地区、少数行业和少数人中。

面对当前新形势、新变局，我国中央决策层高度重视，并综合分析世界经济长周期和我国发展阶段性特征及其相互作用。2013 年，以习近平为总书记的党中央对中国经济形势做出了“三期叠加”的重要判断，为国家制定正确的经济政策提供了关键依据。所谓三期叠加，即：经济增长速度换挡期——我国经济处于从高速换挡到中高速的发展时期；结构调整阵痛期——结构的调整刻不容缓，不调就不能实现进一步发展；前期刺激政策消化期——主要指在国际金融危机爆发初期，我国实施了“一揽子”刺激计划，现在这些政策还处于消化期，三个时期叠加在一起。

不容忽视，目前中国经济发展已经进入一个“新常态”。2014 年底的中央经济工作会议上，经济“新常态”进一步上升为国家战略。如果说全球“新常态”重点归因于主要经济体均陷入“长期停滞”状态，那么中国经济“新常态”的主要特征和战略布局则是：“经济增长速度由高速降至中高速带来的结构性减速”和“要把经济朝向形态更高级、分工更细致、结构更合理的高级阶段演化的可持续发展的方向行进”。

2015年11月，“供给侧结构性改革”一词正式进入公众视野。当月10日，习近平在中央财经领导小组第十一次会议上指出，在适度扩大总需求的同时，着力加强供给侧结构性改革，着力提高供给体系质量和效率。在随后的中央经济工作会议上，供给侧结构性改革成为关键词之一。会议还强调：“推进供给侧结构性改革，是适应和引领经济发展新常态的重大创新，是适应国际金融危机发生后综合国力竞争新形势的主动选择，是适应我国经济发展新常态的必然要求。”

综上所述，我们不难发现，从2013年提出“三期叠加”到2014年的经济“新常态”，再到2015年推进“供给侧结构性改革”，我国政府正在从预判市场形势的“看什么”“怎么看”，向着开出经济治理药方的“怎么干”“如何做”不断深入探索。

二、我国供给侧结构性改革的基本任务

2016年1月26日，在中央财经领导小组第十二次会议上，习近平总书记强调，“要在适度扩大总需求的同时，去产能、去库存、去杠杆、降成本、补短板，从生产领域加强优质供给，减少无效供给，扩大有效供给，提高供给结构适应性和灵活性，提高全要素生产率，使供给体系更好适应需求结构变化。”

同时，我国政府强调，在推进供给侧结构性改革过程中要注重“加减乘除并举”，这一部署具有明显针对性。所谓“加”，就是发展高端制造业和现代服务业，增加有效供给。“减”，就是压缩和淘汰落后产能，清理僵尸企业，解决中低端产品过剩。“乘”，就是鼓励创新创业，发挥创新的乘数效应。“除”，就是破除垄断，放松管制，减少税收，降低企业运行成本和市场交易成本，以及去除财政和金融领域积累的风险。

在适度扩大总需求的同时，着力加强供给侧结构性改革，是党中央对我国经济发展思路和工作着力点的重大部署。当前，我国经济保持了“总体平稳、稳中有进”的发展势头，但仍存在一些层次的结构性矛盾，突出表现为供给对需求变化的适应性调整还比较滞后。我们必须坚定不移地以供给侧结构性改革为主

线，全面落实“去产能、去库存、去杠杆、降成本、补短板”五大重点任务，着力矫正供需结构性错配，减少无效和低端供给，扩大有效和中高端供给，实现供需两侧在更高水平上的再平衡。在这里值得强调的是，在具体推进实施过程中，五大重点任务需要跟当年的国内经济和行业形势密切结合，既要坚持“大方向”正确，又要考虑落实的“细步骤”，更要做好一切风险的防范预警工作。具体表现在：

1. 推进供给侧结构性改革要注重与加快国企改革相结合

2016 年以来，党中央、国务院出台的一系列政策凸显了我国去产能、调结构的决心，当然也取得一定程度的效果。譬如，工业和信息化部原副部长徐乐江曾在公开介绍钢铁行业去产能成效时表示：“2016 年我国实现了钢铁企业利润同比增长 2.02 倍，亏损企业亏损额同比下降 51%，而且有些企业的职工收入也出现了恢复性增长。”不过，我们在实际调研中还发现，有些地方政府去产能的相关配套政策落地效果还不是十分理想，清退人员如何安置、债务如何处置、责任如何划分等问题存在不清晰，许多企业存有观望情绪。今后我们应该把去产能与国企改革结合起来，重点在国有企业改革上形成突破，加快债务重组，使供给侧结构性改革成效真正得以彰显。

2. 推进供给侧结构性改革中去库存要突出“分城施策”

当前，我国房地产行业去库存已经取得一定成效，但不容忽视的问题是，房地产行业出现了区域分化，一线和二线的热点城市供求偏紧，三四线城市房地产库存仍然较高，这与重点加快三四线城市去库存的政策初衷有一定偏离。进入“十三五”时期后，我们要突出房地产的住宅属性，紧紧把握“房子是用来住的、不是用来炒的”的定位，针对区域不平衡特点，严格实施城市差别政策，积极改革住房公积金制度，探索政策性住房金融政策，重点支持三四线城市和特殊人群的居住需求。

3. 推进供给侧结构性改革中去杠杆要防范偿债恶化风险

2015年底，我国不包括金融部门的总债务与GDP比例大致在230% ~255%之间。该比例略高于发展中国家的平均水平，这与我国间接融资、特别是债权融资仍然是融资的主渠道有密切关联。由于我国实体经济还面临着较大下行压力，资本回报率持续走低，投资边际效益下降，因此许多企业的偿债能力仍处在下降通道。一边是杠杆率上升，一边是收益率下降，偿债稳定性必然会受到影响。今后，我们短期内不宜追求尽快降低杠杆率水平，而是要以加快债务处置进度为新抓手，引导金融部门恢复支持实体经济的意愿和能力，避免因风险因素一刀切地“抽贷”“断贷”，要支持有竞争力的企业和新兴部门拓展增长空间，使实体经济的整体收益率企稳回升，规避偿债条件进一步恶化的风险可能。

4. 推进供给侧结构性改革中降成本要降低制度性交易成本

这两来，我国通过持续推进简政放权、放管结合、优化服务改革，显著降低了各类企业的运营成本，激发出一波市场活力。但在我国人口老龄化压力凸显、财政收入总体放缓、公共服务刚性增长的背景下，短期继续减税和降低劳动力成本的空间已是捉襟见肘。与此同时，我国在推进“放管服”改革的过程中，仍然存在部门放权不同步、基层政府接不住、中介机构运作不规范等问题，使得企业面临的制度性交易成本依然较高。今后，我们在推动降成本时要注重与政府职能转变有效结合，短时期可重点围绕“减”做文章，把政府不该管的、管不好的还给市场，给行业企业直接“松绑”。同时，我们要加快基层政府的综合能力建设，提高事中事后监管和服务能力，争取有效降低企业制度性交易成本。

5. 推进供给侧结构性改革中补短板要强调质量和效益短板

这些年，中央和各地方政府在补齐农村贫困人口脱贫和生态文明建设这两个突出短板上加大投入，切实得到了人民群众的积极“点赞”。不过，在重点抓好这两个领域的同时，我们还应着力补齐制约提高发展质量和效益的三个“次突出”短板：首先是质量短板，目前有一些产品是我们没有能力生产的，属于技术不足，但在更多领域，我们有能力生产合格或高质量的产品，却因为体制机制等问题，客观上导致劣币驱逐良币现象，这就要求我们必须在标准、监管等方面补齐短板。其次是激励短板，当前传统的激励机制在新形势下出现了各种程度的不适应，而新的有效激励机制尚未真正建立，特别是必要的容错纠错机制不清晰，导致无法充分调动广大干部、企业家、科研工作者的积极参与度，这个激励短板必须抓紧补齐。最后是社会基础设施建设短板，在供给侧结构性改革政策落实中，诚信体系建设相对滞后、部门信息共享不完全、统计体系不匹配、管理流程陈旧等问题凸显，导致一些领域的政策决策时存在“信息打架”，实施时存在“相互推诿”现象。

三、中国供给侧结构性改革的重要意义

我国推进供给侧结构性改革旨在调整经济结构，使要素实现最优配置，提升经济增长的质量和数量。尤其是从提高供给质量出发，用改革的办法推进结构调整，矫正要素配置扭曲，扩大有效供给，提高供给结构对需求变化的适应性和灵活性，提高全要素生产率，更好满足广大人民的需要，有效促进经济社会持续健康发展。

2016 年 1 月 26 日，习近平总书记在中央财经领导小组第十二次会议上强调：“供给侧结构性改革的根本目的是提高社会生产力水平，落实好以人民为中心的发展思想。”而对于其实施带来的重大战略意义，主要总结出以下几点：

1. 推进供给侧结构性改革是提高我国宏观调控效率和实现“稳增长”的推进器

鉴于此，加快将供给侧结构性改革引入宏观调控，形成“宏观调控 + 改革”的政策组合拳，是新一届政府宏观调控创新的一个重要方面，也是实现“稳增长”与“调结构平衡”的重要举措。这实际上是强调“稳增长”中的结构变量和制度变量，而这两个变量则是决定经济潜在增长率的关键因素。新一届政府强调宏观调控要既“利”眼前又“惠”长远，寓短于长，以“长”促“短”，不仅仅

拓展了宏观调控的时间轴，还可以形成“短期＋长期”的思路。众所周知，传统的宏观政策往往偏重于总量问题而忽视结构和制度上的问题。特别是结构失调和体制僵化不仅会很大程度上增加“稳增长”的困难，甚至还会促使发展不可持续。事实上，我国经济发展的本质就在于结构变化和制度创新。我国经济发展进入新常态的形势下，加快供给侧结构性改革是增强发展动力、提高全要素生产率、促使长期“稳增长”的最有力措施。与此同时，在一些重大领域改革取得明显突破的情况下，宏观调控可以更多地采取市场手段和经济手段，而尽可能减少行政手段，这既能增强市场信心，又能显著提高宏观调控政策的有效性。

2. 推进供给侧结构性改革是大力促进我国市场资源加速二次配置的关键性举措

就目前我国经济体制问题而言，最大的结构性改革还是市场化改革，即简政放权、深化价格改革和要素市场化改革，着力理顺政府与市场的关系，让市场在资源配置中起到决定性作用。这些年来，我国在创新发展、协调发展、绿色发展、开放发展和共享发展等五大方面都面临着重大供给侧体制改革问题，解决这些制度性障碍的关键也是加快供给侧结构性改革。以创新发展为例，长期以来我国创新动力不足主要是因为创新性文化基础薄弱，投机性发展氛围过浓，因此社会上有一些人把大量的精力、财力、智力花在投机取巧上，热衷于泡沫投机活动，结果导致实体经济不振、创新动力被抑制。除此以外，还有文化因素，也有发展观短视、政绩考核制度等问题，更有政府对市场干预过多、束缚企业手脚的供给体制问题。而深化市场化改革这一重大的结构性改革，不仅能够最大程度地降低政府对微观经济的直接干预，为市场主体创造宽松与公平的宏观环境，让市场在竞争性领域发挥决定性作用，而且能提供强有力的制度激励，增强微观市场主体的核心竞争力。

3. 推进供给侧结构性改革是促进我国产业升级、突破中等收入陷阱的必由之路

多年来，导致出现中等收入陷阱的主要原因是结构升级不十分顺利，即经济结构长期处于中低端而无法向中高端转换，从而导致长期需求不足、产业竞争力低下、市场竞争不合理等问题，最终使得经济长期失速，危机四伏，各类风险交织出现并有时集中爆发。其实，国际上这样的事例很多，有拉美化现象也有东南亚金融危机等。故此情况下，我们认为结构转型升级能否顺利推进和完成才是突破中等收入陷阱的关键。而推进经济结构转型升级的决定力量是制度创新，即对关键领域的改革能否深化，形成更高层次的市场经济体制。因此，推进供给侧结构性改革是推动经济结构全面升级的原动力，也正是突破中等收入陷阱的必由之路。

4. 推进供给侧结构性改革是促使中国加快实现“法治国家”建设的一支催化剂

我们要明白，改革并不仅仅是简单的放权，对旧体制的“破”，更关键的是在于“立”，立什么样的“新规”。事实上，许多成功的改革都要靠法治来巩固、来扎根。而法治的形成过程就是制度的完善过程，即形成公平而富有激励性的新制度，以此减少不稳定性，同时增加发展的二次动力和创新能力。可以说，任何改革的深处都有法治。一方面，在建设全面小康社会的同时，也是社会主义市场经济制度进行完善的过程，其完善的标志就是法治化水平的显著提高，可以基本实现由“人治”向“法治”的根本转变。而供给侧结构性改革的目的不是仅提供一时的激励，像一些不够深入的改革当一放就乱时再收回，而是在打破一些关键领域的体制障碍的同时，建立基于法律规范的长效体制与机制。另一方面，全面依法治国，是国家治理体系和治理能力现代化的重要依托，供给侧结构性改革的推进一定要靠法治，改革的每一步都要有法可依，有章可循。换言之，正是对供给侧结构性改革的这两方面要求，使得我国推进供给侧结构性改革也成为法治国家建设的一支催化剂。

第二章　中国钢铁供给侧结构性改革内涵

在国家全面推进供给侧结构性改革的当下，作为产能过剩的典型代表行业，我国钢铁行业扮演着“首当其冲”的角色。“十三五”开局之年，在我国政府各种治理措施共同实施作用下，钢铁去产能关键任务实现“初战告捷”。可以说，2017 年是我国钢铁去产能深化之年，也是攻坚之年，更是决胜之年。不过，我们必须清醒地认识到，目前我国钢铁行业产能过剩的基本面仍然没有完全改变，目前钢铁价格恢复性上涨、效益稳步回升的基础还不牢固，未来化解钢铁过剩产能的任务依然艰巨。接下来，我们加快推进钢铁供给侧结构性改革，一定要落实钢铁去产能、调结构工作不断走向深入：要坚定不移处置“僵尸企业”、要坚决依法取缔“地条钢”、要切实严禁新增钢铁产能、要彻底退出不符合有关法律法规标准的产能、要加速统筹推进化解产能和结构性改革调整工作。

针对钢铁供给侧结构性改革，2017 年我国政府的“底线”是要确保完成 5000 万吨左右的去产能任务。“红线”是要彻底取缔“地条钢”生产与流通，“上线”是要密切关注钢材市场价格变化，警惕市场出现价格暴涨暴跌的“过山车式”行情。尽管这一短期目标很好实现，可我们要清楚地认识到，我国推进钢铁供给侧结构性改革并不是一蹴而就的，而是一个长期的产量调整、出口扩大、优胜劣汰、多元并举和创新升级的系统性改善过程，必须引以为重。

一、中国钢铁供给侧结构性改革的必然性

近些年来，随着我国钢铁行业供求关系出现大逆转，钢材需求急速下降，交易市场清淡，钢价持续下跌，资金严重紧缺，中国钢铁行业全产业链陷入微利和亏损的尴尬境地。长时期内，“生意难做、钱难赚，钢材难卖、日子难过”成为全行业的普遍现象。

而后，伴随我国加快推进钢铁供给侧结构性改革，钢铁行业面临的市场环境由增量市场转变为减量市场，发生了由增到减的快速转变。鉴于此，我国钢铁生产、贸易流通企业很难在短时间内适应市场的新变化，虽然出现了一些企业减产、停产和歇业现象，可由于企业退出机制尚未建立，阻碍着关停企业的彻底退出，故此造成产量的下降不能弥补需求下降的影响，钢铁产能过剩矛盾依然突出。与此同时，我国钢材流通市场竞争环境、钢铁行业自身存在的结构性问题同样有待进一步加以完善和转变。

一是我国钢铁产能产量庞大，供给侧结构性改革任务繁重。我国的钢铁产能连续多年保持在 10 亿吨以上，2016 年实际粗钢产量还较 2015 年增加了 1.2%，达到 80837 万吨。可以说，持续的过剩低端产能和居高不下的产量正在加剧着市场的恶性竞争。伴随着我国经济发展进入新常态，单位 GDP 对钢材的消费强度将会进一步下降，在今后较长一段时间，消费量将结束持续上升的趋势，总体将进入“下探”通道，而钢铁产能、产量和需求严重失衡的矛盾会更加突出。

二是我国钢铁供给侧结构性矛盾依然十分“凸显”。主要表现为钢材生产质量和钢材流通市场上的“北材南运”现象以及各品种钢结构性供需矛盾。以 2015 年为例，中国钢铁工业协会员企业的钢材产量中，华北和东北地区产量占比 48.4%，可当地消费量尚不足 26.4%，而华东和中南地区却是钢材净流入地区。同时，各品种钢结构性问题日益突出，2015 年 12 月末，板材价格指数降至 56.79，同比下降 33.27%，而同期的长材价格指数为 56.92，同比下降 31.18%，板材价格降幅大于长材，有力地说明了我国板材产能产量过剩现象较为明显。

三是我国钢铁生产和贸易流通企业资产负债率持续处在高位。这两年，我国

大中型钢铁生产、贸易流通企业始终在“负利时代”和“微利时代”之间徘徊。尤其是在国家环保政策不断加码和清理地条钢行动的共同作用下，尽管我国许多钢厂开始出现盈利，但沉重的债务始终困扰着钢铁行业大步发展，成为其头上的“达摩斯之剑”。据调查数据显示，2016 年我国钢铁行业主流企业平均负债率是 69.6%，与 2015 年的 71.04% 相比，下降幅度十分有限。其中，5 家 2000 万吨以上的企业平均负债率为 73.46%，远超国外同等规模钢铁企业水平。尽管时下我国钢铁市场价格出现几波大幅回升，但全行业平均利润率仅为 1.2% 左右，还有 27% 钢铁企业处于亏损状态。

四是我国钢铁供给端的生产企业退出机制尚未建立完善。这两年，由于环保形势严峻和钢铁行情的持续低迷，一些企业已资不抵债，长期处于停产、半停产状态。不过，由于资产庞大、就业人员多、社会影响范围广，企业资产处置、债务处理困难，一次性关停难度大、退出渠道不畅，这些企业仅能依靠拆借资金来维持生产，一旦危机出现最终只会沦为“僵尸企业”，占用着大量社会资源，拖累着我国整个钢铁行业加快供给侧结构性改革的步伐。

五是我国钢铁供给端不公平的市场环境正在加剧恶性竞争。我国钢铁、物流行业除缺乏有效的行业自律以外，公平竞争的市场环境早就有待实现进一步提高。主要表现在一些企业采购、销售不开发票，各地不同程度地有假冒伪劣产品充斥市场，扰乱市场秩序；有些地区在环保、安全、质量、财税、土地、用工等方面的执法尺度不一、行政监管不严，对假冒伪劣产品打击力度不够；有的地区明确要求使用本地钢材，存在明显的地方保护政策，影响着我国钢铁行业公平竞争的市场环境。

总之，目前我国钢铁行业严重的产能过剩和自身存在的结构性问题亟须解决，如果得不到妥善的解决，必将影响我国钢铁全产业链上下游产业的持续健康稳定发展。因此，在国家供给侧结构性改革不断深化的背景下，我国钢铁行业如何抓住历史新机遇，通过不断深化的供给侧结构性改革妥善化解钢铁行业的过剩产能，解决结构性改革矛盾，已然是我国整个钢铁产业链迫切需要面对、思考并加以完成的重大课题。

二、中国钢铁供给侧结构性改革的主要任务

中国经济进入“新常态”时期，在全面推进钢铁供给侧结构性改革的“去产能、去库存、去杠杆、降成本、补短板”的任务下，我国钢铁行业须要结合自身的实际情况，奔着解决行业棘手问题，促进行业持续健康发展的理念，卓有成效地开展钢铁行业供给侧结构性改革。当然，我们也不难发现，推进中国钢铁供给侧结构性改革已经上升为 2017 年首要任务。2017 年 3 月 5 日，《国务院政府工作报告》发布，其中，在当年重点工作任务第一条即提及，“要扎实有效去产能，将再压减钢铁产能 5000 万吨左右”。

据了解，早在 2013 年，我国已将钢铁列为五大过剩产能行业之首，行业里存在着大量长期亏损而又难以顺利退出的僵尸企业，有些企业甚至资不抵债仍难以退出。据调查发现，2016 年在中国钢铁工业协会的会员单位中，资产负债率超过 90% 的有 11 家，负债率 80% ～90% 的达到 14 家。而之前传言的国内钢铁贸易流通企业“大规模逃离”和“空壳化”，现在成为既定事实。

鉴于此，为加快推进钢铁供给侧结构性改革步伐，中央政府开始不断出台指导政策与强化治理措施。2015 年，工信部在《钢铁产业调整政策（修订征求意见稿）》中提出，“将完善钢铁市场的准入和退出标准，对达不到准入要求的积极改造升级。改造升级之后，仍然达不到的将逐步退出，有序压减过剩产能。”事实上，自 2016 年下半年以来，在钢铁企业盈利水平持续减少的背景下，我国有一批钢铁产能已经开始退出市场。2017 年 2 月 9 日，工信部网站还发布了第一批拟撤销规范公告的 35 家钢铁企业名单，意味着这次开始“动真格”干起来了。

需要特别强调的是，2017 年以来，我国在积极推进钢铁供给侧结构性改革进程中，以清理“地条钢”为抓手的去产能、调结构行动，竟然以“前所未有”的力度在全国范围内展开，其力度和范围远远超过市场的预期。2016 年 9 月，国家发展改革委员会钢铁煤炭行业化解过剩产能和脱困发展工作部际联席会议办公室，以明传电报形式印发《通报》，严厉打击制售“地条钢”等违法行为。其

中要求，各有关地区要对本辖区内违法违规建设钢铁项目和违法违规制售“地条钢”等钢铁产品的行为，进行一次“拉网式”全面普查，对发现的违法违规行为予以严肃查处，及时上报并公开曝光查处结果，“做到发现一起、查处一起、曝光一起，坚决不留任何死角”。

2017 年 1 月 11 日，中国钢铁工业协会领导公开表态，我国将彻底出清“地条钢”等落后产能，并在同年 6 月 30 日前全部取缔。国家发展改革委副主任林念修为此说：“‘地条钢’必须‘归零’，这是绝对不能容忍的。”在随后召开的全国两会上，李克强总理在政府工作报告中明确指出，“确保落实地条钢产能上半年出清。”值得注意的是，取缔地条钢不仅要更多地运用行政和法制手段，对于去除在产产能，“倒逼”企业去库存，国家还要强化经济手段的运用，在技术、环保、资质和设备等方面设置更高的门槛，以此促进我国中小钢铁生产企业加快开展自然洗牌进程。

当然，除了去产能、去库存之外，我国钢铁行业降成本、去杠杆措施也尤其重要。2017 年是我国钢铁“去产能、去库存”攻坚年，也是钢铁生产企业“降成本、去杠杆”的关键年份。一般情况下，钢铁行业降成本，主要有两个方面的着力点：一是通过一系列强有力的政策降低企业的交易成本、税费负担、融资成本、社会成本等外部成本，让企业“轻装”上阵；二是通过企业自身进一步挖潜增效，提高劳动生产率，降低内部管理成本，让企业“精装”上阵。而降低制度性交易成本被认为是供给侧结构性改革的重要思想，也是政府帮助企业降低成本的直接措施。其中，降低企业税费负担、政府职能转变、金融让利于实体、降低社会保险费用等都是我国钢铁生产企业盼望已久的。中央经济工作会议上曾明确提出这些领域的具体措施，如研究降低制造业增值税税率、研究精简归并“五险一金”、金融部门要创造利率正常化的政策环境，这些都将让制度性交易成本的下降成为企业实实在在可以获得的利益。

与此同时，“去杠杆”也是钢铁供给侧结构性改革中的重点任务之一。多年来，中国钢铁生产企业的壮大主要靠自我积累或者负债，普遍存在杠杆率偏高的问题，不过过高的杠杆率对企业应对经济下行风险不利。针对我国钢铁行业如此高负债，我们必须加快“去杠杆”，政府期望经过 3～5 年“去杠杆”阶段，促进我国钢铁行业平均资产负债率降至 60% 以下。对此，我国政府还提出了多种创新办法，包括兼并重组、股权融资和“债转股”等新型解决办法。2016 年 3 月，国务院召集财政部、央行、银监会等多个部门开会，重点讨论了“债转股”相关事项，未来或将加快出台此方面的相关实施细则意见。

这一期间，我国钢铁生产企业也要借此机会加强深化改革，理顺机制体制，加快“补短板”，提高企业经营效益。国家出台政策降低外部成本会使整个行业的运行环境得到整体改善，但改变不了各企业之间的相对竞争优势和劣势。这就要求我国钢铁生产企业要具备更强的自主性和能动性，通过提高企业内部资源配置效率来加以实现系统的先进性。比如，在提高劳动生产率、降低人工成本、建立有效传导市场压力的体制机制和培育新的经济增长点等方面，还需要进一步地加强改革攻坚任务。“中国制造 2025”提出将智能制造作为我国产业改革升级的主攻方向。虽然钢铁工业出现全行业亏损，但在诸多工业当中，我国钢铁工业仍具备一定的“工业 4.0”发展基础。现如今，我国钢铁产量已经占据全球一半，在规模化的催生下，宝钢、沙钢等一批大型钢铁集团已经在钢铁生产自动化、库存、营销等关键环节，尝试使用工业机器人、无人行车、无人台车和无人仓库等技术来提高劳动效率、提升市场综合竞争力。

与此同时，眼下互联网信息技术已经实现对钢铁的生产、销售、售后等领域的完美渗透。随着我国钢铁电子商务交易平台的不断升级发展，通过“互联网 + 钢铁”融合发展，钢铁生产、贸易流通企业可以为下游用户提供个性化服务，推动“大规模智能定制”，实现集约化生产和个性化服务相结合，突破规模化生产和个性化需求的矛盾。这也正是当前钢铁生产、贸易流通企业纷纷发力“互联网”，组建电子商务平台的重要原因。

综上所述，当前我国已经进入了钢铁工业发展的峰值区，正迎来“减量发展”时代。这一时期，我们要坚定不移地推进钢铁供给侧改革，坚持减量重组的基本原则，通过完成区域化解过剩产能，再由区域重组到跨区区域重组、由同所有制重组到实现跨所有制重组。当然，我国积极推进钢铁供给侧结构性改革、全面完成钢铁行业脱困发展任务本来就是一个任重而道远的过程，或许未来还将经历10年乃至更长的时间来调整转变和加以完善适应。

三、中国钢铁供给侧结构性改革的主要意义

“十三五”时期，我国经济正式进入周期性与结构性深度调整时期，而钢铁业作为具有较强周期特征的行业，当前正面临着“内忧外患”的严峻形势。“内忧”主要表现为钢铁产能严重过剩、市场经营环境恶化、企业负债率高并伴随少数企业违约破产现象，甚至出现大量“僵尸企业”在市场生死线边缘徘徊。“外患”主要体现在我国钢铁贸易国际摩擦趋于频密、国际对话压力不断加大。换言之，我国钢铁行业正处于从第二阶段向第三阶段转变过渡的调整期，即处于从规模扩张向全面升级转型过渡的重要时期。这个时期，我们必须坚定不移地推进钢铁供给侧结构性改革，积极采用市场化手段化解产能过剩危机，以此推进我国钢铁产业加快实现转型升级、推进世界钢铁产业转移与钢铁贸易依存度的趋势性回升。

众所周知，我国钢铁产业的基本国情是规模大、地位高、分化严重、缺少精品、产权复杂和环境恶劣等，而钢铁供给侧结构性改革的提出，标志着我国经济增长方式的一次重要转变，对钢铁等相关产业政策、政府职能转变、过剩产能退出等都将产生深远影响。主要表现在：僵尸企业“僵而不死”的状况可能被打破、落后产能的退出从政策到地方政府的执行有了更强动力、钢铁供给总量的下滑成为常态、钢铁产业结构变化促进企业加快兼并重组、淘汰落后产能促使企业向高端制造升级创新等。

1. 促进我国钢铁产业集中度提升，“倒逼”企业加快实现兼并重组

毋庸置疑，“十三五”期间，我国钢铁行业在经济建设中仍将继续发挥着不可替代的重要支撑作用。而推进钢铁供给侧结构性改革不仅可以促进我国钢铁产业市场化的兼并重组，优化钢铁产业组织结构，打破行政区域限制形成以资本为

纽带的全国性大企业大集团，还是当前快速提升钢铁产业集中度、增强产业竞争力的重要手段。

目前，我国钢铁行业受到地方政府过多关注，基本上形成了以行政区域划界的企业格局。同时企业又按照所有制属性被划分为中央国有、地方国有、民营资本等类型，各类型资本相互隔绝、画地为牢，难以按照市场机制跨区域、跨所有制流动起来。此次改革正在弱化地方政府对经济总量大、经济增速高和重化工业的偏好，从体制基础上破除传统产业资本的条块分割格局，为大型钢铁企业跨区域跨所有制的兼并重组清理体制和政策障碍，从而推进市场化的兼并重组战略实施。譬如，宝钢和武钢的联姻可谓率先实现中央级企业跨区域的、集团重组与上市公司合并推进的典型成功案例，还有东北特钢集团破产重整，将抚顺特钢及大连基地并入沙钢集团，实现跨所有制之间兼并重组。

2. 加速我国钢铁行业完成全面洗牌，彻底剔除无良“僵尸企业”

不得不说，僵尸企业的普遍存在，也是导致我国钢铁行业产能严重过剩的重要原因之一。我们要想从根本上扭转钢铁行业的经营困境，必须坚定不移地推进钢铁供给侧结构性改革，加快“剔除”钢铁行业中的无良“僵尸企业”。众所周知，我国钢铁行业属于典型的劳动力密集型行业，每一个钢铁僵尸企业的清理都将涉及大量职工的“再就业”问题，因此需要地方政府充分考虑并及时出台配套的关停企业职工安置办法。

与此同时，在推进钢铁供给侧结构性改革进程中，我们还应当加快制定钢铁行业无所有制与规模差异的僵尸企业认定与处置标准，积极探索创新僵尸企业处置方式，坚持以市场化手段深入推进僵尸企业处置。各级地方政府应共同出资，设立钢铁行业僵尸企业处置基金，为解决僵尸企业的历史遗留问题提供资金支持，对钢铁生产企业主动关停拆除的合法产能适当给予补偿，或采取以奖代补措施鼓励企业主动关停拆除过剩产能，减少无效产能，推动我国钢铁产业布局优化和优势竞争力的重新集聚。

3. 有效促进我国钢铁产业进一步优化产业资本结构和配置使用

通过推进钢铁供给侧结构性改革，不仅可以进一步优化钢铁产业资本结构和配置使用，还可以积极推动钢铁行业混合所有制改革。换言之，我国钢铁产业是高度与国际市场接轨的充分竞争型行业，优化国有资本布局、提高国有资本配置效率意义十分重大。譬如：通过整体上市或产权交易平台实施混合所有制改革、允许员工包括管理人员持股、允许非公有资本或集体资本持有较大比例等。

此外，推进钢铁供给侧结构性改革还可以促进大型国有钢铁生产企业与大型民营钢铁生产企业的相互持股或合并重组，形成具有区域规模、核心竞争优势的真正按照市场规律运营的市场主体。如此一来，不仅仅可以改善我国钢铁行业传统投资环境，推动国有资本从我国钢铁行业稳妥退出，还可以将置换出的国有资本更多投向关系国计民生的关键领域和战略性新兴产业，并形成以资本为纽带的、有竞争力的全国性企业集团。

4. 促进我国钢铁产业加快走“创新升级、高端制造”发展道路

无论是为了实现持续发展还是参与国际竞争的需要，我国钢铁产业走“创新升级、高端制造”发展道路，都是势在必行。几十年来，尽管技术上确实有所进步，但我国钢铁产品的普遍低端局面并没有发生实质性改变，绝大多数企业的生产装备水平还有待进一步提升，高端钢铁产品比重还有很大的增长空间。

中国企业五百强中的 47 家钢铁生产企业的研发强度仅有 1.42。而我国推进钢铁供给侧结构性改革的目标之一，就是推动钢铁产业实现高端制造发展路线，提升战略新兴产业比重和增强钢材出口优势。目前我国同一区域内钢铁生产企业较为集中、产品同质化竞争较强，某些长期在边际成本附近生产经营的企业，在技术和资金允许的情况下，急需开发符合市场需求的高端化产品，同时发展符合战略要求的新兴产业，真正实现钢铁产业“脱困”，并以此增强自身抵御风险的能力和海外市场竞争力。

5. 切实振兴我国钢铁贸易、流通市场和电子商务产业健康发展

我们通过调研发现，现如今单纯靠“赚差价”盈利模式的钢铁贸易流通企业已经难以适应市场形势变化，而我国钢铁贸易流通企业“大规模逃离”和“空壳化”也已经不再只是传言。我国通过积极推进钢铁供给侧结构性改革，不仅可以重新调节当前钢铁贸易流通市场格局和经营模式，还可以通过重新塑造行业良性竞争和发展秩序，优化我国钢铁物流供应链环境与交易生态圈。

尤其是“互联网 +”时代来临，我国钢铁行业挡不住 IT 信息化技术的渗透。这次钢铁供给侧结构性改革会加速钢铁电子商务业务模式和云计算技术架构体系的有机结合，突破原有基于 Web 技术面向信息发布和交易撮合的简单电子商务，通过向上游产业链延伸与生产系统集成融合，向下游产业链延伸与物流和终端管理系统创新，以此促进整个钢铁供应链中各个业务环节在“云”中汇集、交互，促使我国钢铁贸易流通方式整体发生颠覆性改变。

6. 促进我国钢铁业加快节能环保达标，完成“治霾”保蓝天任务

步入“十三五”时期后，我国加快推进钢铁供给侧结构性改革一定会更加注重“绿色发展”思路，全国各省市地方政府应当坚持以环保为红线，坚决严格执行节能环保标准，加强钢铁环保执法检查，加大违法惩处的力度，始终保持环保高压态势，通过环保手段坚决淘汰钢铁行业落后产能。

值得强调的是，这一进程中，我们要始终突出强化环境执法部门地位，打造强势环保执法队伍，提升环保监测装备水平，确保节能环保法律、标准和相关要求的落实。尤其是通过完善环保部门的管理体制，强化地方环保部门责任，避免地方同级政府部门过多干扰环境执法。此外，在全面排查钢铁行业环保情况时，要以统一环保执法尺度公平对待各类所有制和大中小企业，真正关停一批环保不达标或严重违法排放的企业，以此大力促进我国“治霾”保蓝天任务顺利完成。

四、世界发达国家如何进行“钢铁去产能”

站在宏观角度上看，产能过剩行业正在经历的出清正是中国经济转型的缩影。目前，中国经济正在从重资本、重投资、政府导向型的旧模式向重技术、重消费、市场导向型的新模式转型。而调结构、去产能、促转型、谋发展是我国经济与社会发展过程中必须经历的阶段。调，才能更合理；去，才能更灵活；促，才能更充实；谋，才能更长远。

我们知道，钢铁是我国2016年和2017年这两年去产能的主要领域，在我国供给侧结构性改革政策大力实施下，两年内我国将完成1.25亿吨的钢铁去产能任务，同时7000万吨地条钢得到铲除，钢铁产能严重过剩局面大大缓解。但如何更好地出清过剩产能、调整产品结构，我们要自己摸索，有自己的特色，也要借他山之石，分析其他国家的做法，取长补短、吸取教训，这样才能少走弯路。

研究发现，目前世界发达国家没有太多专门针对落后产能的政策，但这并不是说发达国家不存在落后产能，而是落后产能问题表现得并不严重。现在这些国家的市场经济比较发达、制度比较完善，存在较少的价格扭曲，能源成本、环境成本、社会成本能够充分反映到企业的生产成本中，因此落后产能就基本等同于成本高或质量差，技术水平落后的企业缺乏竞争力，在市场竞争中自然难以生存。

欧美和日本等发达国家的工业发展多数是从钢铁等基础产业开始兴起的，也都同样经历过钢铁“去产能”结构调整的过程。譬如：日本钢铁工业也曾出现严重产能过剩，去产能过程用了近20年，20世纪80年代日本钢铁业经历过的行业集中度提升、利润修复和资本支出下降等现象，就是一种调结构、去产能。我们具体可借鉴参考以下几方面：

1. 通过“强强联合”，大力组建企业集团

当年，日本钢铁工业在结构调整中，以实现市场占有和资本增值为目的，实行“强强联合”，大力号召组建企业集团公司。日本战后原有近50家钢铁企业，

经过多次联合、重组，目前已形成以新日铁、日本钢管、住友金属、川崎和神户五大钢铁公司为主的格局。可以说，日本钢铁生产企业已经实现了集团化，日本五大钢铁生产企业实际上是五大钢铁集团。例如钢产量曾占世界第二位的新日铁，是由 10 个钢铁厂组成的钢铁集团公司，包括君津、大分、八幡、名古屋、釜石、室兰、光、擗等钢铁厂和东京制造所。与此同时，新日铁还有设计院（设备技术本部）、设备制造部（工作事业本部）等。

2. 先进设备带动生产效率提高和成本降低

1978 年，日本钢铁工业投资额为 42.9 亿美元，成为全球最大的钢铁投资国。同时，日本很注重投资效果，1957 年到 1976 年，钢铁工业投资总额虽与美国、欧洲煤钢联营六国大体相同，约 270 亿美元，但效果大不相同。在此期间，日本产钢能力增加 1.24 亿吨，而美国只增加 3600 万吨，欧洲煤钢联营六国增加 9700 万吨。

当时如此巨大的投资给日本钢铁工业带来了大型化先进设备，由此又带来生产效率的提高和成本的降低。1973 年，日本钢铁工业从业人员人均粗钢产量约 225 吨，为同期美国的 1.43 倍。以高炉为例，日本现有容积 2000 立方米以上的大型高炉 3 座，平均炉容高达 4100 立方米，其中 4000 立方米级以上的高炉有 18 座，占一半以上。最大的高炉在大分钢铁厂，容积为 5245 立方米。

3. 日本大钢厂建设布局集中在沿海地区

日本钢铁产业布局的一大特点是大厂均建在沿海地区，绝大部分钢铁联合企业集中在由京滨、阪神、中京、濑户内海、北九州五大工业区形成的太平洋带状区域。1976 年，该区域钢铁生产量占全日本的 87.3%，消费量占 83.9%。

之所以选择沿海地区建设钢铁厂，一是受资源条件限制，日本国内缺少铁矿、煤炭、石油资源，生产钢铁所需的铁矿石、焦煤、动力煤等几乎全部从国外进口，因此建设钢铁厂必须具备深水港口，解决原料进口的运输问题；二是日本国土狭小，呈长条状，海岸线比较长，在沿海建设钢铁厂，大部分产品可以通过海运直接送达用户，同时也便于钢材海运出口；三是日本水运费用特别便宜，与铁路运输相比运费相差若干倍，如运距 50 千米，铁路运费 13.5 日元 / 吨千米，而水运只有 2.2 日元 / 吨千米。

4. 日本钢厂重视产品技术升级迈向高端

战后日本钢铁工业发展的一些关键技术，无一不是从国外引进的，取百家之所长，拿来为其所用。而且会在引进的基础上大搞技术革新，并很快突破原有的技术指标，使日本的钢铁工业技术提高到世界先进水平。据了解，日本从 1951 年引进美国带钢连轧技术开始，经 1957 年引进顶吹转炉炼钢技术，逐渐使本国钢铁技术进入世界前列。到 20 世纪 60 年代后期引进连铸技术时，日本钢铁技术已开始从进口国转变为出口国，1977 年日本钢铁工业的技术输出和成套设备的出口约为 86 亿美元。

从总体上看，目前日本钢铁工业工艺技术先进，技术装备水平较高，在世界上仍处于领先地位。从日本钢铁工业的技术经济指标来看，日本钢铁工业在技术上也是比较先进的。全国铁钢比仅 0.75，钢材成材率很高，达到 94.4%，特殊钢产量占全国粗钢产量的 18.9%。日本在引进先进技术的同时，还从美国等国家引进了大量的先进管理体制。2000 年前，日本钢铁企业已普遍采用电子计算机来管理企业。在 1990~2011 年的全球特殊钢专利中，日本申请量占全球申请总量的 71%。

5. 日本出台制度干预钢铁市场产能过剩

日本是较多采取政府干预手段的发达国家和市场经济国家。在充分发挥市场作用的同时，日本政府也会积极采取措施推进落后产能的退出，以更快地实现产业结构调整和升级的目标。譬如：设备注册制度，注册现有设备和限制生产品种，限制非注册设备使用，限制新增设备；淘汰落后设备，1964 年“纤维新法”采用了废弃两台旧设备才允许添置一台新设备的“废旧更新”原则；政府补偿，在解决萧条行业产能过剩问题的过程中，日本政府采取政府收购来报废设备的方式，即由政府与产业界合作预测未来供求，对“过剩部分”由政府出资收购报废等。

此外，日本政府特别设立特定萧条产业信用基金，对那些按计划淘汰落后设备的企业提供优惠利率贷款；采用特别折旧制度，即允许企业把一部分利润作为固定资产折旧摊入成本以降低税收负担；对淘汰设备造成的大量失业人员给予救济。虽然对产业发展有较多的直接干预，但是日本政府也认识到应当主要通过市场手段解决产能过剩与落后产能问题。日本官方发布的《七十年代展望》就指出，应当严格抑制过分的政策干预与产业的过度保护，产业政策的应用应限定在市场失败的领域。

第二部分

行业现状

第三章　钢厂凤凰涅槃中期盈利数据“惊人”

近年来，由于我国钢铁行业受到产能过剩、价格低迷与信贷危机等多重影响，钢铁生产制造企业的经营状况一直异常困难，亏损面和负债率均在不断加大。可以说，一段时期内，我国钢铁全产业链整体出现了“万马齐喑”的景象。不过，步入2016年后，伴随我国钢铁供给侧结构性改革全面深入的推进，正在有效化解过剩产能、淘汰落后产能，稳步推进结构性调整。与此同时，我国钢材市场开始出现一波“回暖”迹象，钢厂效益开始慢慢好转，整个钢铁工业运行走势出现“稳中趋好”势头。

一、钢价涨幅超八成、钢厂重现“扭亏为盈”数据惊人

据中国钢铁工业协会最新数据显示，2016年全国重点统计钢铁生产企业实现销售收入2.8万亿元，同比下降1.8%；累计盈利303.78亿元，而上年同期为亏损645亿元，利润增长接近1000亿元（见图2-3-1）。“现在钢厂是一天一个价，原来涨价是五十、五十元地涨，现在是一百两百地涨。”这让大批钢铁生产企业实现了“扭亏为盈”，但是对钢铁贸易流通商和下游制造企业并没有产生积极利好影响。统计数据显示，截至2017年7月中旬，国内80%钢厂的螺纹钢吨钢利润平均达到900元，部分超过了1200元。现在许多中小钢厂的产能利用率达到

了上限，“每天快速运转的生产线好比印钞机，每一秒都是钱”。

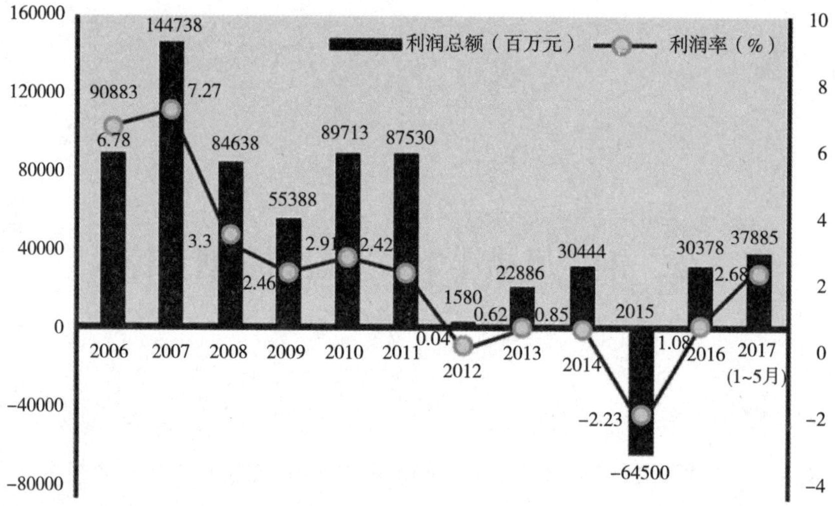

图 2-3-1　2006~2017 年（1~5 月）重点大中型企业利润变化情况

很明显，我国钢铁生产企业在经历了过去“长时间、大面积”的亏损之后，终于迎来“凤凰涅槃”，重现“扭亏为盈”局面。而对于盈利的核心因素，在本次调研受访的企业问卷中，有 64% 的钢厂选择成本控制能力强，同时还有 56% 选择了品牌市场认可度高，35% 选择销售渠道广，20% 选择原材料价格走低、市场价格上涨，仅有 2% 选择期货及期现套利做得好。

值得一提的是，2016 年，我国钢材市场价格出现大幅上涨，全年钢价涨幅超过 80%。2017 年以来，以上海螺纹钢为例，吨钢价格从年初的 3150 元涨到 8 月份的 4440 元左右，涨幅超过 40%，这些是多数钢铁生产企业盈利的直接原因。此外，这两年钢材期货市场也曾几度“火爆”，螺纹钢和铁矿石期货都曾出现过几波大赚行情。但在本次调研数据汇总中，仅有 2% 的受访钢厂把 2016 年的盈利核心要素归结于钢材市场价格上涨和期限套利，多数钢厂在钢铁行情大牛市中，仍聚焦于降本增效、打造品牌、开发销售渠道，并将此作为盈利的核心要素和自身核心竞争力。这充分表明，我国钢厂的日常经营和盈利水平非常扎实稳健，并且十分注重自身实力的提升，正可谓是“打铁还需自身硬”。

事实也证明，注重品牌建设和降本增效的钢厂，盈利自然也走在行业前列。比如：宝钢集团就是行业佼佼者。英国品牌评估机构 Brand Finance 发布了“2016 中国最有价值品牌榜”(The most valuable Chinese brands of 2016)，在 250 家上榜品牌中，宝钢是中国钢铁行业唯一上榜品牌，位列 107 位，品牌价值 13.8 亿美元。同时，这一年宝钢股份吨钢毛利 980 元、吨钢扣非净利润为 373 元，盈利水平位居全球第一。

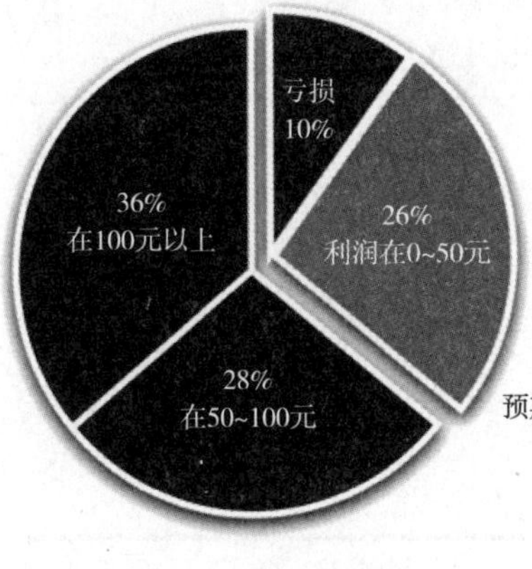

图2-3-2　2016年钢厂吨钢净利润调查数据

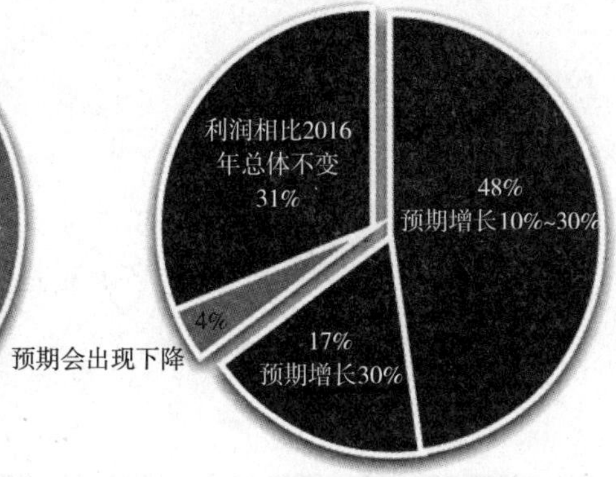

图2-3-3　预估2017年钢厂盈利水平和利润空间数据

本次调查统计结果还显示，受访钢厂在 2016 年吨钢净利润调查回复中仅有 10% 反映亏损，26% 盈利在 0 ~ 50 元 / 吨，28% 在 50 ~ 100 元 / 吨，36% 表示在 100 元 / 吨以上（见图 2-3-2）。基于总体统计分析，“参与调研的钢厂中有三分之二去年吨钢净利润在 50 元 / 吨以上”。相比之下，2016 年 A 股 35 家钢铁行业上市公司的扣非净利润总和为 110.90 亿元，粗钢产量为 2.2 亿吨。由此推算，全部上市钢厂 2016 年的平均吨钢净利润应为 50.41 元 / 吨。这也说明本次受访钢厂的盈利水平接近或优于上市钢厂的平均水平。

而展望 2017 年全年钢厂盈利水平和空间，有 31% 的受访钢厂预期 2017 年净利润相比2016年总体不变，有48%的钢厂预期增长10% ~30%，有17%的钢厂预期增长30%，只有4%预期会出现下降（见图2-3-3）。从整体来看，65%的钢厂预期2017年盈利增长10%以上，对2017年全年盈利水平和空间持“十分看好”态度。另从细分钢材品种角度看，这两年我国各品种吨钢毛利均呈现出稳中向好走势。其中，螺纹钢毛利攀升表现尤其明显，从2016年底的低谷一跃超过冷热轧板和中厚板，如图2-3-4所示。

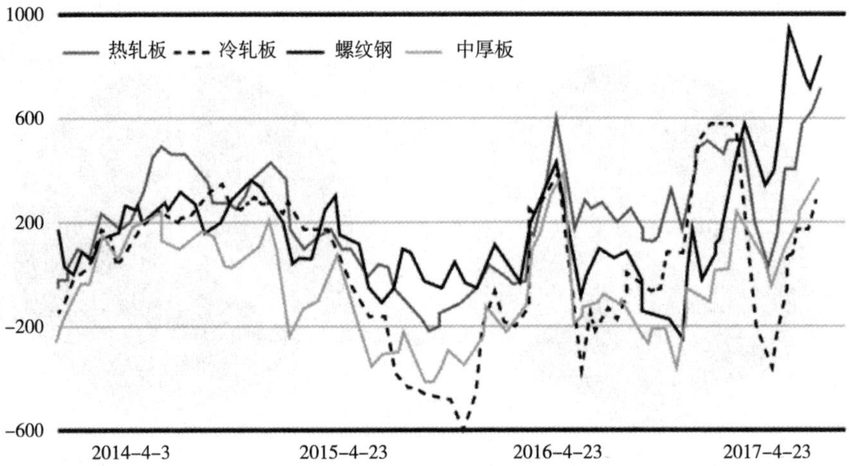

图2-3-4　2014~2017年（1~5月）主要品种吨钢毛利变化情况（单位：元/吨）

二、跨区域整合，钢厂加速重组和资本市场举牌并举

在经历河钢集团、山东钢铁集团等省级钢铁生产企业加速整合之后，“喊话”多年的全国范围内跨区域钢厂整合大幕正式拉开。2016年12月7日晚间，宝钢股份与武钢股份双双公告称：“经证监会审核，宝山钢铁股份有限公司换股吸收合并武汉钢铁股份有限公司事项，获得无条件通过。”消息一经传出，迅速引发整个社会与钢铁市场震惊。随后，多部门对“宝武”的合并重组表达出支持态度。10天后，银监会、发展改革委和工信部三部委联合发文称，“鼓励银行业金

融机构对主动去产能的钢铁煤炭困难企业进行贷款重组，支持钢铁煤炭企业合理资金需求，加大对兼并重组钢铁煤炭企业的金融支持力度，同时严控违规新增钢铁煤炭产能的信贷投放。”

同时，上述三部委发布的《关于钢铁煤炭行业化解过剩产能金融债权债务问题的若干意见》指出，支持银行业金融机构对能产生整合效应的钢铁煤炭兼并重组项目采取银团贷款等方式，积极稳妥开展并购贷款业务。对符合并购贷款条件的兼并重组企业，并购交易价款中并购贷款所占比例上限可提高至 70%。作为中国钢铁行业的年度大戏，宝钢、武钢重组一直备受关注，特别是在我国钢铁供给侧结构性改革大背景下，这艘拥有 22.8 万名员工、总资产达 7300 亿元的“钢铁巨舰”，正是我国钢铁行业克服重重困难、化解过剩产能的产物，也是中央推进钢铁去产能决心的重要体现。

可以说，宝钢和武钢的联合重组顺应了我国钢铁行业去产能、调结构的要求。2016 年 2 月份，国务院出台的《关于钢铁行业化解过剩产能实现脱困发展的意见》明确提出，中国要从 2016 年开始，用 5 年时间再压减粗钢产能 1 亿吨至 1.5 亿吨。2017 年 5 月份，国务院总理李克强在央企“瘦身健体提质增效”会议上要求，今明两年之内中央级企业要率先压减 10% 左右钢铁产能。宝钢、武钢的正式合并，为钢铁行业兼并重组起到了示范作用，中国宝武钢铁集团深度整合的经验，将有利于完善企业实施兼并重组的政策环境。以提升质量品牌、整合跨区域资源为主要任务的减量化兼并重组将会取得实质性进展，随着国家去产能工作的持续推进，钢铁产能会进一步向优势企业集中，产业集中度情况将会有所改观。

当然，除了全国范围内跨区域的钢铁企业整合外，资本市场的“举牌”也成为钢铁企业转型升级、钢铁产业结构调整的一个重要途径。其中，最典型的莫过于 2016 年石榴集团举牌首钢股份。前两年，我国钢铁生产制造企业业绩较为低迷，虽然 2016 年在供给侧结构性改革以及去产能、调结构等政策的带动下出现好转迹象，但仍处于严重产能过剩行业之一，而一家地产公司举牌钢厂不免引来联想。尽管市场有人猜测，石榴集团举牌是觊觎首钢石景山老厂区的地块。但首钢股份曾明确表示，“信息披露义务人本次增持的目的，是出于对首钢股份未来发展前景的看好所进行的投资，尤其是在我国供给侧结构性改革、京津冀一体化以及国企改革过程中面临的巨大发展机遇。”

三、继续去产能，严打“中频炉”“小作坊”等地条钢源头

随着我国钢铁行业供给侧结构性改革深入推进，钢铁生产企业去产能步伐开始不断加快。统计数据显示，2016 年我国钢铁行业去产能任务提前超额完成，且行业状况明显出现好转。进入 2017 年，我国钢铁行业去产能的力度依旧，而严打“中频炉”“小作坊”等地条钢源头成为新的行动目标。“活不好，也死不了，靠恶性价格战拼命支撑着最后一口气”，这已经成为全国中频炉钢厂的众生相，也是我国钢铁行业去产能最难过的坎儿、最难啃的骨头。。

本次调研统计结果显示，当前我国钢铁供应链上各方最大的呼声也是希望钢铁行业供给侧结构性改革有始有终，要严打“中频炉”“小作坊”等地条钢源头，落到实处，切实改善钢铁行业产能过剩的弊病，积极引导我国钢铁行业健康规范有序发展。当然，这也契合了 2017 年以来我国钢铁行业的头等大事——由打击“中频炉”所开启的钢铁去产能新浪潮。而从世界金融形势来看，全球经济形势和中国政经局势同样利好钢铁行业去产能：钢铁去产能全球论坛有望在中国召开、宝钢前董事长徐乐江调任工信部副部长、“一带一路”峰会也将举办等。

众所周知，我国“地条钢”生产企业中 90% 均无精炼设备，是必须坚决取缔的对象。目前，中国钢铁去产能大幕已经拉开，中频炉去产能已经打响前战，严打地条钢的暴风雨已经来临：中央各部委奔赴各地展开专项督查，7000 万吨地条钢得到铲除。而这一期间市场钢价的调整，反而为中频炉的去除打开了更广的空间，业内高度期待国家政府对“中频炉”“小作坊”进行拉网式排查，坚决剔除。

根据国家质检总局解释：“地条钢”是指以废钢铁为原料，经过感应炉等熔化，不能有效地进行成分和质量控制生产的钢及以其为原料轧制的钢材。之所以叫“地条钢”，是因为在 2000 年初，这种简易的炼钢方式就是在地上挖一个槽，将无法控制质量的钢水直接导入槽中，冷却后就将其拿出来便可直接销售使用，

多以建筑钢材为主。而过去挖槽的那种“小作坊”已变成中频炉、工频炉钢厂，“地条钢”被泛指成劣质钢材，其劣质的最重要标志就是没有精炼设备，无法控制生产钢材的质量。

据不完全统计数据显示，目前全国各地存有地条钢、中频炉钢厂大约500多家，合计产能超过1亿吨。但基于设备简单、操作灵活，实际产量波动很大。2016年2月初，由于建筑钢材市场低迷，加上进口铁矿石价格下跌，高炉、转炉工艺成本降低，中频炉钢厂失去竞争力，几乎全部停产；可到了2016年7月，随着建筑钢材需求增长，铁矿石价格上涨，中频炉钢厂产量快速上升，这一年中频炉钢厂产量大约在4000万吨左右。而按照最新要求，2017年6月30日之前全国中频炉产能料将清零，将影响在产产量4000万吨；下半年将重点打击违规高炉，也将影响在产产量4000万吨。按此估算，两者合计8000万吨左右，大约占到我国粗钢年产量的十分之一。虽然“地条钢”此前并未被纳入中国钢铁总产能11.3亿吨的统计当中，但此次严打之后会对钢铁市场产生明显的积极影响。

另外，值得大家关注的是，我国钢铁行业电炉供应“被动”增多对产量增加了许多不确定性。据调查，我国部分关停的中频炉钢厂正在改建或扩建电弧炉，新增电弧炉数量在70～90座，建设周期6～8个月，总产能3000万～4000万吨。2017年7～9月份投产较为集中，接近2000万吨。按照产能利用率50%来计算，新增产量大约在500万吨。但涉及合法性问题，这部分产能存在较大不确定性。总之，受到多重因素综合影响，预计2017年全年钢材减去粗钢年化产量将会低于过去三年5000万~7000万吨，如图2-3-5所示。

产量	钢材(万吨)	粗钢(万吨)	钢材-粗钢(万吨)
2014年	112557.4	82269.8	30287.7
2015年	112349.6	80382.5	31967.1
2016年	113801.0	80837.0	32964.0
2017年1~5月	45368.0	34683.0	10685.0
2017年年化产量	109664.4	83836.4	25828.0

图2-3-5　2017年钢材减去粗钢的年化产量低于过去三年5000万～7000万吨

四、“钢老大”过气，新形势下钢材销售模式悄然转变

多年来，我国钢铁生产企业的钢材销售渠道一般包括钢厂直供终端用户、通过钢铁贸易流通商分销、通过钢厂分支机构销售、钢厂零售和出口贸易等几种方式。其中，通过钢铁贸易流通商分销是重要的销售渠道之一。最新调查统计数据显示，2016 年我国钢铁生产企业通过贸易流通商分销的钢材量占到钢材总销量的 38%，与钢厂直供并列销售第一。

而结合历史调查数据统计结果显示，我国全部钢材品种的钢铁贸易流通商分销数量占比正在悄然转变，从 2012 年的 44% 降至 2016 年的 38%。而同期直供销售的比例，则从 2012 年的 34% 上升至 2016 年的 38%；零售销售比例从 2012 年的 4.1% 上升至 2016 年的 4.7%；分支机构销售比例从 2012 年的 12% 降至 2016 年的 11%；出口销售比例从 2012 年的 5.6% 上升至 2016 年的 8.1%，如图 2-3-6 所示。

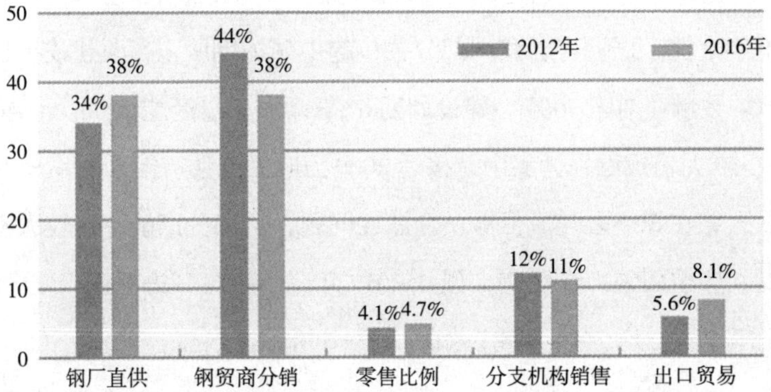

图 2-3-6　我国大中型钢厂所生产的钢材销售渠道占比变化情况（%）

而具体统计到细分品种，其中通过钢铁贸易流通商分销的长材数量占总量的比例高达 48%，这一数字远超直供占比的 30%。而通过钢铁贸易流通商分销的板材数量占总量的比例则为 31%，低于直供占比数字。无论如何，这些数字起码可以证明，目前我国“钢老大”销售钢材仍然离不开流通商“承上启下”的中间蓄

水池功能，起码短期流通商不会因为电子商务交易平台的出现而消亡。

不难看出，我国钢铁生产企业的传统销售模式正在发生轻微改变，直供和零售的比例有所增加，而分销和分支机构的比例则有所减少。此前，我国钢厂销售渠道更多的是依赖流通商，但是经历了钢铁贸易流通商资金链断裂、倒闭大潮后，其“蓄水池”功能大为弱化，钢厂被迫通过提高直供比例甚至削减代理商的数量，来改变其销售模式。

据了解，目前我国国有钢铁生产企业的直供比例平均在36%左右，而这两年随着钢厂直供比例不断增加，部分企业可以达到50% ~70%，个别甚至更高。譬如：宝钢70%以上的产品直接销售给终端制造企业；首钢销售公司直供及三方直供用户数量比例也超过了80%；首钢长治钢铁、马钢直销比例超过50%；河钢集团从2016年开始集中力量加大产品的直供比例，减少代理销售环节，直供比例大约攀升到40%左右，个别高端品种直供比例超过60%。

总之，从整体来看，当下我国钢铁产业处在一个“需求为王”“减量发展”的时代，我国钢厂在贸易流通商心中的传统“钢老大”地位正在逐渐弱化，许多钢铁生产企业被迫开始由“生产商”向“服务商”转变，主动积极延伸钢材产品终端销售和流通服务功能，全面提升自身在市场红海的核心竞争力。

五、最严“337调查”，众多钢厂频繁遭遇国外反倾销干扰

正可谓“一边是火焰一边是海水”。这两年来，我国钢铁行业一边在紧锣密鼓地开展“去产能、调结构”，积极改善行业生态环境；另一边还在积极应对国际上频繁遭遇的各类反倾销事件调查，力争维护中国钢材产品国际声誉。据了解，仅2016年4月下旬到5月底，就有欧盟以及智利、美国、越南、澳大利亚、印度、哥伦比亚、加拿大、马来西亚等八个国家对中国的钢铁产品发起反倾销调查或做出反倾销裁定。

以美国为例，2016年5月20日，美国针对包括中国在内的碳合金钢定尺板做出反倾销产业损害调查肯定性初裁，同时还对进口来自中国和韩国的该产品做

出反补贴损害调查肯定性初裁；三天后，美国又表示将进口来自中国的冷轧扁钢最终进口税率提高至522%，美国商务部维持初裁的265.79%反倾销税不变，但将反补贴税从227.29%提高至256.44%。

同年5月26日，美国国际贸易委员会发布公告，决定对中国输美碳钢与合金钢产品发起337调查，这是中国钢铁贸易史上首次遭遇“337调查”。2017年2月份，美国商务部就对华不锈钢、板材带钢的反倾销和反补贴调查做出终裁，裁定中国企业63.86%～76.64%的反倾销税率和75.6%～190.71%的反补贴税率。

根据美国商务部发布的数据显示，此次美方“双反”调查的中国钢铁企业中，不仅有民营企业，而且还有包括宝钢、山西太钢、天津太钢等一批大型国有钢铁生产企业。尤为值得注意的是，此次裁定的反补贴税率之高，令人十分费解。如宁波宝兴不锈钢有限公司、宝钢集团有限公司、广东韶关钢铁有限公司被裁定的反补贴税率高达190.71%。在反倾销调查中，美方无视强制应诉企业提交的大量证据材料，仅以国有企业身份拒绝给予企业分别税率待遇，违反了世界贸易组织争端解决机构在相关案件中的裁决。而且在反补贴调查中，调查机关十分无视中国政府和企业的积极配合，在原材料补贴和出口信贷等项目上裁出高额税率。

随着全球经济增速放缓，全球钢铁产业呈现出产能过剩，而中国的钢铁出口量占世界总出口量的一半。由于钢材市场价格暴跌，造成从澳大利亚到英国乃至美国部分工业中心的全球范围的工厂大量倒闭。为此，很多欧美国家开始指责中国受到高额补贴的钢铁生产企业向全球市场大量输出钢铁，以低于生产成本的价格“倾销”，拉低了国际钢材价格。当前，钢铁贸易发展面临的国际国内形势都在改变，我国应适应新的变化和挑战，改变过去被动应对的局面，学会积极主动出击。比如：可以通过其他优势产业在世界贸易组织允许的范围内对美国等发起贸易救济调查，以此来减小我国钢铁行业在出口上遭受的打击和压力。具体来说，一方面，我国政府既要从战略层面加强与对方政府的沟通和磋商，还要敦促这些国家遵守国际法，尽早履行终止反倾销“替代国”做法的义务；另一方面，我国政府和相关企业要有积极主动应对的意识和策略方法，不能“被动”等待挨打，必要的时候应该积极采取有力措施保护自己。

第四章　钢贸流通商迎来暴风雨后的“宁静”

这两年，在我国钢铁行业供给侧结构性改革的大环境下，受政策性钢厂停产、限产以及终端需求复苏等多重因素带来的影响，我国钢铁贸易流通业进入“产业结构调整与转型”的关键阶段。与此同时，我国钢材市场价格正逐渐迎来趋势性回暖行情，为改善我国钢铁贸易流通行业的盈利空间和能力提供了基础环境。据统计数据显示，2016 年全年我国钢材价格综合指数涨幅高达 75%，行业盈利水平出现大幅改善，而我国钢铁贸易流通企业生存现状也从之前的“温水煮青蛙”过渡到了“暴风雨过后的宁静”，曾经的“无人问津”一度出现“门庭若市”的前兆。回忆早些年间，中国物流与采购联合会钢铁物流专业委员会主任虞钢便曾预言：“这个行业正处于一个伟大变革的时代，有些东西正在消亡的过程中，而另一些事物正在经历着分娩的痛苦，但是我们要相信暴风雨过后一定会迎来一片宁静和一缕阳光。”

一、集中度提高、行业盈利空间和能力大为改善

十年河东，十年河西。据中国物流与采购联合会钢铁物流专业委员会的不完全统计数据显示，截至 2016 年底，上海有接近 72%、全国其他地区有近 40% 的钢铁贸易流通商退出了行业，现今全国钢铁贸易流通企业数量已从繁荣时期的 20 万

家迅速缩减至之前的五分之二，通过本轮深度洗牌，行业集中度出现大幅提高。

与此同时，本次调查结果显示，有 44% 的受访钢铁贸易流通商反映年均利润为 0～50 元 / 吨；26% 在 50～100 元 / 吨，亏损比例为 8%（见图 2-4-2）。而在 2014 年这一统计数据是：18% 亏损，17% 盈利在 1～5 元 / 吨，29% 盈利在 5～10 元 / 吨，35% 盈利在 10 元 / 吨以上（见图 2-4-1）。鉴于此，2016 年我国钢铁贸易流通商的盈利水平普遍出现显著好转。不过，预估 2017 年盈利情况，有 41% 的钢铁贸易流通商预期 2017 年全年企业净利润相比 2016 年会增长 10% ～30%，有 19% 的甚至预测增长 30%；只有 5% 的参与者预期 2017 年净利润会出现下降。

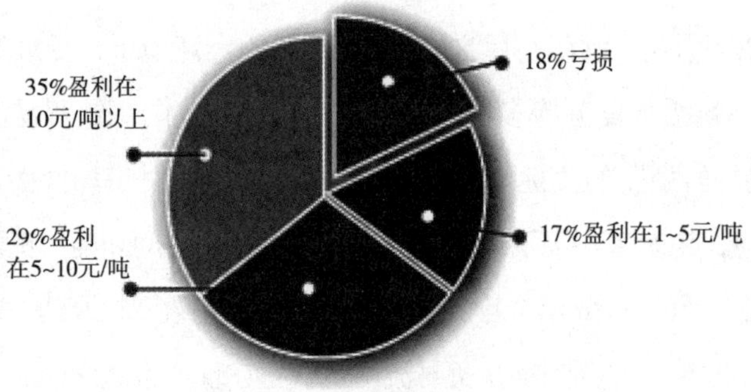

图 2-4-1　2014 年钢贸商抽样调查盈亏占比

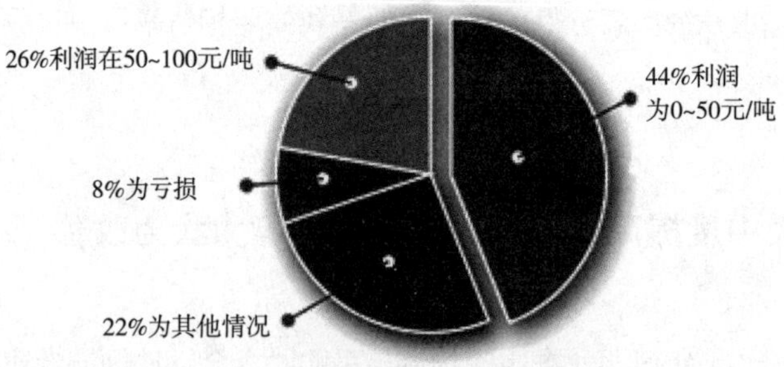

图 2-4-2　2016 年钢贸商吨钢利润抽样调查占比

对于盈利模式而言，目前我国钢铁贸易流通行业的主流盈利模式还是靠“赚差价”，这一模式所占比例为67%，较2014年上涨6个百分点。不过，这在2016年钢价持续上涨的牛市中，是属于符合预期的现象。需要强调的是，本轮调查盈利模式中除了“赚差价”的比例有所上升之外，还有25%是赚取服务费（包括加工、仓储和物流等），该比例较2014年的20%上升了5个点。这是难能可贵的地方，同时折射出我国钢铁贸易流通企业较之前开始更加注重服务能力，盈利模式也更为综合化，行业整体呈现出“扎实稳健、回归理性”的态势。至于盈利的主要因素，有53%的钢铁贸易流通商表示是卖货能力强，有稳定的终端用户和次终端用户。一般来说，在钢铁行业供不应求时，有稳定的拿货能力是关键；而在供大于求时，有稳定的卖货能力是关键。本次调研是在钢铁牛市的背景下进行的，但是大多数钢铁贸易流通商却并不认为“拿货能力”最重要，而认为卖货能力更重要，这说明大家的心态较上一次的牛市已经发生了质的变化，也印证了上述提及的我国“钢老大”的地位正在减弱。

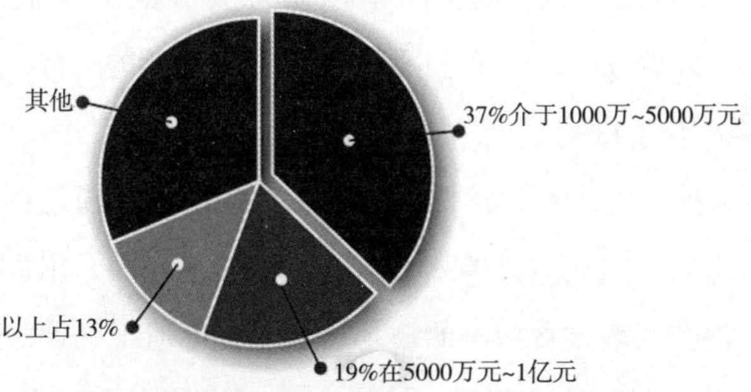

图 2-4-3 2016 年我国钢铁贸易流通商整体实力数据分析

与此同时，在盈利能力不断增强的情况下，我国钢铁贸易流通商的整体实力也在稳步增强。调研数据显示，有37%介于1000万元~5000万元之间，有19%在5000万元~1亿元之间，而1亿元以上的占比达到13%（见图2-4-3）。而在2014年的调研中，5000万元以上的仅占18%，说明当前我国钢铁贸易流通商的自有资金量较2014年底已有明显提升，整体财力显得更加雄厚。另外，经过本轮钢铁供给侧结构性改革后，我国钢铁贸易流通企业经营资产杠杆率开始出现下降。调研数据显示，61% 的钢铁贸易流通商财务杠杆在 1 倍以下，34% 的在 1～3 倍之间，4% 在 3～5 倍，5% 的在 3 倍以上。而在 2014 年的同样调研中，3～5 倍的比例是 10%，有 5 倍以上的占比高达 7%。这说明所调研的 3 倍以上杠杆的数量占比已由 2014 年底的 17% 下降至 2017 年初的 5%，这些数据充分表明当前我国钢铁贸易流通商的财务杠杆整体上有所降低。

二、电商抢蛋糕、市场份额和议价能力不断下降

自 2012 年中国钢铁贸易流通危机以来，我国商家数量开始出现大幅减少，钢厂生产出来的钢材，通过他们分销的量占钢材总销量的比例呈现出较为明显的下降趋势，市场活跃度进一步降低，行业深度洗牌并进入“新常态”在所难免。据本次调研统计数据显示：“全部钢材品种的贸易流通商分销比例已从 2012 年的 44% 降至 2016 年的 38%，而通过钢铁贸易流通商分销的长材比例已从 2012 年的 52% 降至 2016 年的 48%。”

从整体数据对比来看，这两年我国钢铁生产企业通过钢铁贸易流通商销售的钢材占比确实出现明显萎缩，这主要是因为直供、出口和零售等其他渠道的崛起，都在逐渐蚕食传统的市场份额。在此值得强调的是，这两年我国钢铁电子商务交易平台的迅猛崛起，对传统行业的肆意解构和线下资源的强势整合，抢占了 2016 年全年分销钢厂出厂销售量（直供电商）的 15% 左右，而且这一数字还有很大的增长空间，对我国钢铁贸易流通商市场销售份额带来严重冲击。与此同时，我国钢铁贸易流通商使用钢铁电子商务交易平台的频率也在不断增加。调研数据还显示，36% 的钢铁贸易流通商 2016 年通过电子商务交易平台的销售量占全部销售量的比重小于 5%，37% 认为在 5% ～10% 之间，13% 在 10% ～30% 之间，14% 在 30% 以上。另有 61% 的钢铁贸易流通商表示，预计 2017 年通过电子商务交易平台销售钢材量的增幅将

在 15% 以上。

在此需要解释的是，我国钢铁贸易流通商通过电子商务交易平台销售钢材的理由多种多样。有的是为转嫁市场价格风险、有的是看着电商平台上游钢材资源、有的是期待获得下游终端采购客户，更有许多是为了顺便帮平台“走量”，以此博取微薄的积分返利，少数钢铁贸易“空壳”企业甚至过上了电商平台“寄生虫”生活。总之，受新形势下各种因素交织影响，现在我国钢铁贸易流通商的发言权较钢铁电子商务平台、终端用钢企业还弱。在和钢铁贸易流通商和电子商务交易平台同时有合作的钢厂中，有 48.7% 的钢厂表示“愿意跟电子商务交易平台议价让价”；有 38% 的钢厂表示“一视同仁”。而在 2014 年调研时，仅有不到 24% 的受访钢厂选择“愿意跟电子商务交易平台议价让价”，如今该比例提升了一倍之多，这充分表明，近年来我国钢厂的定价权确有减弱，不过“抢夺”市场定价权接力棒的不完全是钢铁贸易流通企业。

三、利息成本高、融资难仍是发展制约因素

进入“十三五”时期后，资金紧缺仍然是悬在我国钢铁贸易流通商头上的一把“利剑”。这两年来，我国一些钢铁贸易流通商的失信行为造成的行业信誉度大打折扣，引致其在银行机构的贷款缩减比已经超过七成。不过，本次调研中发现，目前我国钢铁贸易流通商仍然存在帮助钢厂、下游企业垫资或进行存货融资现象，至少 52.6% 的企业存在垫资行为，资金需求仍旧较为强烈。可以说，目前我国钢铁贸易流通商对资金的强烈需求程度和银行资金供给短缺极度不匹配，大量钢贸企业很难得到贷款。未来利息成本高、融资难的顽疾仍将长期存在。换句话说，融资难度大、融资成本高造成的大量资金缺口，是我国钢铁贸易流通商面临的最严峻挑战。

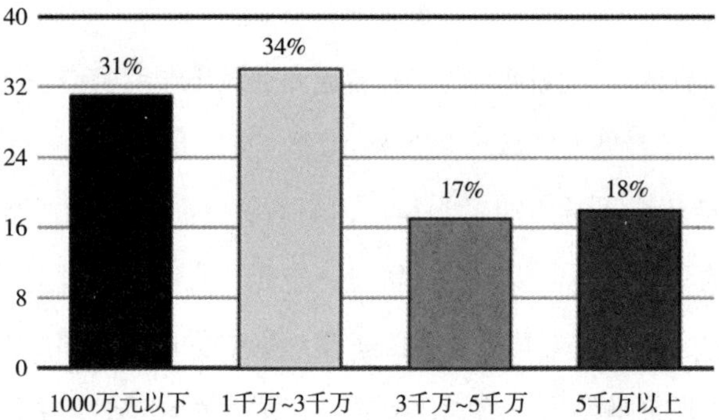

图 2-4-4 公司用于钢材购销的自有资金占比情况（%）

众所周知，中国钢铁贸易流通行业属于典型的资金密集型产业。以往一个普通的钢铁贸易流通商一天账面上至少需要几百万的资金周转，大型钢铁贸易流通商则需上千万日常周转备用金。我们摸底调查统计发现，其中，65% 以上的企业自有资金量低于 3000 万元，只有 18% 的企业自有资金量高于 5000 万以上（见图 2-4-4）。更何况，倘若去掉包含在其中的注册资金、固定资产等，实际用于经营的流动资金或不足注册资金的十分之一。在钢铁行情整体较差情况下，我国钢铁贸易流通商依靠利润积累的自有资金已经有限，很多企业的自有资金甚至无法支持企业日常运转。这也是造成当前罕见的“钢材低价位阶段社会库存不断降低”怪象的原因之一。2016 年下半年开始，我国钢材市场出现了几波大好行情，可即便如此，以他们的自有资金量也难以发动大的“战役”。

“这一轮钢价上涨，许多钢厂赚得盆满钵满，可钢铁贸易商切实没能喝到点汤。”以前遇到这种行情，我国钢铁贸易流通商在自有资金不足时，可以借用银行大量的信贷资金支持，但如今银行对钢铁贸易流通贷款持续紧缩，83% 的企业资金杠杆已不超过三倍，以往多次质押获得十倍乃至更高杠杆的商家们几乎绝迹。在吸取以往众多企业血淋淋的教训以及融资难度加大的情况下，为加快适应“去产能、调结构”的新常态经济转型，我国钢铁贸易流通行业正在“被迫”淡出高杠杆融资运作模式。

与此同时，以往我国钢铁贸易流通商常见的获得 3～5 倍放大杠杆的融资模式——“托盘”的业务量开始出现大幅下降。本次调查统计显示，我国 63% 的钢铁贸易流通商普遍反映托盘融资仍有较大风险，大量的国企托盘融资风险还没有完全暴露，我国钢铁贸易流通行业危机还没有完全结束，行业企业普遍开始对高杠杆融资模式展开深刻反思。尤其自 2012 年中国钢铁贸易流通危机以来，使得钢铁贸易流通贷款难度和成本大幅提升，各类金融机构对其信任降至冰点，“一刀切”地缩减了“涉钢业务”信贷，同时加重钢铁全产业链的举步维艰程度。据本次调研结果显示，现在能拿到正常生产经营所需资金 100% 以上银行贷款的钢铁贸易商几乎不到 2%，82% 的企业正常资金需求的一半都难以被满足。与此同时，92.8% 的企业还反映贷款规模同比出现降幅，只有 4.1% 的企业反映贷款规模同比基本保持不变。

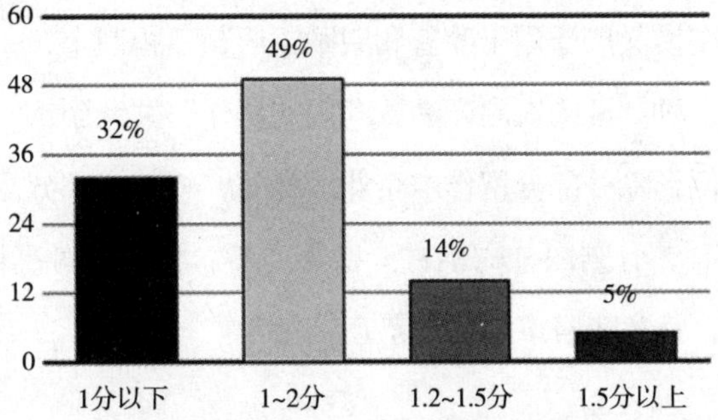

图 2-4-5　公司融资的平均月息占比情况（%）

不仅仅是融资难，融资利息高昂同样困扰着我国钢铁贸易流通商。调查显示，仅 32% 的钢铁贸易流通企业反映融资平均月息在 1 分以下 (银行贷款月息在 0.6～0.7 分左右，部分电子商务交易平台提供 0.8～0.9 分的月息)，49% 的企业融资平均月息在 1～1.2 分 (行业企业间拆借成本)，还有 5% 的企业融资平均月息在 1.5 分以上 (民间借贷成本)，如图 2-4-5 所示。

四、不断调结构、流通经营模式演变历程

通常情况下，我国钢铁贸易流通行业在不同时期会有不同的经营模式，这主要是由当时的社会经济大环境所决定的。但不乏有些模式因为自身的独特优势一直与其他新模式并存于整个市场，具体如下：

1. 偷偷串换

在双轨制时期，整个钢铁贸易流通市场仍以计划经济为主导，辅之以部分计划外的商品流入市场调剂。当时，我国钢铁生产企业因受“三角债”困扰，资金相当紧缺，经常处于“等米下锅”的困境，为了缓解资金缺口，不少钢厂接受生铁、废钢铁来料加工，按一定比例串换钢材。在市场上出现两种价格：平价与议价，议价往往高于平价近一倍。废旧物资部门、供销合作社往往用回收生废铁到钢厂串换钢材，钢厂可以用超额部分钢材予以“平对平”交换。

以后，这种交换又广泛用于改善和激励钢厂员工福利上，一些单位想方设法搞来当时紧俏的各种票证或农副产品，利用“协作”关系到钢厂平批到提单。这些拿到钢材的单位，除一部分留作本企业消耗外，将其余部分高价卖向市场，从中牟取暴利。当时，计划内外的钢材价格不同步，价差有时高达100%，拿到了串换的平价批条，就意味着拿到了钞票。

2. 争做代理

在我国钢材市场真正进入全面流通时期，具有一定资本实力的钢铁贸易流通商都想争取成为钢厂代理商，这正是“资源为王”的时代所致。大体上是通过钢厂定期召开的订货会议，与这些代理商签订协议，定价、定量、定时和定交货地点，确保资源渠道畅通，并根据定量规模划分出多级代理关系，通常分为一级、二级和三级代理商资质。

当然，一些不是代理商的中小钢铁贸易流通商，虽然不能在钢厂直接订到货，但也可以在订货期间，到订货会相关旅馆里向代理商购买提单，俗称“飞

单”。事实上，这段时期由于我国经济发展迅猛，钢材供不应求，钢铁贸易流通商绝大部分精力耗在进货渠道上，“争取到资源就意味着能赚到钱”。

3. 搬搬砖头

搬搬砖头又称“零库存”。有些实力欠缺的中小型钢铁贸易流通商没有大量资金做库存，只得以“搬搬砖头”来博取赢利。起初，这些钢铁贸易流通商只是利用市场信息不对称，根据需求物色价格便宜的钢材，然后再通过赚差价来获取赢利。久而久之，钢材市场圈内自然而然地形成了多级化分销体制。

一个大的钢铁贸易流通商常常会有若干家中小型流通商协作，而这些中小型流通商为自己做一部分库存外，还让若干家比自己规模小的企业来“搬砖头”。这些流通商往往规模很小、资金实力很弱，主要是跑工地找终端，没有需求就到处找下家，有了下家就到处询价拉差价。在价格出现跳水时，市场价往往比钢厂订货价低，为了满足下游终端企业需求，一些企业无论大小，都愿意借“搬砖头”来应付救急。

4. 资金托盘

前些年，由于我国钢材供求关系发生根本性改变，市场出现阶段性供大于求的情况，钢价为之大起大落、跌宕起伏。因此，一些做库存的钢铁贸易流通商在价格暴涨暴跌时遭受了严重的打击。一波行情低谷过后，市场内总能听到某家企业亏损上亿、老板跳楼自杀等传闻。

为了规避这种风险，这两年市场出现了这么一拨中间企业：一些现金流颇为丰厚的大型钢铁贸易流通商在行情低迷时，往往通过控制好库存量，把多余的钱为缺少资金的进货中小企业进行垫资盈利，直接将款项打到钢厂，做到专款专用，并以所购的货作为抵押物，款到后才能提货，提货后再按事先协商的比例分得赢利。

5. 合作经营

存在即为合理。在我国钢铁贸易流通领域，还有一些中小流通商或个人在承接到大型终端用钢工程后，往往因为资金不足、资质不符合等障碍，只得设法寻找合作伙伴，以求共同合作完成这一工程项目，并一起共享所得利润。

而这样的合作经营，业内较为流行的有三种形式：一是寻找合作伙伴共同出资，进行分工协作，合力完成工程项目。分利润时，或按出资比例分配或按作用大小分配，均在合作之前商定各自义务和权利；二是借用有品牌企业出面承接工程，再用该企业的资金来完成工程合同，待拿到盈利后按协商条款进行二次分配；三是请熟悉的亲朋好友到钢厂代订货，以代理销售模式展开终端销售和配送活动。

6. 个性服务

我国钢铁贸易流通商本身更应该是一个服务商。如何为客户提供满意的个性化服务，这是整个行业长期以来一直在思考的问题。

目前市场上大致有三种情况：一是按照钢材品种进行细分，专业经营某一种或数种钢材品种，根据经营品种制定客户群体。一旦完成销售后，注意收集客户反馈的意见，以达到提供客户所需的合适钢材产品。久而久之，在业内形成一种品牌效应。二是针对客户需求提供加工配送服务。目前，一些钢材市场和大型钢铁贸易流通商，都有自己的加工配送设施，并能够按照客户个性需求建立需求档案，根据不同需求进行加工配送。三是商家在客户采购时提供专业意见供客户参考，做好客户采购的采购经纪人、需求参谋官。有的商家甚至还主动参加客户项目评审会，从用料角度提供专业意见，并设计出根据项目实际用料合理化情况进行加工配送的方案。

第五章　钢材市场建设增速出现紧急“刹车”

“十三五”时期，我国钢铁物流行业将进入新的增长调整周期。按照中国物流与采购联合会最新统计，2016 年中国钢铁物流量已超过 40 亿吨，居中国国民经济行业物流量之最，增长速度更是远远超过生产资料流通的平均增长速度。追溯历史，在过去 10 年间，我国钢材市场（物流园区）获得了快速发展，尤其是福建籍钢材市场在国内遍地开花，成倍增长。据统计，在 2009～2012 年三年间，全国各地政府及企业都在加快钢材市场投建进程，仅在长江中下游地区了解统计，个别不到二百公里的沿江地带，居然兴建了几百个钢材市场。

火爆的背后是由于我国钢铁供需分布不均，许多钢材并非由钢厂直接运至国内外终端用钢企业，而是历经全国各地钢材市场不断周转而至。2012 年以后，受钢铁产能过剩等因素影响，钢材市场也出现一定程度的过剩现象，有的钢材市场开办至今没有一吨交易，沦陷为“跑马圈地”的投机项目。而如今随着我国钢铁供给侧结构性改革深入，这种过剩现象同样成为产业结构性调整的重点对象。受此影响，这两年我国钢材市场整体发展步伐开始出现减速势头。而调查统计结果显示，其中，全国钢材市场审批立项数量、入驻商户新增数量和交易额的增长速度均开始出现紧急“刹车”现象。

一、钢材市场建设状态及分布说明

从全国范围内调查收集的267份钢材市场问卷统计数据来看，2017年仍处在运营状态的钢材市场比例有较大提高，而在建或规划中的钢材市场比例有较大减少。表明最近两年，我国已完成规划的钢材市场建设进程正在迅速加快，而钢材市场规划热开始出现急速降温，并逐步趋向理性回归。

值得一提的是，近5年来，在长三角地区新建钢材市场仍然保持着相对稳定态势。除了满足当地钢材代理商生存发展的需要，让大家看好这块市场空间的根本原因还有，上海钢材市场的日趋饱和与竞争的白热化程度明显，加上上海周边长三角区域内的地方政府给予的土地优惠、税收减免及贷款支持等政策诱惑，一些地区税收优惠比上海低一个点，使得这些成功钢铁贸易流通商自愿选择走上“市场外延，异地投建钢材市场”的道路。

1. 沿海经济区钢材市场占据全国“半壁江山”

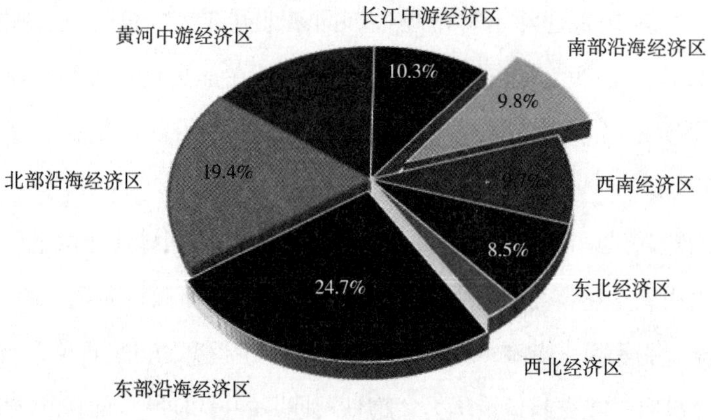

图2-5-1 全国钢材市场（物流园区）区域分布图（%）

尽管伴随我国钢铁供给侧结构性改革的推进，当前钢材市场数量出现一定程度的减少，但是我国钢材市场总量规模仍然比较大。据不完全统计数据显示，全国共有800多家钢材市场，其中，东部沿海经济区钢材市场数量居八大经济区首位，大大小小共有 206 家，占比 24.7%；然后依次是北部沿海经济区有 162 家，占比 19.4%；黄河中游经济区有 124 家，占比 14.9%；长江中游经济区有 86 家，占比 10.3%；南部沿海经济区有 82 家，占比 9.8%；西南经济区有 81 家，占比 9.7%；东北经济区有 71 家，占比 8.5%，而全国数量最少的是西北经济区，只有 22 家钢材市场，占比 2.6%，如图 2-5-1 所示。

调研结果显示，目前全国各省市地区初具规模以钢材交易为主的市场数量及占比中，江苏省钢材市场数量最多，目前还在经营的有 56 家，成为全国钢材市场竞争最激烈的地区。排在其次的是上海，还有 28 家在开业，再其次为浙江、山东，分别有 23 家。综上所述，全国三大沿海经济区（东部沿海经济区、北部沿海经济区、南部沿海经济区）的钢材市场数量总占比达到一半以上，为 54.9%，充分说明了国家沿海区域经济发展对钢材市场的带动作用。

2. 新建钢材市场呈现向中西部稳步转移趋势

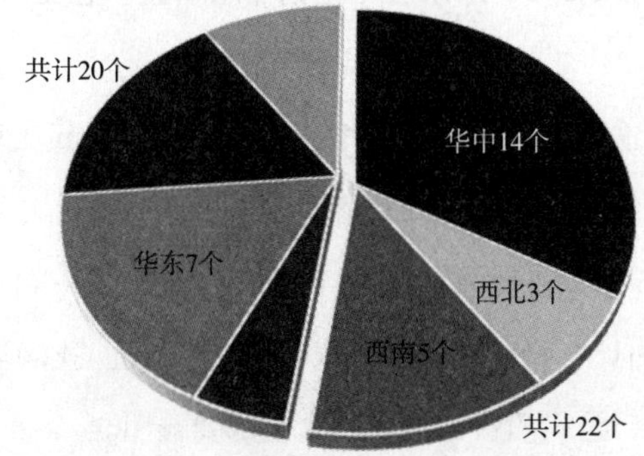

图 2-5-2　2013 年以来全国新开工钢铁物流项目示意图

从 2013 年以来新开工建设的钢材市场情况来看，西北、西南、华中地区等中西部地区的新建钢材市场数量为 22 家，正在逐渐超过传统的东北、华北、华东、华南等沿海经济区新建钢材市场的数量（见图 2-5-2）。这也充分说明我国钢材市场建设已经开始走向“随着钢材需求消费布局而进行钢材市场转移布局”的新趋势。

不过从总体来看，过去的10年我国东部沿海地区发展最为迅猛，中西部地区的发展落后于全国，而未来五年中西部经济发展前景更加广阔，中西部地区的用钢结构和钢材消费增速也将有望快速增长，并逐渐超过东部地区。当然，我国新建钢材市场的布局趋势同样充分说明了这一点。

3. 我国钢材市场分布加快向产地、消费地集中

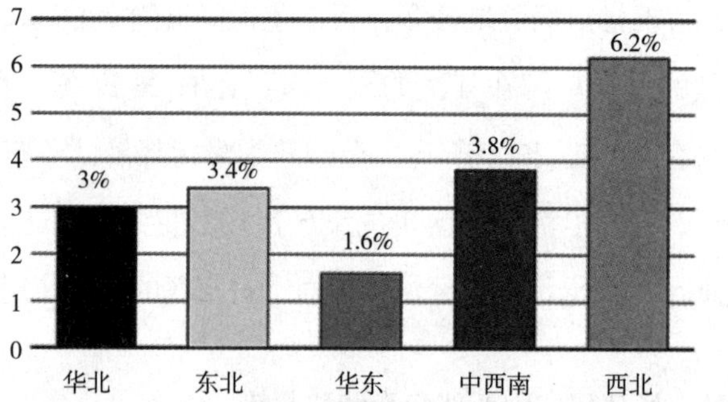

图 2-5-3　未来五年粗钢需求增速示意图

从全国范围内钢铁主要产地和消费地分布情况来看，我国环渤海地区是典型的钢铁产能集中区，钢材市场达到233家，占比27.9%。北方环渤海五省市具体数量分布为：山东55家，占比6.6%；河北38家，占比4.6%；天津31家，占比3.7%；北京38家，占比4.6%；辽宁41家，占比4.9%。我国环渤海地区钢铁产能约在3亿吨左右，自己只消费一半，其余全部要输出。

而与其相反的是，我国长三角地区是典型的钢材消费和集散地。这里拥有钢材市场多达206家，占比24.7%，这里分布有大量的终端用钢制造企业工业圈，如上海的松金闵和嘉定沿江沿海工业带、浙江的甬台温工业带、江苏的苏锡常工业带等。当然，我国珠三角地区也是重要的钢材消费基地，该地区钢材市场数量已经达到58家，占比7.0%。综上所述，我国环渤海、长三角、珠三角三地钢材市场数量占到全国总数的一半以上，这充分表明钢材市场分布向产地、消费地集中的现象十分明显。不过，我们要警惕这一发展趋势的需求增速

正在逐步放缓，预计再过五年后，我国华东地区的粗钢需求增速将只有 1.6%，达到最低谷，而西北地区粗钢需求将迎来快速发展势头，增速有望突破 6%，如图 2-5-3 所示。

二、我国钢材市场盈利模式花样百出

对照国外钢材市场发展经验来看，发达国家钢材市场是属于基础设施型长线投资项目，投资收益率约为 6% ～8%。钢材市场投资回收期大约在 15 年左右，主要原因是由于钢铁物流基地投资大，盈利途径有限。而在我国，由于地价相较国外低廉，同时钢材市场大多利用了原来的仓储设施存量，因此理论上其盈利前景应该更为看好。但由于投资主体的不同（有的以政府为主，有的以企业为主），以及钢材市场功能上的大小差异，各钢材市场投资者有着不同的盈利能力，回报率也不一样。

2016 年以来，随着我国钢铁供给侧结构性改革推进，钢材市场经营运作理念有所提升，在具体盈利模式上同样加大了创新力度。例如：一些钢材市场利用现有的钢材仓储设施、运输设备和配套设施，深挖第三方物流服务功能，并从中快速盈利；还有一些钢材市场以“电子商务”为平台，提供商品供求信息、车辆配载信息等，从信息化服务中盈利；此外，更有一些市场通过提供银行担保、工商税务、餐饮住宿、人员培训和专案咨询等商务及生活服务获得增值服务利润。

调查显示，我国钢材市场的赢利模式中主要收入来源首先是库房、货场租金；其次是办公楼租金、配套设施租金、管理费和物业管理费；然后是所属物流企业、增值服务费、设备租金、税收优惠以及国家拨款获得的收益；最后是土地增值，也是目前钢材市场盈利模式中很重要的收入来源。钢材市场盈利模式的变化也直接导致其主营业务逐渐发生了变化。由原来的简单收取租金发展为仓储物流、办公招待、加工配送和电子商务等多项内容。

而目前我国钢材市场及钢铁物流园区的主营业务收入主要来自以下六个方

面：钢材库存和搬运作业费（按吨位收取）；在基地成交的钢材交易佣金（按成交的金额提取）；库房及货场租金、配套设施租金与管理费、物业管理费、办公楼租金等；仓储和配送及钢材加工等增值服务的收费；物流信息服务、在市场网站入网的会员费；市场与合资单位合作经营的收益及其他收益。而具体概括起来包括：服务费用、租金收入、投资收益及其他收益。

1. 服务费用

服务费用具体包括吊装费，即钢材进出基地都需要使用吊装设备，如龙门吊、叉车等，进出各收取一次吊装费用；仓储费，即向钢材经销商出租仓库收取仓储费和管理费；加工费，即可根据客户的需求对钢材进行各种普通加工和深加工费，不过目前大多数钢材市场的加工处于简单的剪切开平阶段；配送费，即采用共同配送的方式对区域内的客户进行共同配送，并收取一定的配送费用，既能实现效益、降低成本，也能减少钢材的流通环节，提升客户满意度；电子交易手续费，即电子交易平台能为钢材经销商和用户提供更大范围的交易空间和快捷的信息传递方式；融资中介费用，即市场通过与当地银行合作，为客户提供质押贷款的金融服务，并从中收取中介费用；培训服务费，即利用钢材市场运作的成功经验及相关的物流的发展资讯优势，开展物流人才培训业务，或对经销商和用户进行电子商务的培训，将电子交易模式推广开来，并从中收取培训费用。

2. 租金收入

租金收入具体包括房屋租赁费用，主要包括交易大厅商铺和综合服务区的房屋租金；仓库租赁费用，即投资者将钢材市场内所修建的大型现代化仓储设施租给一些第三方物流商、生产型企业等，从中收取租金；设备租赁费用，即将钢材市场内一些主要的交通设施如铁路专用线、物流设备如装卸运输设备等租给基地内企业使用，从而收取租金。

3. 投资收益

项目投资主要是指钢材市场楼宇设施及其建设费用、主要物流设备费用、主要信息系统软件和土地购置成本等，随着钢材市场制定的详细的商业计划实施后，钢材市场投资者可以从这些固定投资中获取收益。另外，对于投资者来说，将来肯定能从土地增值中获取巨大收益。新建钢材市场完成初期基础设施建设并逐步投入使用后，土地将有一定幅度的升值，到钢材市场建设全部完成并正式运营时，还将有上涨空间，土地的增殖将能提高其商铺的出租收入和各项服务费用。

4. 其他收益

包括停车场收费，市场凭借强大的信息功能，吸引众多运输企业入驻，市场内修建现代化的停车场，不仅为钢材市场自己的车辆服务，也为外部的运输企业或第三方物流企业提供服务，并收取一定的停车费用；其他管理费用，包括物业管理费等；增资扩股，如果市场发展到一定规模后，还可通过增资扩股上市的方式从股市融资，从而加快发展速度，并取得更大的收益。

在上述各项营业收入中，这两年钢材融资中介费用收入占比呈现明显的提高迹象，尤其是金融担保服务等服务收益甚至已占到很多市场总营收的一半以上。

三、钢材市场交易模式趋向线上线下结合

可以说，“互联网 +”为我国钢铁供给侧结构性改革带来了新的发展机遇。当前，越来越多的钢材市场也开始积极拥抱“互联网 +”，建设钢材电子商务交易平台，积极推动现货交易、网上采购招标等多种形式并存的交易模式，通过线上线下一体化采购，来推动供应商、流通商、金融商及批发代理商实现整体联动，从而大大改善传统钢材市场的交易方式。据本次调研统计数据显示，截至 2016 年年底，全国新建和在建的钢材市场中，88.6% 的钢材市场已经或已规划有简单的电子信息化功能，并成立专门部门负责运行。调查中，还有 91.7% 的传统

钢材市场表示亟待引进电子信息化功能，也为此正在努力。

而从发展趋势来看，我国钢铁电子商务交易平台作为一种新兴的交易模式，依赖现货市场的发展而发展，是对钢材现货市场交易功能的有效补充。本次对钢材市场内商户的问卷调查结果显示，在平常的钢材交易中，仍然有43%的商户采用的是直接电话订购，而通过钢铁电子商务平台和招投标方式进行交易的各占25%。剩余的7%采用的是直接面谈，从一定程度上可以看出未来我国钢铁电子商务交易平台的发展空间很大，如图2-5-4所示。

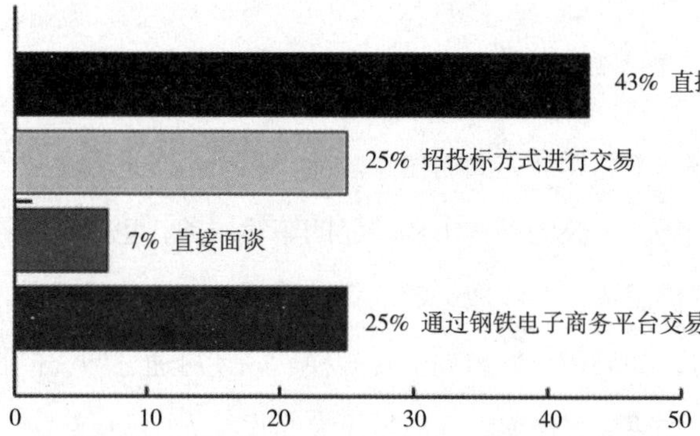

图2-5-4　我国钢材传统交易方式占比数据情况

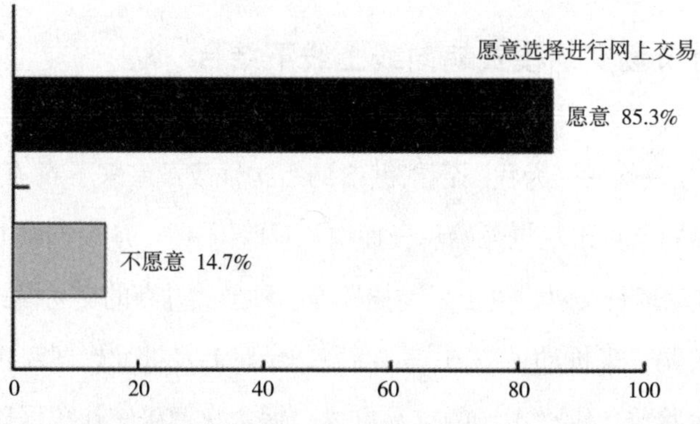

图2-5-5　选择在钢铁电子商务网站上进行交易的意愿调查结果

另据本次调研统计结果显示，目前我国钢材市场中有将近 85.3% 的商户在条件允许下愿意选择进行网上交易，这说明钢铁电子商务交易平台的潜在客户数量较大（见图 2-5-5）。钢材电子商务交易正逐渐被众多钢铁贸易流通商所接受，最主要的是钢材电子商务交易平台有诸多功能是传统现货交易市场所不具备的。具体而言，钢铁电子商务交易平台从交易和信息的角度极大地将钢材市场客户的地理空间集中化了。对比之前的现货市场，电子化交易具有以下优势和特点：一是钢铁电子商务交易平台超越地域限制，短时间内实现全国性远距离交易，大大提高了交易效率；二是钢铁电子商务交易平台所有交易均在网上明示，极大地提高了交易透明度，通过众多来自不同地区参与者的集中交易，其形成的价格信息更有权威性和代表性；三是钢铁电子商务交易平台中电子合同的价格积累，可以为现货商提供预测和把握钢材价格未来趋势的重要参考依据；四是电子商务平台交易和现货交易市场并存的格局，可以方便生产企业、经销商和终端消费企业通过跨市对比操作，及时回避现货价格剧烈波动所带来的市场风险，从而有效达到锁定成本、资源或利润的目标。

四、重点城市钢材市场“被迫拆迁”风声四起

市场总是变化无常。这几年，伴随我国经济结构深度调整和重点城市合理规划发展部署，许多曾经经营“红火”的钢材市场突然收到了“被搬迁”的通知书。我们在实地调查中发现，这些市场有的在大城市，有的在小县城；有的在城区、也有的在郊外。而关于钢材市场变迁问题，全国有 87% 的钢铁贸易流通商表示曾经历过三次以上的搬迁。

2013 年 8 月，根据云南省昆明市政府决定主城区关闭搬迁和转型升级 103 个商品交易市场的要求，昆明叁斗钢材交易市场、浩宏钢材批发市场、昆明铁公鸡钢材市场、云南省钢材市场、明波钢材批发市场、昆明明波泰来钢材市场、昆明市西山区钢材现货市场强行完成关闭搬迁工作。

2016 年 6 月，位于河南省郑州市南四环区域、生存期仅两年半的郑州紫金

钢铁企业园区正式拆迁。而在之前，由于道路限行和修建高架桥的缘故，河南益隆钢材市场、河南金元钢材市场已宣告被迫“撤离”，还有郑州南四环区域内的金马南区、豫通、信泰等钢材市场已经完成清场。

2017 年 4 月，总投资超过 7.6 亿元的上海松江钢材城大门口的一纸拆迁通知，成为入驻钢铁贸易商的最后通牒，要求 5 月底前所有商家全部清退。而在全国钢铁贸易流通业素有“南有佛山北有松江”的说法，意思是中国北方以上海松江钢材城为标杆，南方以广东佛山钢铁大世界为风向标。没多久，上海云峰钢材市场全部搬离的拆迁令下达，意味着这家容纳上千家商户的新型钢材市场也要清场。

在当前的严峻形势下，传统钢材交易场所格局亟待改变和升级，这同样是大型钢材市场进行资源、平台、渠道和资本有效整合，争当钢铁物流供应链链主的难得机会。可面临不断“迁徙”的烦恼，确实给整个行业的健康积极发展带来了极大困扰。毫无疑问，要搬迁就会涉及重新选址、租金对比、配套服务和搬运装修等一系列问题，耗时耗力又花钱。而在这样一个钢材市场频繁迁徙时期，之前聚集的钢铁贸易流通商户群体被打散，市场也被打碎了，可以说每一次搬迁都是一个变局。当然，也有人乐观地认为，传统钢材市场存在“小散乱、低效益”的格局，我们要借每一次搬迁进行一次整合，“而当前钢铁电子商务交易平台的出现便是催发此次整合的关键利器。”

第六章　钢铁电子商务回归理性前的“疯狂”

这两年，站在“互联网 +”的风口上，我国钢铁行业同样加快了拥抱“互联网 +”的步伐，从“触网”“建网”到全面运用“电子商务”的融合发展，一场借力电子商务变革钢铁交易模式的大幕已经拉开。时下，“我国钢铁行业 B2B 是国内所有 B2B 中发展最快、最耀眼，也是最快将走向成熟的一个新兴行业。”根据市场调研统计发现，未来我国钢铁电子商务行业在成熟市场下有望达到万亿级交易规模，钢铁电子商务超乎想象的扩张预期和广阔的市场空间，一定程度上正是顺应了我国钢铁供给侧结构性改革。

不难想象，我国在推进钢铁供给侧结构性改革创新中，势必会加速钢铁电子商务业务模式和云计算技术架构体系的有机结合，突破原有基于 Web 技术面向信息发布和交易撮合的简单电子商务，通过向上游产业链延伸与生产系统集成完成融合，向下游产业链延伸与物流和终端管理系统创新对接，以此促进整个钢铁供应链中各个产业环节在“云”中汇集、交互，真正推动我国钢铁贸易流通方式发生颠覆性改变。

一、钢铁电子商务发展出现“井喷”势头

伴随国家“互联网 +”行动计划推进，一时各路资本开始纷纷涌进钢铁电子商务平台建设当中，以科技创新和电子信息化为主的钢铁电子商务交易平台逆势而上。众

所周知，钢铁产品非常适合电子商务，因为相对于其他传统大宗商品来说，钢铁具有标准化、非时尚特性、各类规格繁杂和价格波动频繁等特点。在传统的钢铁交易业务中，传递的都是表单信息，而大规模信息的数据化处理正是电子商务大数据的强项。

1. 钢铁电子商务平台数量出现“井喷”

从全国范围初步调查统计来看，截至 2016 年底，我国大大小小的钢铁电子商务交易平台已超过 300 家，在全国大宗商品电子商务企业总数中占比 46% 左右。而两年内新建与正在发力的钢铁电子商务平台数量占到了 57%，尽管 2016 年新建数量增幅有所下降，但这一年也是我国钢铁电子商务行业由“扩张”转向“深化”之年，少数优质交易平台已经结束“烧钱不盈利”的现状。

进入钢铁电子商务“深化年”，我国大型钢铁生产企业开始纷纷推进“互联网 + 制造”深度融合。2016 年以来，杭钢股份披露拟以 92 亿元价格注入钢铁、环保资产，并涉足互联网电子商务；太钢不锈宣布目前已建立自己的电子商务交易平台，能够为客户提供钢材加工、物流配送全方位一站式服务；南钢股份声称正在开启新常态下“钢铁 + 环保 + 互联网电子商务平台”转型之路；新兴铸管发布联合“西本新干线”共同斥资 5 亿打造电子商务交易生态圈公告。

此次调研结果还表明：目前我国自建电子销售平台与合作电子商务交易平台销售的钢铁生产企业数量已达 81%，而参与调研的钢厂中，反映“有意愿借助电子商务谋求发展”的选项占比高达 91%。恰好相反的是，参与调研的钢铁贸易流通企业似乎并不情愿，关于其“通过钢铁电子商务交易的日均成交量”调查显示，小于 1 吨的占比达 57%。

2. 钢铁电子商务平台成交数量快速攀升

两年前，全国钢铁电子商务交易平台的线上总交易额是 2000 亿左右。而最新统计结果显示，2016 年仅上海市钢铁电子商务交易平台的交易额就达到 6789 亿元，较去年增长 52%，较前年翻了三倍，在上海电子商务交易总额中占比达 47%。而从单个平台交易数据来看，也佐证了成交量逐年增长的事实。

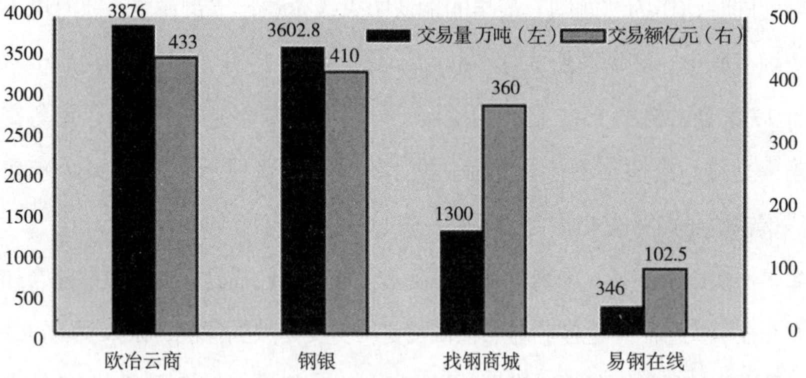

图 2-6-1 钢铁电商交易量与交易额快速增长数据对比

据 2016 年公开数据显示，“欧冶云商”采购平台全年交易额超过 433 亿元，创历史新高，其中欧冶 GMV 累计达 3876 万吨；“钢银”平台全年交易量（包括寄售）达 3602.8 万吨，同比增长 28.45%，实现营收 410.96 亿元，同比增长 93.87%，实现净利润 1824.62 万元，与上年同期相比扭亏为盈；“找钢商城”全年钢材销售量约为 1300 万吨，实现营收 360 亿元，净利润超过千万元；“易钢在线”全年总交易量达 346 万吨，交易额 102.5 亿元，实现成立以来的最大盈利，如图 2-6-1 所示。

调研数据还显示，目前我国较具影响的钢铁电子商务交易平台日均成交量已维持在 10 万吨左右，尽管成交量已经出现快速增长，可时下市场上真正通过钢铁电子商务交易平台买卖的钢材量，相较全国交易总量还不足 30%，未来仍有很大的发展空间，相信钢铁贸易流通行业的未来注定是电子商务交易大行其道。

3. 各路资本疯狂涌入钢铁电子商务行业

伴随我国钢铁供给侧结构性改革深化和科技创新驱动发展，催生钢铁行业“困则思变”的产物之一就是“钢铁电子商务”，一时间引发各路资本疯狂涌入。三年来，已有超过 10 家钢铁电子商务平台获得资本市场青睐，包括阿里巴巴投资五矿发展旗下钢铁电子商务板块，引发“五阿哥”名声大噪，以及找钢网宣布迎来高达 11 亿元的 E 轮融资，刷新钢铁 B2B 领域最大单笔融资纪录等。

与此同时，作为“触网”最早的钢铁中央级企业，宝钢在整合原有电子商务优势资源基础上，高调注册成立“欧冶云商”，一手持有20亿元的注册资本，一手持有17家金融机构1627亿元的授信，可谓不惜重金走向钢铁电子商务交易服务生态圈之路。这些案例并非个案。据本次统计调查显示，截至2016年底，全国加码钢铁电子商务交易平台建设的投资总额已经超过1000亿元。

如果不搞电子商务，未来就无商可务。无论是自己投建还是开展战略合作，各路资本都在争先恐后地进去。对照钢铁贸易历史交易数据预测，未来我国钢铁电子商务交易市场容量在万亿级，净利润规模超过100亿元，或将承接5亿吨左右钢材交易市场容量。正是基于此，目前我国钢铁电子商务在资本市场上的估值出现“暴增”态势，2016年1月中旬，自找钢网宣布获得E轮11亿融资后，PE对其估值增至100亿~120亿元左右，而在上一年的估值是60亿元，几乎翻了一倍。毋庸置疑，这些市场因素均给我国钢铁电子商务行业蓬勃发展带来了源源不断的动力。

4. 钢铁电子商务平台争相齐聚“新三板”

目前，我国钢铁电子商务行业仍处于发展早期，发展重点是做大平台线上业务交易总量，并快速抢占市场份额和客户资源，因此大多数仍旧处于微利或不盈利的状态。不过，随着业务规模的快速发展，人力、技术资源及资金的投入不断加大，销售费用、管理费用、财务费用增加较多，寻求新的增量资金成为各个钢铁电子商务交易平台普遍面临的问题。

在此背景下，新三板的蓬勃发展为钢铁电子商务交易平台融资开辟出新的解决路径。为进一步扩宽融资渠道，从2014年钢钢网在新三板挂牌开始，接下来陆续有中钢网、钢宝股份、钢之家、钢银电商、报春钢铁、中钢电子商务和新近挂牌的嘀嘀拼钢网等，全国共计超过10家钢铁电子商务交易平台已在新三板挂牌上市。

对于我国钢铁电子商务行业来讲，通过“新三板”上市，不仅可以扩宽融资渠道，获得新的资金支持，有利于进一步整合钢铁行业上下游资源，而且对钢铁电子商务交易平台的品牌建设、市场知名度提升都将起到积极作用。比如“钢银电商”挂牌新三板前后，平台的市场估值竟然从10亿元快速攀升到35亿元。

二、钢铁电子商务平台现存发展类型

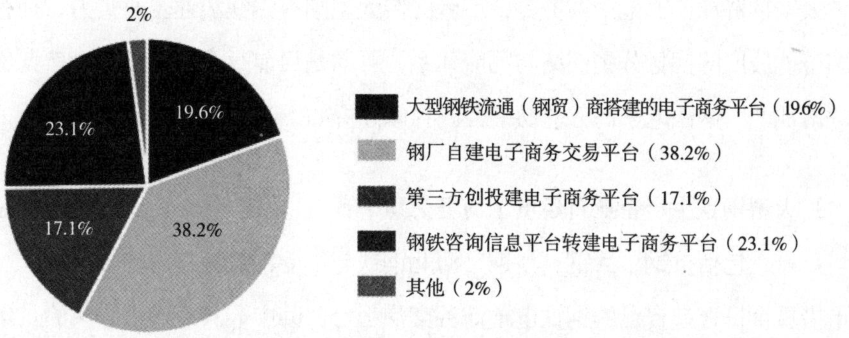

图 2-6-2 我国钢铁电子商务平台现存发展类型

这两年，在国家大力推进钢铁供给侧结构性改革和互联网技术创新驱动背景下，各种形态的钢铁电子商务交易平台如雨后春笋般崛起。由于架构钢铁电子商务的主体在钢铁产业链上所处的环节、规模和重要程度都存在差异，以致这段时期我国钢铁电子商务交易平台发展呈现出“百花齐放、群雄逐鹿”的特征。

根据我国钢铁电子商务交易平台不同股东背景可分为：钢厂自建电子商务交易平台、大型钢铁贸易流通商搭建的电子商务平台、钢铁咨询信息平台转建电子商务平台与第三方创投投建的钢铁电子商务交易平台四大类。调研统计显示，截至 2016 年底，包括宝钢、河北钢铁、新兴铸管、华菱和沙钢等在内的钢厂自建电子商务交易平台数量占比最高，已达到 38.2%，而完全第三方创投钢铁电子商务平台仅占 17.1%，另外两类依次为 23.1%、19.6%，还有其他占比 2%，如图 2-6-2 所示。

与此同时，各家电子商务模式又不尽相同。钢厂自建电子商务交易平台多数陷入了“单纯将线下销售搬上网络”的怪圈，成效迟迟难以显现。以河北钢铁电子交易中心为例，实际盈利业务只是在循环物资和原料采购买卖上。而像五矿发展的“鑫益联”，除向“钢材网上超市”目标发力外，还侧重“动态货值融资”业务。至于中钢网，此类由资讯类网站延伸的电子商务交易平台，比较接近于第三方钢铁电子商务交易运作模式，不过仍难抵住“广告式交易信息发布”的利益诱惑。而“淘宝式”第三方钢铁电子商务交易平台则是一种较为理想的发展类型。比如钢源城、找钢网和嘀嘀拼钢网等正在努力接近，可对比五阿哥、物产中拓、大宗物资和广物电子商务等，后者凭借大型国有钢铁流通企业实力，拥有着全国覆盖最广的钢材分销网络与物流体系，可谓是目前行业内比较有天然竞争力的“落地型”钢铁电子商务交易平台。具体分析如下：

1. 大型钢铁生产企业自建电子商务交易平台

目前，包括宝钢、武钢、沙钢、河北钢铁与华菱钢铁等在内的主流钢厂，均已不惜重金投建起自己的钢铁电子商务交易平台。其中，具有代表意义的是坐落于中国“一南一北”的两大平台，即欧冶云商与河北钢铁交易中心。而相比于主流钢厂的“财大气粗”，中小钢厂往往选择同第三方钢铁电子商务交易平台“联姻”方式进军“互联网 +”。

这类平台的最大弊端在于其货源单一，许多平台基本上只卖自家资源，只是简单将自己的资源搬到网上走走量而已，并没有充分发挥对外电子商务功能。此外，有些钢厂还把传统的线下交易客户强行拉到线上交易，不仅会造成一部分客户不适应，违背建立电子商务“交易便捷”的初衷，更可能会导致自己内部销售员工因为某些隐性收入缺失而对平台产生抵触情绪。尽管许多钢厂自建电子商务交易平台已经认识到，并且已在不断创新和改进，试图增强其开放性，并主动对接其他电子商务交易平台及整合线下资源，可由于传统管理体制等因素，导致效果不明显。特别是国有钢铁生产企业体制问题，直接影响着钢铁电子商务交易平台的规划建设和发展道路。当然，此类电子商务交易平台也具有明显优势，除股东方雄厚的资金支持外，整体资源和销售渠道的优势也使其明显优越于其他类平台。

2. 大型钢铁贸易流通商搭建的电子商务交易平台

由于传统的多级分销体系崩溃，“短链”经济时代到来，大型钢铁贸易流通商的生存空间也受到挤压，这不得不迫使他们开发利用电子商务交易平台，推进网上销售集成运作，改变“一买一卖赚取差价”的“坐商”经营模式，通过与上下游企业联动发展，形成虚拟与实体“无缝对接”的电子商务运营模式。这其中包括五矿发展联合阿里巴巴投建的“五阿哥”、广东物产集团旗下的“广物电子商务”和中铁物资与钢之家合建的“中国大宗物资”等，因为它们凭借大型国有钢铁流通企业实力，拥有着全国覆盖最广的钢材分销网络与物流体系，是当前行业内比较有竞争力的“落地”型电子商务交易平台。

当然，这类电子商务交易平台并非只是将钢材放到互联网上销售，而是结合物流基地搭建起一个真正适合钢铁电子商务交易的平台，探索出有助于钢铁供需双方互利共赢的运营模式，用最低的物流成本，联合钢厂给终端用户提供最适合的产品和最优质的服务。譬如：西本新干线标准商品交易平台正在构建资源类标准商品电子交易生态圈，目前运营和在建的落地交易实体有虹口中心、南翔中心、普陀中心、天目湖中心、南通中心与新加坡中心等。值得注意的是，此类平台不仅与客户在关键的垂直行业和交易相关的领域展开深度合作，而且服务已经涵盖电子交易、供应链管理、大数据运维和信托保理等领域，合作范围发展到制造生产、消费市场、信息咨询和第三方物流等领域，交易品种也已经涵盖所有具有标准属性的资源类标准商品。

3. 钢铁资讯信息平台转建钢铁电子商务平台

此类平台的代表有“我的钢铁”旗下“钢银电子商务”和中钢网、兰格现货交易平台等，它们凭借多年积累的客户资源和团队优势，具备挂牌、竞卖、招投标功能，通过发布现货交易信息拓展销售渠道，实现网络签订钢材购销合同，是唯一比较接近第三方钢铁电子商务运作模式的平台。不过，此类平台毕竟是靠钢铁资讯广告起家，难于抵住“广告式交易信息发布”利益诱惑，无法真正丢弃收费资讯和在线广告这块市场“蛋糕”。据调查，这类平台有时候会将“在线挂牌交易”和“资讯广告”优惠绑定给客户开展钢材网上销售业务。“没舍便没得”，未来此类钢铁电子商务交易平台应该尽快舍弃资讯收费业务，专注于发展钢铁电子商务交易平台，以此快速占据市场份额。

与此同时，这类平台值得称赞的地方是，以第三方资金监管和保证金交易制度来确保交易的安全性，而面向钢厂、一级代理商可进行预订货管理，面向中小采购商，可以合并订单集中代订货业务，避免用户单打独斗议价能力不强或因资金问题不能获得订货资格等问题。这也正是其接近第三方钢铁电子商务交易平台运作模式的关键所在。

4. 第三方创投企业创建的钢铁电子商务交易平台

这类平台的特点是区别于钢铁生产企业和钢铁消费企业所主导的钢铁电子商务交易平台。它是通过完全第三方电子商务交易服务平台，为买卖双方提供相关服务，包括供求消息的发布、搜索，交易的撮合、确立、支付等，不仅实现了交易订单实时公布，还运用电子商务品牌营销理念不定期推出各类促销优惠活动。

作为居于钢铁生产上下游之外的第三方，此类平台所涵盖的经营业务相对更加全面、公平，不会单单侧重于买方市场或卖方市场。研究发现，起步初期，它们往往会最大限度地为钢材买卖双方提供交易撮合服务。当然，后期它们也会逐步开展在线商城等自营业务板块，真正按照消费品 B2B 电子商务销售模式运营管理和营销推广。譬如找钢网、钢源城和钢铁侠等这类电子商务交易平台，最大的特点是成立初期加大了钢铁 B2B 交易撮合服务，通过筛选出精准可靠的低价快捷交易信息，为买家提供优质钢材供应商，为卖家提供精准采购资源，并通过平台交易积淀“大数据”，深入分析预测钢材市场的运行情况，促使买卖双方在钢铁电子商务交易平台开展业务。

此类平台前期“烧钱赚吆喝”程度严重，要求必须有源源不断的后续资金注入。不过，其实任何行业初创电子商务平台都要经历“烧钱”阶段，不是谁的模式先进就能支撑到最后，最终要看谁的钱充沛，谁充沛谁便至少可以在全行业“烧钱”路上比其他平台走得远一些，甚至支撑到钢铁电子商务行业春天的到来。

三、钢铁电子商务平台现存交易模式

调研发现，经过前期的野蛮粗放发展，现今我国钢铁电子商务交易平台与传

统钢铁产业链的融合日趋成熟，平台交易模式创新融合程度正在快速提升。就我国现有钢铁电子商务交易模式来看，不外乎有“挂牌”“竞价”“撮合”“网上代销”与“在线商城”五类交易形式，但归根结底主要归并为自营和撮合两种交易类型，具体又可以分为“自营”“自营 + 撮合”和“撮合”三种形式。在这里，特别需要指出的是，随着我国钢铁电子商务行业的创新发展，一家电子商务交易平台只采用一种交易模式的情况已经很少见，它们往往会同时存在两种或多种交易模式，只是随着发展阶段不同交易模式所占的交易规模比重不同而已。

1. 自营交易模式

此类模式多为第二方钢铁电子商务交易平台使用，类似于企业自己的 ERP 平台或直供系统，较具代表性有早期的东方钢铁、荷钢网、“玖隆”在线和中拓钢铁等。它们基本上是以钢厂自办自营为主平台，目的是把产品尽可能多地推销出去，在整合线下交易渠道的基础上，利用线上优势扩展销售渠道。尽管这样会对资源销售有一定的促进作用，但钢厂自营平台的建设需要线下仓储物流体系的辅助，这样一来“备库”的成本非常高，需要在全国各地建立钢材仓储物流中心，而且需要拥有雄厚的资金来支撑。

与此同时，还有一些实力雄厚的大型钢铁贸易流通企业也建立了自己的自营平台，它们多以拥有的终端渠道为背景，在垫付一部分资金后，批量从上游钢厂“聚集式”优惠拿货（统购分销模式），从而获得网上自营销售的盈利空间。但需要注意的是，此类自营平台受行情波动影响较大，必须承担价格下跌风险，很难实现长期稳定的直接盈利，多数是靠整合交易数据来提供仓储、物流、加工等增值服务盈利。

2. 撮合交易模式

此类模式比较适应第三方钢铁电子交易平台使用，多由资讯类钢铁电子商务交易平台发展而来，极具代表性的有中国钢铁现货网、中钢网和钢谷网。它们与生活类消费品电子商务中的“淘宝”模式相似，主张打造一个开放、公平、自由的钢铁电子商务交易平台，往往是通过技术、产品和服务聚合钢铁全产业链的用户，形成一个用户黏性强、客户认可度高的网上电子商务交易市场。

在整个交易过程中，这一类平台仅仅扮演了供需双方的“中介”关系，并不参与“货权”与“资金”的转移，但客户将交易放在平台上“过户”的过程中，为以后开展深层次合作提供了基础。不难想象，撮合交易一直都是钢铁电子商务交易平台吸引客户流量采取的比较常见和重要的方式之一。这一模式最大的特点在于其独立于钢铁实际的交易链条之外，以第三方的身份撮合供需双方达成交易，只为供需双方搭建互通交易的公开渠道，在大大改善传统交易习惯的同时，也提升了双方客户买卖钢材的信任和效率。当然，一定时期后，当平台注册用户养成网上交易习惯后，如何提升用户体验、提高平台黏性，将成为此类平台发展过程中不可回避的问题。

3.“自营 + 撮合”交易模式

此类模式是上述两种的结合体，但这里的“自营”又区别于钢厂直营，多在纯正的第三方钢铁电子商务交易平台里出现，具有代表性的是钢钢网、钢源城、找钢网和钢银电商等。这里的“自营”模式与生活类消费品电子商务——“京东”的模式相似，特点是钢铁电子商务交易平台参与到实际的钢铁贸易交易环节中去，通过在钢材货源方购买产品，然后再在平台挂牌买卖，通过价格优势抢占市场份额，最终目的是做最大的钢铁在线贸易商，取代传统的线下钢铁贸易流通环节。

而在实际的发展过程中，这类“自营 + 撮合”的钢铁电子商务交易平台的“准裁判 + 运动员”双重身份如何规避，如何真正保障第三方钢铁电子商务交易平台具有“开放、公正、资源共享”的公信力很重要。当然，“自营”和“撮合”两种不同模式相结合的业务如何在平台上实现协同发展、相互支持，同样是这类钢铁电子商务交易平台时刻要认真思考的问题。

第三部分

存在问题

第七章　钢厂去产能“路线图”缺少科学标识系统

这两年，在钢材表观消费整体呈现“减量化”发展趋势下，我国钢铁行业要想重回过去靠“铁公基”为代表的固定资产投资拉动行业回暖已经不现实。也正因为如此，我国政府开始加快推进钢铁行业供给侧结构性改革成为时下及未来一段时期内脱困升级的重要“路线图”。不过，需要提醒的是，我国钢铁行业供给侧结构性改革并非国家补贴福利，尽管最终结果是好的，可起码这个过程是非常痛苦的，我们在绘制去产能“路线图”时一定要有相应配套的科学标识系统和规划保障说明，因为在推进钢铁供给侧结构性改革进程中，我国钢铁生产企业遇到的一些问题同样是不可回避的。

一、去产能“快车道”与工人安置“慢车道”不匹配

不可否认，我国钢铁行业在打响供给侧结构性改革“攻坚战”之后，在淘汰落后过剩产能问题上确实提速明显。统计数据显示，2016 年全国完成退出钢铁产能超过 6500 万吨，这一数据超额完成了年度预定数量指标。以钢铁重镇——河北唐山为例，去年唐山市共压减高炉 15 座，化解炼铁产能 780 万吨；压减转炉 12 座，化解炼钢产能 829 万吨，比河北省下达的任务分别多化解产能 16 万吨和 106 万吨。截至 2016 年底，唐山市近 4 年已累计完成压减炼铁产能 1867 万

吨、炼钢产能3186万吨，为中国钢铁供给侧结构性改革做出了应有贡献。

可在钢铁去产能驶入“快车道”的同时，钢厂有关工人的安置问题却依然在“慢车道”上蜗行。换言之，我国钢铁供给侧结构性改革进程中，在去产能问题上已有明确路线图，但在工人安置等相关保障措施的政策制定上却依然模糊不清，更加细化的、有针对性的专项保障措施并未统一出台。同样以唐山为例，在压减4000多万钢铁产能过程中，已造成失业人员大约6万人左右，而这还只是“涉钢”的直接工人，考虑到钢铁供应链的相关产业拉动影响，实际上造成的失业人员远高于6万人。

在工人安置问题上，目前唐山市政府采取的主要措施仅是对部分钢厂员工转岗不失业等内部培训重新上岗，或按照相关规定发放失业保险金。但并不是所有的地方在“去产能”带来的工人失业上，都有类似唐山这样的资金基础和再就业小微政策。我国推进钢铁供给侧结构性改革过程的疾风骤雨和人员安置的和风细雨，二者之间的快慢差异直接导致许多钢厂在执行国家政策大力化解产能之后，因为缺少后续的资金政策支持，使得地方政府陷入“满地鸡毛”的失业人员安置泥潭。

二、惩治“地条钢”大旗下存在“扑杀”与“误伤”

当前，我国在推进钢铁供给侧结构性改革过程中的一大亮点，就是惩治“地条钢”的铁腕政策。对于钢铁行业长期存在的“劣币驱逐良币”情形，我国政府以本轮供给侧结构性改革为契机，对全国各地“地条钢”发出了“必杀令”。最新统计数据显示，截至2017年5月底，全国各省市已清理出“地条钢”企业共计500多家，涉及钢铁产能1.19亿吨。而在这场声势浩大的“地条钢惩治运动”中，作为地条钢主要生产设备的“中频炉”将被大面积拆除。以全国第二大产钢省份江苏为例，目前整个江苏地区粗钢产能已接近1.5亿吨，而中频炉的产能大约在4000万吨。如今在清理“地条钢”的攻坚战中，这些产能面临全部被拆除的命运。

众所周知，我国炼钢流程主要分为“以焦炭、铁矿石为原料的高炉转炉长流程炼钢”和“以废钢为原料的电炉短流程炼钢”两种体系。在这个过程中，废钢短流程炼钢特别是中频炉炼钢成本较同品种长流程炼钢成本吨钢至少可以低100元左右。正因如此，一些小作坊的中频炉开始生产大量的建筑用“地条钢”套牌流入市场，冲击整个市场的价格体系，以低价扰乱了市场健康发展秩序。鉴于此，大面积清理“地条钢”本来是件无可厚非的事情，可是在这个过程中同样存在着政策执行“一刀切”“误杀”等情况，使得一些合格合规的中频炉惨遭拆除。

事实上，在清理“地条钢”进程中，我们要厘清这样一个概念，一些黑心企业通过“中频炉”来生产“地条钢”这一点不可回避，但这并不等同于中频炉就是地条钢，清理地条钢就是拆除中频炉。事实上，以广东戴南一些地区的不锈钢生产商为例，在流程上这些企业同样采用中频炉的短流程炼钢模式，可是由于上了相应的环保设备和延长工艺流程设备，这部分产能实际上并非地条钢。如果我们一味认为拆除中频炉就是在清理地条钢，结果只能是将这部分产能“误杀”，进而不利于钢铁全产业和谐发展。

三、钢厂“高负债率”阴影中的行业“去杠杆”难题

中国钢铁供给侧结构性改革的核心内容是：“降本增效、去库存、促进升级”。可在供给侧结构性改革大环境下，我国众多钢铁生产企业过高的负债率成为整个行业去杠杆的“拦路虎”。此次调查统计结果显示，当前我国钢铁行业整体负债率约为60% ~70%，甚至一些经营不善的中小钢厂负债率则高达80%以上。即使2017年市场行情有所好转，钢厂利润普遍提升，但一季度统计数据显示，当前中国钢铁工业协会会员单位的资产负债率依然在69.97%。

鉴于这一情形，“债台高筑”的钢厂把“债转股”视为其缓解自身资金压力和去杠杆的首选方向。据调研统计数据显示，目前中钢、太钢、马钢、安钢、酒钢、鞍钢、南钢和河北钢铁等国内实力钢厂，在去年底至今年初已经陆续与相关银行签署债转股协议，而加上最新签署协议的山东钢铁集团，这些钢铁集团签署

"债转股协议"涉及总金额达2000亿元。不过，除了中钢成功实施债转股落地之外，其他钢厂"债转股"推进情况并不顺利。究其原因是，当前我国钢厂负债率过高，相关银行企业并不想当"冤大头"。

举个简单例子，"违约之王"东北特钢尽管寄希望在债转股方面有所突破，但是2017年上半年还是迎来了第十次违约，本次违约金额竟然涉及14亿元，之前的九次违约涉及金额共计57.7亿元。而之前坊间传言，东北特钢的整体负债在300亿左右，这么高的债务使其在债转股等方面很难"落地"执行。也正如此，钢厂长期的高负债率或导致全行业去杠杆操作失灵，特别是受到"严控钢铁贷款"规模影响，许多钢厂面临着"续贷困难"和"强制抽贷"等问题，不排除一些钢厂会被迫走向东北特钢一样的破产之路。倘若想扭转这种局面，起码"去杠杆"要有整体设计，要与深化国资国企改革结合在一起，根据定位研究适合钢厂实际情况的"一厂一策"去杠杆方案，并在此基础上监督金融系统的实际落实措施和方法。

四、钢铁"环保风暴"背后引发一笔成本"加减账"

进入"十三五"规划时期，"环境保护、铁腕治霾"定将成为我国推进钢铁供给侧结构性改革的重要抓手。据了解，我国新的《环保法》中有些标准已经大大超过一些发达国家，甚至有些指标比美国高出多倍，比欧洲一些国家的最新标准还要高出50% ~60%。这也意味着我国钢铁生产企业未来会面临新的成本压力，尤其是环保三项费用（环保投资、财务成本和运营成本）会大幅提升。

所谓环保投资主要包括钢厂为使企业排污达标，而对原有厂房建筑、机器设备等进行的升级改造和改用符合环保标准的综合一体化生产技术等方面的资本投入；财务成本是指钢厂为购买新的环保设备或为实施技术改造而进行融资后的利息支出；运营成本是指钢厂在运行新的环保设备和采用新的环保技术时所增加的额外支出，包括使用价位较高的"低氮低硫"燃料、环评监测专业技术人才等。

在此，简单地算上一笔账：按全年8.23亿吨的粗钢产量折算，中国钢铁产业的吨钢环保投资成本应为29.1～52.4元；考虑到当前钢厂融资成本普遍偏高因素，吨钢的环保财务成本大约在23～37元；而运营成本方面吨钢平均费用为44.7元。三项综合计算结果是：我国钢厂环保新增成本在96～135元/吨之间，对于那些环保欠账过多的企业而言，钢铁环保投入甚至可能超过300元/吨。尽管当前钢铁市场行情出现回暖，钢厂吨钢利润平均维持在500元左右，可是剥离掉环保投入后，它们的纯利润实际上并没有表面那般风光。

五、正在滋生钢铁产能“二次迁徙”与“重生”问题

我国钢铁供给侧结构性改革大环境下，一些钢厂在“去产能、调结构”过程中除了面临落后设备的强制拆除工作，许多还存在整体被迫“迁徙”的情形。以钢铁大省河北为例，2017年要压减炼钢产能1562万吨、炼铁1624万吨，保定市钢铁产能全部退出、廊坊市则退出1家企业。规划到2020年，廊坊、张家口市实现“无钢市”，张家口还要实现“无矿市”，张家口、廊坊、保定和衡水市力争实现“无焦市”。

鉴于钢铁供给侧结构性改革与蓝天行动指南，这种政府主导划定“城市无钢区”的做法，意味着河北宣钢、承钢、霸州前进钢铁等在划定区域内的钢厂都将面临着被迫“动迁”局面。从长期规划来看，钢厂正由“依山”走向“傍海”，不仅有助于提高钢铁产业集中度，进而发挥产业集中效应，还可以降低企业运营成本，为钢铁转型升级提供有力支撑。以河钢集团临港项目为例，作为承接“宣钢搬迁”的重要项目，钢铁产业向沿海转移，减少排放，对实现钢铁产业绿色、智能化生产有重要意义。

可是，如此大规模的迁移定然会出现一些不可避免的问题：一方面，产业迁移初期会产生巨大的资金投入，回报却未知。以首钢迁移曹妃甸地区为例，由于配套政策等综合因素，使得前期投入巨大的首钢在入驻曹妃甸之后长期面临亏损。另一方面，以环保名义的钢铁产业迁移合理与否值得深入商榷。以廊坊市为例，霸州前进钢铁、胜芳钢铁等带钢钢厂，其投建目的和当地的金属家具产业发

达有很大关系。产业选择究竟是依从产业还是依从环保，应该有科学界定，不应盲目地追求环保效果而忽视产业生态圈。此外，在产能迁徙过程中，我们要严格控制产能置换比例，严禁产能迁徙过程出现新增产能，进而违背钢铁供给侧结构性改革的初衷。

第八章　钢贸流通商单纯“靠差价赚钱”时代终结

流通是缓解生产者和消费者空间、时间矛盾的润滑剂。我国钢铁行业健康持续发展需要有“大生产”和“大流通”两者协调发展。步入“十三五”规划时期，中国经济新常态发展将成为重要内容，而它不仅仅包括产业结构、需求结构和要素投入结构的调整，也包括市场发展格局、流通格局、企业经营模式的调整与转型。因此，未来五年我国钢铁贸易流通行业发展格局定将随之迎来不可避免的变革。

由于我国钢铁生产和消费所产生的庞大物流量，使得钢铁贸易流通业同时成为我国钢铁工业的“生命线”。目前我国钢铁贸易流通产业正在由快速扩张期步入后扩张时期，传统单纯“靠差价赚钱”的时代已经一去不复返，未来其在钢铁产业链上的流通服务先导性地位、个性化配送支撑力量和上下游衔接服务需求将会日益突出。尽管这两年伴随我国钢铁供给侧结构性改革迅速推进，钢铁贸易流通业或多或少地呈现出一体化、信息化和集群化发展趋势，但同时暴露出许多行业问题，如长期以来行业集中度不高、流通体制模式落后、融资信贷受限等。

一、“散小乱弱”现状使得行业集中度依旧较低

“集中度低”是这个行业老生常谈的话题，也是我国钢铁贸易流通企业迫切

想解决却始终未能根本解决的传统问题。数年来，中国钢铁工业的迅速发展带动了钢铁贸易流通业的快速增长，然而“小、散、乱、弱”仍是这个行业普遍存在的弊病。据不完全统计数据显示，前几年兴盛时期，全国各类钢铁贸易流通商已超过 20 万家，可年营业收入亿元以上的法人企业不到 20%，年销售能力达到 1000 万吨的企业更是“凤毛麟角”。尽管经过这两年深度调整洗牌，尤其是我国钢铁供给侧结构性改革的深化，全国各类钢铁贸易流通商数量出现锐减，但是 72% 的钢材贸易流通量仍是通过中小企业来完成。

另外，从从业人员规模来划分大中小型的话，同样可以得出这一问题。本次调研统计还显示，目前全国 10 人以下的钢铁贸易流通企业占到 74.75%，11～50 人的企业占到 21.4%，50 人以上的企业仅占 3.85%。众所周知，伴随供给侧结构性改革，当前正是各行各业转型调整的关键时期。对于我国钢铁贸易流通行业而言，要想更好更快地发展和提升，最为关键的就是提高行业集约化、规模化程度。一定要积极推动中小贸易流通企业加快实现战略重组、资源整合，在国内形成一批主业规模突出、核心竞争力强、市场影响力大的典型钢铁贸易流通企业。

当然，不可忽视的是，在钢铁供给侧结构性改革大势下，目前我国钢铁贸易流通行业已经进入后扩张期，需求增长会出现平缓下滑，加之钢铁需求又具有较为明显的分散性和差异性，钢铁贸易流通企业不得不为此做出变革调整：改善现有流通格局、创新经营管理模式。虽然一下子提高 10 万多家钢铁贸易流通商的集中度确实十分困难，可是只有凝聚起来才有社会地位，才有行业话语权。与我国钢铁生产企业相比，钢铁贸易流通企业在资源掌控、定价话语权上长期处在“弱势被动”地位，这在发达国家是很少见的。因此，我国钢铁贸易流通业必须加快实现兼并重组，通过提升集中度，早日改变这一传统格局，为完善我国钢铁物流体系做出积极探索。

二、市场形势纷繁复杂引致行业亏损中充斥浮躁

近年来，中国钢铁行业遭遇了许多人意想不到的困难。无论是去产能、调结

构，还是治霾环保风暴以及中频炉整治行动等一系列政策因素和市场变数，均促使我国钢铁市场正在经历着一场“血与火”的严峻考验。如果说过去的市场表观相对“压抑”，那么现在的市场更多充斥着行业“浮躁”。从某种程度上来讲，市场变化莫测的今天，我国钢铁生产和贸易流通企业已经陷入了阴霾当中。

虽说商品价格动荡起伏本是市场常态，但这几年我国钢价屡屡出现“过山车式”大起大落行情，不得不令业内倍感苦恼，传统的“赌政策、赌心理、赌预期”的经营商家大多被生生击垮。在此值得强调的是，这两年我国钢铁电子商务交易平台迎来“大跃进式”快速发展，这无形中也对传统钢铁贸易流通模式带来了严重挑战和冲击。电子商务的公开化、便捷化和透明化是其他模式所无法比拟的，尤其是钢材市场价格的透明很快使得传统钢铁贸易流通商接连上演“亏损”大戏。此外，钢铁电子商务的出现还打破了我国钢铁贸易流通企业通常以自己为圆心，业务辐射数十或数百公里范围内的传统经营模式。

为此，在日趋激烈的市场竞争面前，大量钢铁贸易流通企业因不能承载市场高库存跌价亏损，眼瞅着“每天亏掉一辆宝马”，迫不得已开始纷纷尝试转型和转行。除此以外，与钢铁贸易流通企业息息相关的上游钢厂，在面对产能过剩打压后更是步步挤压流通商生存空间。10 年前的钢铁贸易流通商那一套经营模式，到今天已经不能适应，毕竟滚雪球式地快速赚钱，任何行业都难以持久。当前我国钢铁产业正处于转型升级的关键时期，如果没有贸易流通商参与，中国钢铁产业链将很难重塑，在这一时期，我国优质钢铁贸易流通企业也要加快创新转变，主动找回并合理发挥起引导上游生产、衔接市场产需和提升流通服务等方面的功能和作用。

三、重生产轻流通思想导致现代物流水平不够

长期以来，现代物流一直是我国钢铁流通领域的短板。由于我国钢铁行业“重生产、轻流通”，发展至今，我国钢铁物流业态的总体质量并不高，虽然许多钢铁贸易流通商都拥有自己的运输、仓储等“硬件设施”，但其物流专业化程度

低，运输、仓储的现代化水平低，物流中心和配送中心的建设规模和发展速度都不能很好适应现代物流的要求，与欧美日等钢铁强国相比，距离真正的“现代物流”仍存在很大差距。

自2002年以来，中国钢铁工业已进入前所未有的高速发展期，十多年来一直是世界上最大的产钢国和钢材消费国。但与此相伴的钢铁贸易流通业发展速度却并不十分匹配。自始以来，我国钢铁流通企业沿袭的多是计划经济体制下的传统交易方式，而与我国钢铁生产企业的现状一样，未来必须改变思想，大力推动其创新发展与改造升级。所谓现代化的物流模式，是其供应、运输、仓储、批发及零售等每一个环节都应利用网络技术进行处理，通过云平台、大数据和智能互联，确定一个运营成本最低、物流作业效率最高的运作模式，从而取得最佳的经济效益。

目前这种现代物流的运行模式，在我国钢铁贸易流通行业还未能完全实现。接下来，我国钢铁贸易流通行业要面对现状，积极酝酿流通方式、方法的创新和变革。进入“十三五”时期，要主动积极发展物流配送、连锁经营和电子商务等，加快实现钢铁流通由传统流通业向现代流通业的转型。尤其在钢铁供给侧结构性改革深化年，尽管许多钢铁贸易流通商在加工中心建设、钢材仓储物流、电子商务交易服务等方面已有不同程度的转型和摸索尝试，但总体来说现代化水平不足，管理水平参差不齐，信息化程度不高。更重要的是不同的业务模式没有整合在一起，打造形成钢铁供应链整体服务能力。未来的竞争是链条和链条的竞争，而不是企业之间的竞争，单打独斗不利于行业的有序发展，更不利于企业的健康发展。

四、钢铁贸易流通行业长期遭受融资瓶颈制约

多年来，我国钢铁贸易流通商特别是一批中小型流通商的融资问题都是“老大难”，严重困扰着它们的经营发展。众所周知，按照“1∶3”规则来看，做一单钢铁贸易流通生意就需要三倍的资金（资金密集型行业特点），这样才能保证

整个资金链条的正常运作。换言之，现金流、资金链是我国钢铁贸易流通商正常运转的血脉，如果一旦“贫血”，将关系到整个企业的生死存亡。可现在就连一些老资格的钢铁贸易流通商都始终做不大，很重要的原因之一就是缺乏融资渠道。长期以来，各类信贷机构为避开风险，纷纷惠顾重资信质量建设的大中型国有钢铁贸易流通商，众多中小型民营流通企业总会因一些不到位的条件，而被迫远离各种融资渠道。

据了解，在市场繁荣时期，仅上海地区的钢铁贸易流通商就有近 2 万家，其中民营企业占 90% 以上，而在民企中，中小企业又占 90%。这些企业经营规模不大，自留资金不足，提供质押贷款能力十分有限，还有的财务报表随意性较大、真实性差、透明度不高，缺乏审计和良好的连续经营记录，银行因为难以掌握公司经营状况和看到经营实力，增加了贷款的审批难度。

与此同时，我国钢铁贸易流通行业还是一个高风险行业，钢材市场行情波动较大，企业经营风险高，企业财务状况不稳定，导致银行不敢或不愿轻易贷款。这是当下我国钢铁贸易流通企业面临融资难的主要原因。特别是在“宝铁库质押事件”发生后，许多金融机构对不在自己监管控制下的质押物也不敢触碰，严重影响了融资面的铺展。尽管为解决这一问题，前些年一些先进钢材市场积极创新组建融资担保公司，为驻场客户提供融资服务做了大量的工作，确实缓解了一部分中小型流通商融资难问题，但并不足以惠及大多数流通商。据调查，钢铁市场担保公司融资涉及面不足本市场总客户量的 10%，而且大部分都是担保公司的发起股东。

总之，融资瓶颈使得我国钢铁贸易流通商在整个钢铁产业链上的“蓄水池”功能逐步减弱。调查结果显示，目前大多流通商手里都没有多少资源，有的几乎是零库存，不备货、不建库和不囤货，出现了“社会库存量持续降低，钢厂的产能连续释放”的怪象，这对整个钢铁供应链发展势必形成不利影响。当然，钢材融资担保是一个系统工程，涉及政府、银行、担保机构和钢铁贸易流通商等环节，各方要紧密配合，共同努力，这样才能更好地缓解我国钢铁贸易流通企业融资难的问题。

五、流通商本身经营中存在的五大深层次问题

事实上，除了上述许多客观原因以外，我国钢铁贸易流通商本身经营方面同样存在五大深层次问题。据调查结果显示，当前我国钢铁贸易流通商本身面临的问题主要集中在“赢利模式单一”“管理方式粗放”“服务意识淡薄”“人才流失严重”“厂商关系不对等”等方面。

一是赢利模式单一。长期以来，我国钢铁贸易流通商主要依靠传统的、单一的“时贱而买，时贵而卖”赢利模式来赚取差价，而随着互联网＋时代到来，现货市场价格变得更加透明、波动更加频繁，且方向难把握，同质化操作手法，尤其是传统的单一赢利模式受到越来越多的挑战，在当前市场环境中几乎失效。

二是管理方式粗放。从企业管理结构来看，许多钢铁贸易流通商内部管理粗放，缺乏必要的服务规范和内部管理规程，物流作业效率不高，且大多数企业都存在冒险主义因素，这让企业产生思维定式，不容易接受变化，创建新的赢利模式时，旧的管理结构就成了最大的障碍，导致利润空间缩小。

三是服务意识淡薄。从本质上来说，我国钢铁贸易流通商具有服务性行业属性，其商业价值应该是和服务价值配套的。但由于流通商产生于资源相对匮乏的年代，总认为有渠道、手里有资源才是硬道理，从而忽略了服务，只向客户提供简单的运输和仓储服务，信息技术应用水平较滞后。终端客户对其服务水平的认知主要来自具体的员工，一旦员工辞职，客户的订单也会随着流失。

四是人才流失严重。人才流失是我国钢铁贸易流通业目前难以做大的重要因素之一。由于经营模式简单并可复制、行业门槛低，一些优秀员工在掌握一定客户资源之后，便开始自己创业。事实上，行业内绝大多数小企业都是这样出现的。可反过来，对于大中型钢铁贸易流通商来说，这无疑是一种损失。

五是厂商地位不对等。长期以来，我国钢铁产品一直没有一个科学的定价机制，钢厂定价主导整个行业。当行情上涨的时候，钢厂不发货；当钢价下跌时，钢厂则会把风险全转移给流通商，这种做法不仅损害流通商利益，也会损害到自身的长远健康发展。

第九章　钢材市场陷入盲目扩张与无序竞争怪圈

国际金融危机爆发之后，世界经济复苏乏力，影响世界经济发展的不确定和不稳定因素持续增加，全球供需关系发生了重大变化，产能过剩成为全球性问题，钢铁行业尤为突出。伴随着钢铁产能过剩的出现，目前钢材市场（物流园区）也由此出现一些问题，这也正是当前我国钢铁供给侧结构性改革的重点，其主要表现在以下几方面：

一、盲目扩张、区域布局不合理、重复建设和无序竞争严重

前几年，诸如钢材市场、物流基地、交易中心等场所在全国可谓层出不穷，这与我国钢铁需求较快增长，以及国家对物流行业基础设施建设的投入加大密切相关。但是在大兴钢材市场建设的同时，务必要站在全行业发展的高度，充分考虑钢材市场区域布局的合理性。譬如：各级政府积极招商钢材市场项目建设，场内外大量社会资金流入，可很多地方政府、企业只是为了项目本身带来的利益，忽视了产业竞争格局的合理安排。

本次问卷调查结果显示，在此过程中，我国各级政府规划推动建设钢材市场，通过省级政府审批的占 32%；地市级政府审批的占 59%；区县级政府审批的占 9%，地市、区县一级政府审批建设的钢材市场数量占比偏高。一些地方政府

为拉动税收增长，很容易造成同一地区或小区域范围内有多个市场存在，“多、乱、散、小”现象导致钢材市场无序重复建设发展，钢材市场资源得不到有效利用。此类现象在河北唐山、湖北武汉和江苏南京、无锡等地不同程度地存在。

此次调查中还发现，同一区域内投建钢材市场数量过多、市场定位类同、商户重叠造成严重恶性竞争的现象。例如，在长江中下游地区，个别不到二百公里的沿江地带，居然兴建了几百个批发市场，有的钢材市场开办至今没有一吨交易。这种状况不仅浪费了宝贵的土地资源，也使得区域内形成恶性竞争，严重不利于社会资源整合，很大程度上搞乱了正常的市场经济秩序。此外，由于我国钢铁物流行业缺乏规范和标准，一些低水平小仓储、小仓库，也自称为钢材市场，其经营成本低、政策灵活，对商户吸引力很强，造成一些商户交易席位设在大型钢材市场，但货物却放在周边小仓库中。我们要加快摆脱小仓储的“围追堵截”，尽早摆脱低水平竞争，因为这些已经成为许多大型钢材市场深感头痛的事情。换个思路，从产业视角来看，当前我国钢材市场集中度很低，也可以认为没有集中度，可能都无法用集中度指标衡量，几乎一家企业办一个市场，一千家市场一千家企业办，使得整个行业无序竞争、恶性竞争比例逐年升级。

二、缺乏统一规划、战略定位不明确、缺乏区域协同与分工

我们在调查中发现，当前我国许多钢材市场仍然沿用工业园区地产经营思路，项目规划流于形式，以取得土地资源为首要目标，脱离了我国钢铁物流供应链的服务功能实际需求。尤其是在一些钢材市场的开发建设中，到底建不建、建多大、经营什么品种，不是由政府部门主动地、先行地、长远地设定规划，缺乏统筹的考虑和科学的论证，多数往往是开发商策划、推动的。这就在一定程度上导致了重复建设，低层次开发、低水平运营，其目的很多都是追求短期利益，靠出让门面、追求近期摊位出租率，难以形成规模化、专业化和现代化的经营管理高度。

与此同时，我国许多钢材市场在建设时还缺乏统一规划和明确的战略定位，

不仅没有考虑区域经济发展水平、运输资源的联络与调配、市场所在地实际用钢需求、产钢集中度等宏观因素，同时也忽略了区域竞争环境、市场定位、区域制造业布局等实际需求。有些规划仅凭几个宏观的货运总量、年货运周转量、几条道路或道路规划、几个人的主观判断确定，至于市场需求和客户分析则由于数据收集时间长、难度大无法进行。

研究发现，我国多数钢材市场在前期建设时缺乏明确的战略与市场定位，很不利于钢铁物流产业的可持续发展，难以做大做强。究其原因，一方面同一区域内钢材市场定位雷同，无序竞争，难以发挥专业化分工优势；另一方面，各个钢材市场之间缺乏联系，各自为政，缺乏物流功能上的分工与协作，难以协同满足制造企业物流供应链管理的需求，造成资源重复浪费、衔接不畅、配置不平衡。

从整体来看，目前我国钢材市场还缺乏一定的整体规划，相对格局混乱，各个钢材市场之间又缺乏物流功能上的分工与协作，没有形成系统化、规范化的产业体系。而且，各个钢材市场彼此分散经营，结构、规模、类型和营运模式呈现趋同性和同质性，没有发挥专业化分工优势，这很不利于我国钢铁物流产业的健康发展，将会直接导致在全国或区域内知名的“重量级”钢材市场，区域性的钢铁商贸、物流、交易和定价中心的数量变得“凤毛麟角”。

三、钢材市场亟待规范、行业自律，走出“圈地骗钱”怪圈

前些年，由于重视程度不够，我国钢材市场规范性建设门槛准入无从，只有靠投资方和兴建方来自我定位。一些房地产商或投机商在非产钢地和钢材消耗地、根本不具备建钢材集散的地区（没有水路和码头，也没有铁路接卸站，甚至连马路都没有）大兴钢材市场，以建市场之名，行圈地、开发房地产之实；还有些借办钢材市场名义，对项目进行二次包装，目的是上市圈钱，或融资贷款用于炒房、炒股和炒期货，给我国钢铁流通行业的整体健康发展带来一定金融风险和负面影响。

尽管投建钢材市场确实可以拉动地方经济建设，但各级政府还需要加快研究

出台相应的规范与监管政策。我们此前在江苏某地调查时发现，许多外地企业家以建钢材市场为名圈地，一下就是几百亩上千亩土地。而且一般都是先不动工，待三年之后土地升值后，钢材买卖又难以为继时，再顺理成章地把钢材市场用地转为商业地产。这种通过圈地、囤地和最后转卖的收益率可以达到 100%，甚至更高。当然，在闲置期间，投资方还能以钢材市场建设土地项目为抵押，向银行申请贷款，拿到钱以后就做短贷或再到其他地方兴建钢材市场，逐次类推滚雪球似地“投机敛钱”。此次调查中还发现，我国有的县级市一下就规划出 5 个钢材批发市场，由于市场规模小，资金投入不足，其服务功能不能适应现代钢铁物流发展要求，甚至有的圈到地后，再加价分块转让或合伙开发工业地产，以长租和出售形式获取利润。这种由于现代化的管理手段缺失，流通秩序管理混乱，使得整个钢铁物流行业信用缺失现象时有发生。

与此同时，目前我国大多数钢材市场还缺乏物流供应链的整体解决方案与能力，不能进入本区域的下游制造业、分销业整体供应链的需求中去，无法解决它们的物流问题，也难以发挥对上游钢厂资源的“统购分销”作用。造成这种现象的主要原因还是很多钢材市场新建时，对当地制造业布局、经济活跃度和配套产业群落等地缘背景丝毫不予考虑，导致市场与上下游间的联系完全割裂，难以建立系统化、规范化和产业化的现代钢铁供应链物流服务体系。因此，我国加速推进钢铁供给侧结构性改革进程中，一定会积极围绕现代制造业基地，充分发挥出钢铁物流业在工业增长、结构调整和消费升级中的巨大作用，并通过产业结构深入调整，努力促进我国制造业与物流业融合发展的互动双赢。

四、市场管理手段滞后、行业环境和服务创新水平较差

目前我国钢材市场规划和建设整体仍处于初步探索阶段，产业面貌总体表现相对落后。随着我国钢铁供给侧结构性改革不断深入和产业结构延伸调整，我国传统钢材市场已经不能适应现代钢铁服务业需求。尽管一些钢材市场已经实现资本、商业和金融的融合，但大部分钢材市场还是以提供仓储、运输配送、计重、

配载等低端物流服务为主，物流综合服务功能较弱，在钢铁物流产业创新方面严重不足。

譬如：我们调研的河北邯郸地区部分钢材市场服务尤其单一，其主营业务大多为门面出租、仓库租赁以及钢材配送服务等，缺乏深加工能力，不能提供及时的行业信息和其他物流信息服务，没有其他相应配套服务，特别是加工配送能力不能满足市场需求，而且由于资金、设备等限制，短期内很难延伸加工配送能力。此外，由于传统体制等影响，这些市场管理者经营观念落后，管理水平低下，其所提供的服务局限于库房货场出租和物流设备租赁，不能满足客户差异化的需求，不能对入驻钢材市场企业的运作提供各种支持性配套服务。可以说，整个市场难以为高端客户提供高附加值的个性化服务，直接导致钢材市场招商不力、入驻不佳、客户留不住、效益低下。

本次调查中还发现，我国绝大多数钢材市场都具备仓储吊装功能，但一些钢材市场的主要功能只有仓储，谈不上物流，更谈不上供应链概念。其中，很多钢材市场仅有加工配送中心，而且还停留在初级加工阶段，缺乏深加工，并多为“只加工不配送”服务，因为大多数市场没有建成完整的销售网络和物流信息系统，钢材流通不太通畅。总之，当前我国钢铁上下游客户之所以选择钢材市场，是祈求市场对其经营品种实现个性加工和高效流动，减少滞存周期，因此，“十三五”期间，我国钢材市场要加快创新经营形式、完善物流加工配送体系、持续不断地提高流通效率。很明显，尤其是“实现高效流通供应、打造现代钢铁供应链物流服务体系”未来将是我国钢材市场“破局红海”的核心竞争力。

五、融资环境长期不乐观、资金运转能力低和盈利空间小

本次问卷调查和实际调研显示，资金问题已经成为我国钢材市场经营发展过程中遇到的重要困难之一。由于行业利润率较低，市场建设开发投资回报期较长，资金短缺现象比一般制造业表现得更为严重。而融资担保却是一个系统工程，涉及政府、银行、担保机构、流通商等，但钢材市场入驻商户 90% 以上为

民营企业，其中，中小企业占比高达95%左右。由于这些企业经营规模小，提供质押贷款能力有限，财务报表随意性较大，真实性差，透明度不够高，缺乏审计和良好的连续经营记录，给钢材市场的融资担保带来极大不便。

尤其是在2011年我国部分钢材市场内出现了“携款潜逃”“水泥钢筋”和钢材重复质押贷款等恶劣事件后，许多金融机构对不在自己监管控制下的质押物也不敢触碰，再次加重了钢材市场的融资困难。在此次调查回收的121份问卷中，有83.8%的钢材市场反映目前摆在钢材市场头上的最大难题就是信贷融资问题，甚至一些新建市场因为融资问题出现项目搁浅现象。不难看出，我国钢铁行业不景气，钢材市场自然也难以独善其身。本次调查统计结果显示，82.5%参与调查的钢材市场反映从2011年开始销售规模及交易额增速出现大幅回落，甚至负增长，而另有9.3%参与调查的钢材市场表示出现了明显回落，只有5.1%反映回落幅度不大，但总体都在回落。接受调查的钢材市场中，89%表示2016年地产、租赁和物流等非钢业务营收已占到总营收的一半，而总体盈利在减少，利润增长率出现负值，一些市场甚至难以维持正常经营。

与兴盛时期相比，目前我国钢材市场运营成本在大大增加，以上海的钢材市场为例，其土地租借成本和人工费用支出负担很重，并在逐年增加。这些经营成本的增加，只能市场自己承担，还不能转嫁给商户，因为商户已经很困难。这两年，此类现象在全国各地较为常见。众所周知，我国钢铁流通业是资金密集型行业，面临资金压力和融资难的问题，我国钢铁贸易流通企业的融资困难严重制约着整个钢铁物流行业的快速发展。此次调查中，企业普遍希望地方政府出台税费减免和租赁补贴激励、适当降低仓储物流企业土地使用租金和税金、出台钢材市场及园区电费与水费按照工业标准收费等相关具体政策办法，来支持现存钢材市场的正常发展。

六、钢材市场物流运营方式单一、缺乏一体化合理性规划

前几年，我国大多数传统钢材市场没有自己的物流公司，多是依靠商户自己

找车队配送。据统计显示，我国钢材市场具有运输车队可做配送的占比还不足30%，其中能够提供24小时全天候提货服务的更为少见。所以截至目前，在很多钢材市场附近都会停留着很多等待拉活的个体运输车。一般情况下，这类传统钢材市场的客户交易完成之后，就会自己联系车辆运送或提货，可是几经议价磋商和安全认证后大半天已经过去，如此根本无法提高钢材市场的总体运输效率、规模经营和顾客服务质量等。

此外，目前我国钢铁物流在运输方式的选择上，主要是以公路运输为主、水路运输为辅的货品运输方式，部分企业采用公铁联运，除了少数企业利用自身港口、码头直接采用水路运输以外，公水联运模式并没有被广泛采用。在我国南方一些地区，由于水路运输费用低廉、货运量大等优势，常常成为运输钢材等大宗货品的第一选择。但很多钢铁贸易流通商反映，虽然水运发展比较快，但是港口、码头的装卸能力和船舶载重量十分有限，而且管理模式也比较混乱，对钢材的质量缺少安全保证，对送货时间缺少一定程度的保障。

不难发觉，由于缺乏现代物流理念，我国许多传统钢材市场对现代物流的含义认识还不够，物流信息化、标准化程度不高，大多市场只能提供简单的运输和仓储服务，很难提供一体化的钢铁供应链物流服务，从而造成运输资源浪费及第三方物流市场需求不足，物流资源浪费严重，效率和效益普遍不高，很难实现物流多功能、一体化运作，也难以与国际物流活动接轨。当然，我国物流企业同样只考虑从物流服务的单项方面（如运输、仓储）降低成本，没有从物流的整体角度考察物流成本，还没有找到物流成本和物流服务水平最佳的结合点。调查显示，只有一少部分钢铁市场拥有自己的物流公司，并已经形成集钢材仓储、物流配送、码头中转于一体的物流管理电子系统。

众所周知，“物流一体化发展”的精髓在于有效整合供应链上下游资源，促使供应链上各方实现成本最低化和运作高效化。而物流基地将用系统科学的方法，充分考虑整个物流过程和影响此过程的各种环境因素，对商品的实物流动进行整体规划和运行，形成以物流系统为核心的由生产企业、物流企业和销售企业，直至消费者的供应链的整体化和系统化。同理而言，我国钢铁物流一体化发展服务同样包括跟踪客户订货量变化，提供准确、经济、有效的物流信息服务，只要客户上网就可查询到所需产品信息，包括各地钢材库存数据对比、货物订单配送路线监测和入库数据统计等，有了这种“物流一体化”，大家就不必自己再去建立一个独立管理系统。

第十章　钢铁电子商务探索路上“烧钱赚吆喝声”

目前，我国钢铁物流行业缺乏一个具备广泛公信力、系统功能强大的多行业信息、交易与管理的综合交互平台，让这个庞大的钢铁物流产业链条更加集群、透明和高效起来。在此诉求下，这两年我国钢铁电子商务交易平台开始迅猛崛起，不过经过前期野蛮生长和粗放式发展之后，这一新兴行业同样积累了许多发展中问题与难题。在此次钢铁供给侧结构性改革过程中，这些难题能否有效加以解决，将决定着我国钢铁电子商务行业的未来之路能否长远和光明。

一、“烧钱赚吆喝”数年换来不足 0.1% 利润率

平台盈利问题，这是任何一个行业都无法回避的问题，尽管我国钢铁电子商务行业已经历十多年的探索发展，可直到 2016 年才首次出现“扭亏为盈”企业。不过从利润率来看，仍处于“微利”阶段。据最新调查数据统计，2016 年全行业内实现“扭亏为盈”的电子商务平台并未超过 10 家。以“钢银电商”为例，去年全年交易量达 3602.8 万吨，实现营收 410.96 亿元，实现净利润 1824.62 万元。虽然与上年同期相比实现“扭亏为盈”，但其利润率还不足 0.1%，仍处于“微利”水平。

究其深层原因，这两年，我国钢铁电子商务交易平台都在试图通过“烧

钱赚吆喝”来扩大自己的市场份额，而且这些平台还想将传统贸易商通过价格竞争的方式排挤出去，从而霸占整个钢铁市场，这种做法本身就是不利于市场健康发展的，同时也是导致处于发展初级阶段的钢铁电子商务利润率低下的根本原因。对照其他电子商务交易平台上流通的产品，都会比实体店的价格优惠，而我们网上的钢材价格并没有比现货更低。如果电子商务交易平台上的价格不能长期占有优势，更大地占有市场份额就很有可能成为一句不折不扣的空话。

同时，当前我国钢铁电子商务交易平台运营模式还比较单一，这也是导致钢铁电子商务行业利润率低下的重要原因。尤其是以“撮合”模式为主的钢铁电子商务交易平台一旦数据量下降，很容易导致客户流失。迫于此压力，我国钢铁电子商务交易平台成立初期的“刷单”现象普遍存在，真实交易不足，持续的盈利更是无从谈起。对于“自营”为主的平台来说，对现金流、资金链和钢铁物流供应链的要求极高，如果要实现持续盈利必须要有充足的流动资金和较大的市场份额，可是要想做到这一点并非一朝一夕的功夫。

二、无法保证“真实的供需、安全的交易”

我国钢铁电子商务行业要实现健康有序的发展，必须要有健全的法律体系为其提供保障。这两年，尽管国家针对电子商务的发展出台了一些法规、办法和指导意见，但就钢铁电子商务发展形势而言，相关法律法规的出台速度仍然相对滞后。从整体来看，内容方面较为粗糙，有些细节还有待进一步精化，一些权利和义务还需要进一步明确。

例如：在互联网纠纷、诈骗、消费投诉与受理、网络业务发票等方面，目前还是沿用线下的一套操作，在实际执行过程中存在许许多多的争议。当然，除了相应的法律法规，我国钢铁电子商务行业在发展过程中还缺乏相应的行业标准，这方面需要国家相关职能部门会同行业协会和行业领军企业，加快钢铁电子商务物流配送、平台信息化交互等方面的标准建设。

此外，未来钢铁电子商务平台要着力改善的方面，不仅仅是降低钢铁行业运输环节的综合成本（渠道成本、剪切加工成本和物流配送成本），同时还要兼顾资源可得性（产品线富饶程度及上下游嵌入式供应链）、提供信用支持和资金支持（融资垫资和信用平台）、全流程服务便捷（从线上交易到线下实物产品的交割、加工仓储配送等一条龙服务无缝衔接），以及交易资金的闭环运行（免去银行和其他资金交易平台中介）等。

通俗地说，钢铁电子商务平台应该是一个大宗商品生产性服务业基地或生态系统，集聚生产性服务业，支撑服务专业化细分，引导制造企业服务化运营。所以制定统一的标准很重要，有关行业组织应加快牵头制定相应的标准，使得行业的发展更加规范，最终实现“真实的供需、安全的交易”。

三、雷同效仿使得平台同质化竞争日益激烈

目前，我国钢铁电子商务行业无论是数量还是成交量，都取得了长足的发展。不过，在我国超过 300 家的钢铁电子商务交易平台中，平台类型、交易模式大多雷同，同质化竞争仍然非常激烈，未来势必会对行业发展带来消极影响。一方面，钢铁电子商务平台为了维持或继续扩大自己的市场份额，会不断加大投资力度，持续不断地“烧钱”，这必将为原本盈利能力就不强的钢铁电子商务平台和钢铁行业带来资金困扰；另一方面，在目前整个钢铁电子商务行业没有出现明朗的盈利模式之前，不断地大规模重复建设，不仅浪费行业资本，更是增加了平台的盈利难度。

与此同时，在平台同质化的激烈竞争加剧过程中，我国大型钢企在电子商务领域开始展开联合深化合作。这两年，宝钢集团与河钢集团签署战略合作协议，拟共同打造中国钢铁电子商务联盟，研究将各自旗下的“欧冶云商”与“河北钢铁交易中心”平台系统对接的可行性；而中国五矿集团与河钢集团、武汉钢铁集团都签署了战略合作协议，准备在钢铁电子商务领域深化合作。

此外，在同质化竞争之外，国内不同背景的钢铁电子商务平台之间的关系也

发生了微妙的变化。钢钢网分别与欧冶云商、钢为网等签署电子商务联盟战略合作协议。其目的是以合作为入口，优化各自平台贸易、数据、金融综合服务领域，通过互助实现各自平台的品牌共促、流量互补、服务共享和物流机制互补等综合服务能力的提升。

四、身单力薄很难握住大厂产品资源和渠道

目前，我国许多第三方钢铁电子商务交易平台都不握有资源掌控权，基于此，第三方平台与大钢厂黏合度较低，即便名义上有大钢厂的合作协议，但不填付足额的资金仍吸引不到大钢厂有效资源上牌交易。基于这一短期无法改变的现实情况，时下许多第三方钢铁电子商务平台只得把目光放在小钢厂身上，针对它们应对风险能力较薄弱的弱点，以快捷代理销售为前提，在满足降低经营成本和风险的原则下，通过“一单一议”“代销后结算”等方式拿到小钢厂产品的代理权。

与此同时，有一些第三方钢铁电子商务交易平台甚至只得在夹缝中求生存，通过混合代理、经销两种销售模式，制定出一套大中型钢厂不屑做的，而能吸引小钢厂产品上网挂牌的操作方式。原则上是一单一议，订货时付 10% ~20%，货到指定仓库后再付 50% 左右的费用，销售定价由钢厂决定，每天根据网上销量结算一次。销售完成后，平台除留存垫付资金外，还扣留代理费用，再在下次订货时结清余款。

不难发现，自从电子商务实行代理经销混合操作方式后，给一些没有太多销售渠道的小钢厂带来了福音，原本在库存前置中换不了现的产品都可以通过与电子商务平台合作，在销掉产品之前就拿到 60% ~70% 的现金流。久而久之，小钢厂产品成了第三方钢铁电子商务平台一统天下的主流品种，而大钢厂产品几近绝迹。即或偶尔露脸，也是大型钢铁贸易流通企业出于某种原因托盘的产品。这样一来，第三方交易平台无意之中就成了二三级产品的交易市场。

五、信息技术不足导致平台发展寄托“人海战术”

我国钢铁电子商务平台发展到今天，依托密钥认证、数据挖掘、数字签名、EDI 等底层技术，钢材贸易流通已经能够基本打通网上交易。但与这一线上贸易衔接的线下节点，在技术上还存在着很大的提升空间。

为了给客户提供安全、省心的服务，在高端大数据尚未成熟和普及的情况下，目前各家平台成交的每一笔业务，都必须安排专门人员对货物的价格、质量以及物流的状态全程跟踪监控。如果业务量不大，可多聘请几个人，但如果随着业务量快速增长，一旦突破上千万吨，钢铁电子商务平台要么变成“重公司”，和传统贸易企业一样，大量建设异地办事处、聘人监管，要么将钢材交易业务的很多环节转交给仓库或运输公司代办，这种结果的风险不言自明，也无法实现电子商务平台的闭环交易。

以找钢网为例，公司已有 1600 余人的大团队，除上海总部外，已形成了辐射全国的营销服务网络，其中有 22 家分支机构及办事处、一家武汉二级研发中心、一家长沙云电商研发中心。诸如此类的平台还有许多，如此庞大的营销团队，在扩大平台销售规模的同时，也将成为电子商务平台未来发展的包袱。

当然，随着我国钢铁电子商务平台对于线下的重视，一些平台开始和部分仓库联合推出了“智能仓库”，其最大亮点无非是加装摄像头、红外线等，实现远程监控。不可否认，这些措施能够方便商家实时监管自己的货物，保证货物安全，但从长远来看，由于没有从货物流通角度进行行业信息化的全盘考虑，只是取单一环节去切割，依然无法解决行业发展的根本困难。

我们要解决信息技术不足的问题，就必须从钢铁全产业链视角出发，加强联合或联盟，不光是行业的横向联合，还包括钢铁供应链上下游，从厂家、贸易商到用户，以及配套的服务商如仓库、运输和加工等，采用系统、规范和统一的技术标准进行线下全产业链节点业务技术升级，真正促使我国钢铁贸易流通行业更加方便、高效和安全。

第四部分

创新发展

第十一章　钢厂去产能调结构一动都是“大手笔”

现在距离2005年版《钢铁产业发展政策》发布时间已超过十年，十余年间我国钢铁产量持续大幅增长，年均保持10%的增长速度，总量一举占据全球的“半壁江山”。这十余年，中国钢铁生产企业持续做大规模，增强出口竞争力，中国钢材出口量级已经和美国、韩国的钢铁产量相当，这一切充分折射出中国钢铁工业综合竞争力的上升和嵌入全球产业链的速度。然而，中国钢铁产量和出口量不断刷新峰值的过程，也为产业可持续发展积累下多重矛盾，尤其是当前中国经济进入“新常态”后，在钢铁供给侧结构性改革面前，我国钢铁生产企业的“产量峰值”“产能膨胀”和“大而不强”等诸多问题亟待解决。

早年，我国发布的《钢铁工业“十二五”发展规划》中预测，我国中远期粗钢消费量的最高峰，可能出现在2015年至2020年，目前中国钢铁消费增量空间已极其有限。“十三五”规划时期，是我国钢铁生产企业创新发展的关键期，尽管与做强尚有一段距离，可这两年在钢铁供给侧结构性改革推动下，我国钢铁行业处于化解产能和转型升级破立并举的艰难进程中，唯有积极响应、以变应变，才能打破原有传统格局，实现淘汰落后产能与结构创新升级的双重发展。

一、革新老体制老思想，借力强化管理实现“降本增效”

机遇和挑战并存。在钢铁供给侧结构性改革中，去产能是“五大任务”的首要任务，这是一个长期的结构调整、流程优化和优胜劣汰的过程。鉴于此，“降本增效”成为众多钢厂平稳度过深度调整期的共同选择，尤其将去产能与降成本紧密结合起来，更是我国许多钢铁生产企业“提质增效”的最直接手段。譬如：2016 年沙钢集团积极推动负面清单降损攻关，仅集团本部全年累计降本金额高达 29.4 亿元。同时，沙钢集团内部实施钢铁工业 4.0 规划，将节约的大量资源应用到产品质量管控与高端新品开发中，使得市场竞争优势进一步增强。

无独有偶，这两年中天钢铁集团通过内挖潜力、外拓市场和精益管理，全年完成降本增效 10 亿元目标。河北津西钢铁集团更是探索出了一套具备钢厂自身特色的“全价值链成本利润核算管理模式”，使得企业整体运营成本同比下降了 7%。这一模式就是以市场为导向，以成本和利润为中心，以降本增效为主线，以有效地掌控资源、市场运行、控制事故和强化资本运营、提高质量和产供销平衡最大化为重点，不断增强企业自身盈利能力，实现企业总体效益的最大化。

换言之，“十三五”规划时期，我国钢铁生产企业要把供给侧结构性改革的着力点，从注重产量规模引导到提升发展质量和效益上来，加强员工成本意识和创效意识的管理培训，重视钢厂生产、供销、财务、运输等各环节的降本及创效水平。尤其是针对当前许多客户各种个性化需求的“点菜式”订单，钢厂的生产组织难度都在成倍增加，一定要积极摘掉“铁老大”帽子，摆正市场位置，主动从产品研发到技术服务，未来不仅要为客户提供产品，还要为客户提供钢材产品整体解决方案，提供全流程贴身细心的“保姆式”服务。而在为客户提供“保姆式”服务过程中，湖南华菱湘潭钢铁有限公司做得比较好，在 2017 年前两个月，它还创下近 10 年来同期盈利的新纪录。

二、积极参与国际竞争，中国钢铁走出去迎来战略窗口期

这两年，中国钢铁产业发展环境出现了翻天覆地的变化，伴随着供给侧结构性改革和“一带一路”倡议的提出，中国钢铁生产企业真正“走出去”迎来战略窗口期。之前国家发展改革委发布的《外商投资产业指导目录（2015 年修订）》中明确：进一步放开一般制造业，允许外资对国内钢铁生产企业进行控股。开放国内市场同时也将有利于我国钢厂“走出去”参与全球竞争，积极收购和参股建设他国尤其是印度、越南等南亚及东南亚新兴市场的钢厂、矿山等项目，从而提升自身国际竞争力与整体效益。

显而易见，钢厂“走出去”也是消化国内钢铁过剩产能的一个出路。就拿河钢集团举例说，这几年，河钢集团通过先后控股德高、收购南非 PMC 资源和启动南非钢铁项目，已经完成境外投资总额 9 亿美元，直接或间接参（控）股境外公司 70 余家。2016 年 4 月 18 日，河钢集团还与塞尔维亚共和国政府正式签署了斯梅代雷沃钢厂并购协议。

当然，在此值得强调的是，钢厂“走出去”是创新，但一定要讲究“走出去”策略：钢厂“走出去”要有清晰的战略和实现路径，要重视对国家战略的研究，并能自主将企业战略融入国家的战略框架；钢厂“走出去”投资并购的过程就是揭示风险的过程，如果对投资的风险有切实可行的方案才能收购；钢厂“走出去”不仅要注重与当地的合作共赢，也要把经济效益放在最终的落脚点；钢厂“走出去”要考虑多位一体的“抱团出海”模式，不能孤军作战，要多位一体防范市场风险；钢厂“走出去”要统筹谋划项目资本运作，坚持实施低成本“有进有退”的“走出去”路线。

三、环保倒逼钢厂升级，绿色钢铁法律规范和监管逐渐成熟

进入“十三五”时期，我国正加大力度倡导绿色发展理念，作为污染和能耗大户，钢厂排放的二氧化硫、氮氧化物和烟粉尘等污染物约占全国工业的

7% ~14%，是形成雾霾的主要污染源之一，因此，钢铁产业首当其冲地成为我国环境治理的重点领域。《国务院关于钢铁行业化解过剩产能实现脱困发展的意见》中提出："要严格执行环保、能耗、质量、安全、技术等法律法规和产业政策，达不到标准要求的钢铁产能要依法依规退出。"

面对我国钢铁行业的困难环境，选择以低成本、低消耗、低排放和资源高效循环利用为主要特征的绿色发展道路，是钢铁供给侧结构性改革中转型升级的头等大事，更是企业再造竞争新优势、提升可持续发展能力的战略性选择。尤其是2015年实施的《环境保护法》，被称为"史上最严厉"的新法，在惩罚力度、监管手段等方面都极大地促进着钢铁行业的绿色发展。譬如：以往只能简单处以十万元以下的罚款，而新环保法按日计罚，上不封顶，从制度设计上充分堵住漏洞，并利用物联网技术建有环保和耗能自动监控系统，从而形成对钢厂偷排污染的强大震慑力。

当然，不只是政策倒逼，为构建一个全新绿色的钢铁生态圈，目前我国许多钢铁生产企业开始主动增加环保投入力度，积极走上"环保改造升级，打造节能减排绿色循环经济"的道路。比如：这两年马钢新区焦炭生产进入全干熄焦时代、安钢计划再投30多亿元提升环保、邯钢变废为宝研制"黄金气体"、中天钢铁投入60多亿元打造绿色钢城、宝钢湛江基地投建"二次资源"管理系统、鞍钢的"绿水青山"亮相央视新闻、山东钢铁集团日照钢铁基地环保投资64.7亿元、武钢废物利用推出首块"海绵"路面……诸如此类的案例还有许多，一定程度上代表着我国钢厂坚持"走钢铁绿色发展道路"而付出的不懈努力。

四、钢厂拥抱"互联网+"，积极"触网"参与到群雄逐鹿中

"互联网+"是钢铁业转型发展的金钥匙，也是我国钢铁供给侧结构性改革的润滑剂。这两年，我国钢铁电子商务行业迎来繁荣发展，如今全国各地大大小小的钢铁电子商务交易平台已超过300家，许多社会资本力量纷纷加入到探索钢铁电子商务运营模式的队列。正是在这样的背景下，我国各大钢铁生产企业也不

想错失良机，以宝武钢铁、河钢、鞍钢和马钢等为代表的国有钢厂，以及以沙钢、容程钢铁等为代表的民营钢铁生产企业纷纷投身于钢铁电子商务交易平台建设中，积极主动拥抱“互联网 +”，欲借此打开一条新的市场销售渠道，加快扩大经营收入来源。

事实上，早在 2000 年互联网刚刚开始红火的时候，宝钢就已经率先试水电子商务交易平台，当时打造“东方钢铁在线”的核心理念是：“像年轻人在淘宝商城买衣服一样，我们要借助电子商务手段，让每一个有钢材需求的客户随时随地可以通过网络在线买到钢材。”2016 年以来，杭钢股份披露拟以 92 亿元价格注入钢铁和环保资产，并涉足互联网电商；太钢不锈目前已建立自己的电子商务交易平台；南钢股份正开启新常态下“钢铁 + 环保 + 互联网电商平台”转型之路；新兴铸管为积极推进“钢铁制造 + 互联网”融合，联手西本新干线股份有限公司共同出资 5 亿元构建钢铁电子交易生态圈。

众所周知，互联网新兴技术的成熟和钢铁行业窘境的相遇，催生了我国钢铁业“困则思变”的产物——“钢铁电商”。其实，中国钢铁产品非常适合电子商务，因为相对于其他传统商品来说，钢铁具有标准化、非时尚特性、规格繁杂、价格波动频繁等明显特点。譬如：在大部分钢材市场交易中，传递的都是表单信息，而大规模信息的数据化处理正是电商的强项，有了这些大数据，钢厂可以缩短钢铁物流供应链条、及时调整生产销售计划，提升产品的市场占有率和覆盖率。不过，目前都在摸索阶段，各钢铁电子商务交易平台之间试图复制其他非钢电子商务交易模式，且平台同质化竞争现象较为严重，可以说大家还处在“群雄逐鹿”的争夺时期。

五、联合“去量求强”，钢厂正探索兼并重组方式化解过剩产能

2017 年是我国钢铁供给侧结构性改革攻坚之年，坚定不移处置“僵尸企业”，以“更加严格的标准坚决淘汰落后产能，坚决清理严厉查处违法违规产能，严格控制新增产能”已经成为当前亟待解决的任务。2017 年 5 月份，国家发改

委、工信部等多部委还联合发布《关于做好钢铁煤炭行业化解过剩产能实现脱困发展工作的意见》，其中鼓励优势企业按照市场化原则加大兼并重组力度，推动我国钢铁行业跨地区、跨所有制的兼并重组，推动钢铁行业跨地区、跨所有制的兼并重组，再启动若干钢铁行业重大兼并重组，鼓励有条件、有实力的钢铁企业通过多种方式开展国际产能合作。

2016 年 9 月，宝钢、武钢经批准实施联合重组，宝钢集团更名为中国宝武钢铁集团，真正开启我国供给侧结构性改革下的钢铁深度联合重组之路。对比之前的河钢集团、山东钢铁集团重组模式，此次宝钢与武钢联姻是“比较彻底”的中央级企业联合重组，率先实现跨地区集团重组与上市公司合并同步推进，真正推动了我国钢铁产业布局优化和优势竞争力的重新集聚，更加深刻影响到世界钢铁产业竞争格局，对中国钢铁产业兼并重组起到“破局性”引领作用。更为令人瞩目的是，2017 年 9 月，沙钢集团重组“接盘”东北特钢集团旗下抚顺特钢，不仅是完成民营钢铁生产企业跨地域重组的第一例，更是一次钢铁混合所有制的积极探索。钢铁行业本是一个竞争充分的行业，未必一定由国企在行业占据主导地位。不过，不论是国企还是民企，只要其发展有利于国民福利提高，都应该属于国资国企改革与深化产业结构转型调整的一种选择。

步入“十三五”期间，我国钢铁行业将面临产业结构深度升级调整，未来钢厂在产量规模上不再追求扩张发展，甚至还会进行适量削减，现在许多钢厂已经把转型升级的着力点，从产量规模转变到提升发展质量和效益上。据了解，目前中国宝武钢铁集团是国内第一大、全球第二大的钢铁生产企业，积聚了产品、渠道、人才、技术和资金等多重优势。不过，在重组之前，宝钢的不锈钢和武钢生产的硅钢均在国际上享有一定话语权，武钢还是全球最大的硅钢生产基地，具有一定的科学技术国际领先性。鉴于此，我们深信钢铁联合重组并不是企业之间简单的加减法，而是将淘汰落后、联合重组、产能置换和升级改造等因素综合考虑进去，进行优势互补、去量求强，全面提升市场发展的综合竞争力。

第十二章　钢贸流通商站在“五道口”探寻新走向

新形势下，伴随我国钢铁供给侧结构性改革深入推进，在同业竞争依旧激烈之时、融资成本尚未彻底解决之前、下游需求解决更加考验智慧之际，我国传统钢铁贸易流通商要认清形势，加快摈弃旧的经营与盈利模式，毕竟这个行业的传统时期已经过去。目前，我国钢铁贸易流通商出现的新常态、新问题乃至大量退出，是钢铁全产业链变革在最薄弱环节的突破和开始，这看似直面生死，实则正是涅槃之时，顺时适变，方可有为，我们应该期待这个行业凤凰涅槃、浴火重生后的另一种精彩，也应该积极站在“五道口”探寻这个行业的新走向、新趋势、新变化。

一、从“空壳”走向“新业务”，苦苦坚守本行不如尽快转行

在调查中，我们欣喜地发现：我国大多数钢铁贸易流通商在危机面前没有选择逃避，更没有“坐以待毙”，而是积极采取了应对措施，从危机中寻找机遇，这非常有利于行业的整合和业态的提升。这两年，伴随我国钢铁贸易流通行业赢利空间持续缩小，已有超过 56.4% 的受访者选择不再继续坚守而是转型或转行，仅有 28.8% 的受访者选择了坚守，另有 14.8% 的受访者选择直接放弃或关门停业。针对市场之前流传的“钢贸商大规模逃离”“钢贸行业空壳化”说法，本

次调查数据结果显示，造成这部分人转型或转行的真正原因是行业利润率太低、资金占用太多、操作风险过大，有的被采访者形容过去的从业经历犹如“刀口舔血”般的日子。

选择离开本行业创新转型或转行，最主要的出路为投资金融领域和互联网热点新项目，两者超过了30%的被选率。投资金融领域包括对担保、保险、信托和基金等金融产品进行投资，投资互联网热点新项目种类更多，包括制造业、加工配送，以及目前政策扶持的果蔬、农产品行业，甚至环保、能源等高新技术产业也有涉猎者。当然，进入钢铁电子商务行业的占比偏高，78.9%的钢铁贸易流通企业职业经理人、业务高管和销售精英纷纷加盟新兴钢铁电子商务交易平台。由于本行业与房地产行业高度相关，因此，在出路选择上，房地产行业也成为重要选择之一。

二、从“倒爷”走向“服务商”，在产业链分工中找到一席之地

不难发现，我国钢铁贸易流通商传统经营模式多以“倒买倒卖”或者“搬砖头”为主，一旦遇上钢铁市场价格处于单边下行通道，囤货就意味着亏损，还会引发上游钢厂和下游终端商家同样经营困难，“倒买倒卖”加价的空间就会变得更加有限。这两年，在“产能严重过剩、淘汰落后产能”的严峻形势下，我国钢铁贸易流通商正在加快转变经营方式，由“倒爷”转向“服务商”，靠服务好终端客户、提供采购咨询甚至垫资服务来博取市场，这种操作已被事实证明是正确的。换言之，这样的盈利模式起码是由“博行情”转变为了“赚佣金”，无论钢材市场牛熊，中间服务商均可以实现稳定盈利。而在服务过程中，包括流通商在内的钢铁产业链上各企业细化分工、联动合作尤显重要，因为，它决定着流通企业最终服务化转型是否真正彻底。

事实上，一个强大的钢铁产业链不在于简单制造生产、贸易、流通产品，而在于制造价值，这个价值主要来自服务。由“贸易”到“服务”，从产品流通商到品牌商、供应商、服务商，应该是我国钢铁贸易流通商乃至整个钢铁供应链条

发展壮大的必由路径。未来在统一标准化生产性服务平台系统下，我们可以通过构建“战略合作供应链”实现资源统筹，并借助供应链协同发展，促使产业链上的钢铁原材料供应商、钢铁生产商、钢铁贸易商、钢铁物流基地、钢铁消费企业、加工配送企业和金融服务企业充分融合，完成物流、资金流和信息流的全方位对称，实现资源、资金配置有效合理，充分满足市场上各类用户的个性化服务需求。如此一来，我国钢铁贸易流通商就可以凭借自身优势能力，量体裁衣，快速在钢铁产业链细化分工中找到自己的“一席之地”。

三、从“草根”走向“高富帅”，通过交易数据获得廉价融资服务

站在当代视角看钢铁业，传统贸易流通显得很低端，互联网+、大数据才是“高富帅”的队列。于是我国许多传统钢铁贸易流通商在供给侧结构性改革推动下，纷纷把创新升级集中在了互联网+、大数据领域，无论哪方面或多或少地沾上边就是走在“前沿”。比如此次调查统计结果显示，广大钢铁贸易流通商开始尝试交易互联化、融资数据化等前沿技术。事实上，融资难一直是我国钢铁贸易流通商的痛点之一。当前，银行对钢材的抵押普遍非常谨慎，甚至对其采取“一刀切”式停贷限贷。造成这一事实的原因：一方面与银行“矫枉过正”“下雨收伞”有关，另一方面也与我国钢铁贸易流通商自身存在的许多经营问题有着密切关系。

虽然前两年我国钢铁贸易流通行业确实出现了众多重复质押式“骗贷”行为，在银行的信用“扫地”，但这并不代表所有企业都是这种操作，而如何证明自己是“守信”“经营正常”的企业呢？通过第三方电子商务交易平台提供的各种公开、透明的交易数据佐证，无疑是一个比较理想的方法。目前我国非常流行的供应链融资可以不需要传统的钢材抵押，但需要公开、透露的第三方交易数据，进行“数据抵押”。鉴于此，步入“十三五”时期，我国钢铁贸易流通商不妨试着拥抱互联网+，积极同钢铁电子商务交易平台展开合作，借助平台或物流云的公信力和透明度，进而获得更便宜的数据直接融资或者担保间接融资服务，

继而缓解特殊时期内企业“资金链与现金流”愈发紧张的尴尬局面。

四、从“单兵”走向“联盟军”，进而获取直观的规模经济效应

可谓时势造英雄。在钢铁市场进入萧条时期，“集团军”规模经济的优势会更加明显，因为此时渠道对于钢厂来说更显重要，有一定实力规模的钢铁贸易流通商和钢厂的议价能力会变得更强，自然而然能够获得钢厂更为丰厚的“返佣”与“补差”资格。因为在钢价一路下跌的时候，许多钢铁贸易流通商基本上不再囤积过多库存，这样很容易导致缺货，进而影响下游客户的采购体验，此时如果各家统一战线联盟起来，缺货的概率会小很多，快速挣钱的机会还是有的。所以，我们建议钢铁贸易流通商要在行业组织的引导下，在共融、共享、共赢、共进退的机制下，抓紧从“单兵”走向“联盟军”，以此获取更大规模经济效应，争得和钢厂议价的能力。

2009 年底，由温州市金属流通行业协会牵头，当地 71 家钢铁贸易流通商达成共识组建“联盟”，开始走“集中采购、分摊销售”之路。这一伟大壮举无疑成为全国钢铁贸易流通行业学习的“样本”。而其真正目的还是因为这样将会大大提高它们的定价权，从钢厂博取批量低价的优势，充分实现钢材流通服务型企业的角色转变，促使钢厂与流通商的合作模式发生根本性变化，对于那种分级代理制所带来的低效和高成本的流转方式将会被摒弃。我们在调查中还发现，传统的钢厂定价模式对市场的主导作用已经越来越弱，目前被调查的钢铁贸易流通商中仍完全被迫接受钢厂定价的占比已降成个位数。而对新型定价模式的探索和应用已成为常态，在被调查的企业中，7% 的流通商选择厂商共同定价模式，而 83% 的则选择了市场定价模式。

五、从“跳蚤”走向“招财猫”，专注终端市场摈弃寄生虫生活

一边是海水一边是火焰。一面是产能过剩的焦灼，一面是电商崛起的狂欢。

这两年，我国钢铁电子商务正在挟裹着变革的力量，肆意解构钢铁产业链的每一个环节。作为钢铁产业链条上的中间服务环节，钢铁贸易流通商对其是“又爱又恨”。最新调查数据显示，有近一半的流通商表示 2016 年通过电商平台的销售量，相较 2015 年增幅在 10% 以上，其中有 18% 反映其增幅超过 30%。至于 2017 年预计通过电商平台销售的量，更有 61% 的流通商表示相较 2016 年的增幅将在 10% 以上。而在 2014 年调研时，有 50% 受访的钢铁贸易流通商表示不会增加电商平台销量。

上述数据证实已有更多的流通商接受了电商平台。这其中也不乏许多发展成为电商平台的“寄生虫”，业内俗称“跳蚤”，即当钢材市场行情低迷的时候，这部分钢铁贸易流通商自己不做生意，仅靠主动加盟各家电商平台，通过平台开户、自我交易等手段赚取平台积分优惠或现金返点，以此获取微薄利润，供养公司员工生计。2017 年上半年，在钢铁供给侧结构性改革深入、市场行情回暖、平台条件苛刻和自主创新发展等综合原因促使下，这部分流通商开始逐步退出寄生生活，创新终端用钢企业配送服务模式，不求成交量只求打造钢铁全链条系统服务，譬如通过一个小小工地的钢材采购需求完成包括采购、加工、仓储、配送和垫资等全过程专业细分服务，以此回归自我，提升市场竞争优势，博取现实而又可观的市场利润。

第十三章　钢铁市场创新发展“2345”升级模式

伴随我国钢铁供给侧结构性改革不断推进，目前全国各地钢材市场（物流园区）也都在进行创新谋变发展，尤其是各地新建的现代化钢材市场，一般都较为重视前期的规划论证设计，虽然各有特色，但我们可以总结出许多共性之处，在这里我们统称为“2345”原则。

“2”就是“两个顺应”，即：一要顺应国家和地方产业发展规划政策；二要顺应当地城市土地功能利用总体规划。“3”是指在具体实施过程中，要谨记“三个促进”，即：以提高招商质量促进仓储库存量；以扩大仓储库存量促进加工配送发展；以加强加工配送业务促进“增值服务”项目和钢铁物流传统业务。“4”是指在日常经营活动中，要严格落实“四个依托”，即：依托区域经济发展做强钢铁物流，依托当地产业优势做大钢铁物流，依托周边市场资源做好钢铁物流，依托优质大客户做精物流。“5”是指在钢材市场选址时，要采用优选法选好“五块地皮”，即：水陆交通枢纽地、钢铁冶炼资源开采地、钢铁产品生产地、钢铁产品集散地和用钢终端用户密集地。

一、钢材市场整体功能日趋完善

实地调研发现，这两年我国钢材交易市场投建热度在逐步回归理性同时，整体质量也在创新提升，尤其是现代化钢材市场整体配套功能日趋完善，较之前有了很大改善。譬如，一些钢材市场通过改善和提高集聚配套流通功能及多元化服务手段，正在逐步提升我国钢铁物流市场总体业态。据统计数据显示，目前我国已有 69% 的钢材市场重点提高了其仓储、运输、加工、配送、融资、展销和信息化等配套服务能力。

1. 区位条件和物流条件更加优越

我国传统的钢材交易市场多位于城区内，随着中国城市化进程推进，钢材市场每天成千上万吨钢材的运输、仓储、加工对城市的交通、道路、空气、噪声等都会带来严重影响。2012 年之后，全国各主要城市都已出台相关物流产业规划政策，计划将原有市内专业市场外迁至郊外。而在对钢铁市场的重新选址上，投资者都非常注重区位条件和物流条件，一般选址于大型工业开发区内，多条高速公路和省市公路干线的汇集处，并申请自有铁路货运专用线、申请自有内河码头，如此一来，便捷的物流条件必将为项目未来经营奠定良好的基础。

2. 加工配送服务能力更加增强

我国传统钢材市场加工配送功能一直较弱，并且加工手段和设备单一，无法全面满足终端用钢企业的“个性化”需求。而随着这两年钢铁行业“去产能、调结构”的深度改革，现代化钢材市场的加工功能已经在逐渐加强，现在不仅可以提供简单的卷板开平、分条等加工，还可以进行一些焊接、冲压、冷弯和涂层等服务，切实提升了我国钢材市场总体竞争力和附加赢利能力的提升。

3. 智能信息化技术应用更普及

与传统钢材交易市场相比，现在我国钢材市场对网上交易、自动化仓储管理、数据信息化和办公自动化等“互联网 +”功能非常重视。为了更好地支持入驻企业的经营活动，一些钢材市场还以外包系统开发或联合现存钢材电子盘的形式实现网上交易功能。同时，引入 WMS 仓储管理系统和 OA 办公系统，实现仓储管理和智能办公现代化，努力优化并降低钢材市场管理成本。

4. 金融信贷业务风控能力增强

随着钢材金融属性的不断增强，我国钢材贸易流通企业对融资的需求是不可或缺的，现代化钢材市场除了沿用仓单质押、担保贷款等传统金融信贷服务外，还新增业务融资、联合担保和应收账款融资等手段。最主要的是金融业务的风险控制能力日益增强，调研发现，目前许多钢材市场在这方面多是引入社会第三方保理、信托等金融机构，以便更好地服务市场内贸易企业商户。

5. 商业配套服务功能日趋全面

我国传统钢材市场多数没有像资讯、酒店、便利店、咖啡厅、餐厅、洗车房等商业配套功能，给入驻贸易流通商家生活上带来许多不便。现代化钢材市场提出了“钢贸创客”服务理念，不仅提倡积极建立自己的网络平台，及时发布市场内产品信息、库存数据和物流配对网，并且还创建自己的智能 APP、小程序等服务共享平台。另外，在沿街店铺更是积极引入中高档餐饮、星级酒店和商务接待咖啡厅等，因此扩大市场配套服务功能，真正构建钢铁行业的“交易生态圈”。

二、钢材市场区域分布日趋合理

钢材市场作为连接钢铁产业上下游的纽带，正在发展成为各项钢铁物流活动开展的重要载体，也是我国钢铁供给侧结构性改革的重要环节。这两年，随着我国钢材市场投建热度回归理性，许多历经风雨锤炼后的钢材市场通过合理创新与高效运营，开始逐步产生明显的经济和社会效益。众所周知，每一个城市的基础设施建设对钢材都有着极大的需求，同样地区经济建设和制造业的发展也离不开钢铁流通业的支撑，一些钢材市场的合理创新与高效运营促进了该地区经济更快、更好发展，对于改善地区投资环境、提高地区经济和工商企业市场竞争力、推动区域经济协调持续发展具有重要的促进作用。

当然，目前我国之所以存在大量钢材市场和钢铁贸易商，与下游产业组织化程度极低有着密切关系。我国钢材消费者主要是大量的、分散的、规模相对较小的建筑企业、金属加工制造企业和工程项目，单个用户对钢材需求量少、种类多，而且不确定性大。在这种情况下，我国钢铁生产企业无法直接满足这些分散的、需求量比较小的企业需要，而钢材市场和钢铁贸易商则通过其集散功能，可以满足终端用户对不同品种、不同材质、不同规格的用钢要求，完成钢材从生产企业到最终用户的转移。可以说，在我国工业化过程中，钢材市场的存在与发展，有效地提高了钢材资源的配置效率，对促进我国中小企业成长、促进制造业特别是机械制造业的发展以及产业集群的形成都发挥了巨大作用。

通过调研发现，我国一些制造业产业集群如浙江绍兴、张家港等地，外部调运的钢材等物资量正逐年增加，但面临着生产性服务行业缺乏的困境，导致用钢成本甚高，迫切需要有高效、低成本的钢材流通体系做支撑。以此为发展契机，投建钢材市场不仅可基本满足本地区的钢材交易需求，更重要的是为钢材贸易流通商提供了交易、装卸、储存、流通加工、配送等物流服务平台，为生产制造企业实现物流外包、降低生产企业成本创造条件。

多年来，我国钢铁市场的建设主要就是依托所在区域现有运输组织枢纽、交通枢纽或制造业基地来整合区域中的现有资源。通过有效管理物流、商流、信息流和资金流，提高商品的周转速度，降低企业运营成本，推动商品高效流通，最终建立多层次、全方位、快捷高效的钢铁综合物流服务体系。

三、钢材市场环境和交通压力改善

近年来，随着我国城市化建设进程的加快和市区的不断扩展，住宅、商贸、金融、饮食服务等第三产业的用地需求不断增加，原来的城市边缘区迅速成为市中心区，原有的钢材市场、配送中心由于散乱经营等因素，对城市交通和环境造成了很多不利的影响，许多传统的钢材市场都面临着搬迁的问题。

一方面，我国传统钢材市场的搬迁缓解了城市交通、环境和能源的压力，为城市的发展让出了空间，有利于促进城市功能分区的合理布局和效能的充分发挥。另一方面，钢材市场的“换巢升级”和大型钢铁物流园区的兴建，为各种物流资源的整合创造条件，它将区域内外众多工商企业的物流需求和物流企业的服务信息汇集在一起，通过空间的集聚、公用配套设施建设的集约使用、从而有效地节约了稀缺的土地资源，促进了各地区土地资源的合理利用，缓解政府土地供给紧张问题。

不仅如此，随着大量钢材市场的外迁，可以促进整个城市功能分区的合理布局和效能的充分发挥，尤其是通过区域内货源集散的统一管理和调度、合理配载，有效地衔接了生产供应与市场需求，提高了运输效率，进一步缓解城市交通压力。

另外，我国现代化钢材市场的积聚功能，将之前小、散、乱的钢铁贸易商聚集到一起，又将银行、电信、保险、法律、会计等相关服务企业、餐饮酒店等生活配套服务，工商、财税、运管、公安等政府的监督管理服务职能一起集聚到同一平台上，在实现资源整合同时，大大方便了政策协调和政府相关部门管理，在节约行政资源、实现高效管理和提升服务水平方面有着极大的贡献。这也有利于促进区域现代服务业发展、增加就业机会。总之，现代化钢铁市场的投建，通过组织、协调和衔接各种物流活动，在为生产制造企业提供各种现代物流服务功能的综合配套系统过程中，极易衍生出一批与之相关联的其他生产性服务业，进一步拉动社会经济第三产业的发展。

四、钢材市场投资主体日趋多元化发展

20 世纪 80 年代之前，我国钢材市场的开办主体是以国有经济为主体、多种经济成分并存。这是由于钢材市场的开办对硬件设施有较高的要求，如通常要求交易市场要拥有较大面积的仓库来储存钢材、要有各种装载设备、要拥有一定的专用铁路线路等。这无疑使一些国有仓库在开办钢材交易市场中占得先机。

通过调查总结，过去我国钢材交易市场的开办者主要有以下几类：一部分为

1992 年后，由物资部门开办的钢材交易市场逐步转变为“自负盈亏”的经济实体，以获利为目的的经营取向已成为钢材交易市场开办者的企业行为；一部分为国有仓库直接改建为“前店后库”式钢材交易市场，如中国储运集团在全国各地的 20 多个仓库全部转型成为“前店后库”式的商品交易市场。

从投资主体的性质看，主要有四种类型：一是由传统的钢铁交易市场通过设施升级改造以及民营钢铁贸易商的重新整合转型而来；二是有实力的民营钢铁贸易商投资建设；三是由大型钢铁生产企业投资建设；四是钢铁生产企业与流通企业共同投资建设。鉴于此，目前我国钢材市场基本上形成了以第一、第二两种类型投资主体为主的局面，近年来国有企业投资的钢材市场的主体则以钢铁生产企业及大型生产资料流通企业为主。

而伴随着我国钢铁供给侧结构性改革的深化，在我国钢材市场的开发建设过程中，投资建设主体开始快速呈现多元化的趋势，民营及民营控股企业参与投资建设的钢材市场呈现“后来居上”趋势，数量最多。问卷调查结果显示，其中民营企业开办的钢材市场已经占到了新建总数的 90% 以上，远远超过国有企业。其次是由国有及国有控股企业参与出资建设的钢材市场。另外，部分由中外合资企业投资建设。这也表明我国钢材市场的投资主体日趋多元化，越来越多的社会资本开始青睐这一块“蓝海”。

第十四章　钢铁电子商务创新改革的“5+N”路径

在提出“互联网 +”“供给侧结构性改革”等国家战略框架背景下，我国钢铁电子商务行业迎来如火如荼的快速发展。本章结合实际调研情况，通过以欧冶云商、五阿哥、找钢网、钢源城和西本新干线等已经发展起来的、较为成熟的钢铁电子商务平台为主要研究对象，探索分析出五条创新改革发展新路径。当然，未来远远不止这些，相信业内还有很多实战创新发展思路，在此仅供研究探讨。

一、创新钢铁电子商务在线供应链融资

在我国钢铁贸易流通业融资遭受集体性违约的诺言危机之后，银行和钢铁贸易流通商之间的信任关系越来越脆弱，例如，这一轮危机下来，上海地区钢铁贸易企业贷款余额从繁荣时期的接近 2000 亿元，一度萎缩到不足 500 亿元，这对上海钢铁贸易集散地和金融中心的地位是一个重创，更是对全国钢铁贸易融资产生重大打击，这很值得我们反思和反省。其实这件事是坏事也是好事，现在我们要做的工作是什么呢？就是加快利用互联网平台经济重新建立钢铁业和银行业的合作。重建企业与银行互信的重要性不言而喻，企业融资这个接力棒自然被交到了钢铁电子商务交易平台手上。

事实上，在线供应链的金融体系是对传统金融的变革和创新。它的风险和防

控不再是以不动产为核心的风险控制模式，而是以动产、物权、账权、行为数据进行实时跟踪采集的新风控方法，所以风险很低，也是可控的。当然，在线供应链融资管理当选为钢铁电子商务交易平台的最佳融资模式，但并不意味着融资问题就得到彻底解决。钢铁物流虽然不是核心，但它是钢铁电子商务的前提和关键。钢铁物流如果不解决，很多事情就进行不下去，所以谁率先突破现在的物流体系问题，交易生产才能提升，物流解决了，融资才能解决，否则金融也是一个空话。

解决好钢铁现代物流是重建钢铁业与银行业信任的前提，更是建立在线供应链融资信用体系的关键。天物大宗是钢铁电子商务交易平台中在这方面取得较好成绩的企业。由于它特别好地解决了行业中物流监管的问题，并在此基础上解决了与重点银行在线供应链融资供应的问题，最终获得 120 亿的资金额度。其实，在线供应链融资管理和传统线下的物流金融完全不一样，它是互联网金融的代表，对钢铁电子商务融资来说是一场革命。站在更高端的信息化发展前景来看，在线供应链融资管理是未来的制高点。按需融资，多方共赢。在线供应链融资管理风险是可控的，这是金融行业真正服务于实体行业的模式，如此一来，钢铁生产企业就变成了乙方，至少双方可以平起平坐，这对我国钢铁行业供给侧结构性改革是非常有意义的。

二、加速破解钢铁电子商务配送物流瓶颈

目前，我国钢铁电子商务交易平台发展速度已远远超乎大家预想。可不容忽视的是，我国钢铁电子商务交易平台虽然在数量和交易量上成绩斐然，但滞后的物流体系仍是制约行业发展的一大“瓶颈”，目前，钢铁物流与真正意义的现代物流相比，还存在很大差距。据统计，目前我国钢铁物流成本占整个钢铁产品成本的 20% ～30%，而发达国家只占 10% 左右。如何真正降低钢铁物流成本，电子商务或是一个非常重要的手段。事实上，任何一家成功的钢铁电子商务交易平台都不外乎遵循三个原则：基础在平台、发展在金融、关键在物流。现在电子商务

最重要的不是信息而是物流，我国的钢铁电子商务目前只解决了商流的问题而没有解决物流的问题。

那么，如何破解钢铁电子商务物流瓶颈呢？首先，要全面提高物流企业的信息化水平，通过技术手段实现钢铁电子商务交易平台和传统物流企业之间的融通。借助物联网技术，钢铁物流企业建立与电子商务平台相匹配、可衔接同时也契合自身业务和管理流程的信息化管理系统，在便于电子商务平台客户管理和查询的同时，全面提高我国物流企业信息化水平，减少因物流、仓储信息不透明而造成的钢铁跨区域重复流通。具体而言，我国物流企业需要借助“二维码”技术和“物联网”技术，实现货物配送的全流程跟踪；仓储企业需要推进仓储管理的数字化，实现仓储企业操作的可视化、便捷化、信息化和智能化。与此同时，物流企业车辆使用情况、驾驶员信息以及仓储企业的存量信息等物流信息也可以在平台上实时呈现，为钢铁电子商务交易平台用户提供参考，从而提高交易效率。

其次，除了集成软件上的升级，传统物流企业还需加强区域协同合作，建立完善的综合交通运输网络和仓储体系。例如，在钢铁运输方面通过将铁路、公路、水运等基本运输方式的长处有机结合起来，实行多环节、多区段和多种运输工具相互衔接的一体化“通运”，实现无缝运输，减少中转环节，降低物流成本；在仓储方面，钢铁电子商务发展初期可以联合一定区域内的仓储企业，相互之间在实现信息共享同时，建立相同的服务标准和价格体系，进一步提升钢铁仓储企业服务能力，扩大电子商务配送物流的辐射范围。

当然，要破解钢铁电子商务的物流瓶颈，实现长期可持续的发展，还需要自建仓储基地。受到钢铁物流半径的限制，钢铁消耗终端离钢厂距离越远，吨钢物流成本就越高。通过我国钢铁电子商务交易平台自建仓储中心不仅可以有效消除二次流通成本，还可以实现平台物流、信息流和资金流的三流合一。总而言之，破解我国钢铁电子商务交易平台物流瓶颈，绝非一日之功，需要多主体、多角度、长时间的共同努力。只有电子商务发展到具有物流平台支撑时，钢铁电子商务的概念才会发生变化，被平台经济取而代之。目前，为解决钢铁物流瓶颈，各大平台也推出了与自身交易平台相匹配的物流服务平台，如西本新干线物流平台小牛物流、钢源城物流平台大智运、找钢网物流平台胖猫物流等。这也正是我国钢铁供给侧结构性改革中想看到的，因为平台经济的出现意味着钢铁电子商务的创新到了一个新的阶段。这一进程推进的关键在于解决好我国钢铁电子商务的物流半径与物流成本。

三、加快建设并出台钢铁电子商务相关标准

由于我国钢铁工业的巨大体量、行业多种特殊性质，以及行业领头羊多年的相关积累，钢铁电子商务成为工业品 B2B 电子商务的先锋，未来我国钢铁电子商务交易市场空间有望达到万亿级规模。但从整体而言，当前的钢铁电子商务发展仍然处于“赔钱赚吆喝”阶段。事实上，钢铁电子商务交易平台最基本的功能是线上交易功能，实现资金和实物的顺利交割。而在交易过程中涉及实物交易双方，同时还要涉及银行（融资垫资方）、第三方支付平台（资金交割中心）以及线上网站（资讯提供及交易撮合方），如果做不到这些那就难以称为真正的电子商务交易平台。

目前，我国很多钢铁电子商务交易平台并非真正意义上的电子商务交易平台，线上网站主要是起到资讯推介的媒介作用，而后续的交易、交割等流程与网上平台已经脱离。有的平台交易量只是客户企业采用它的线上报价信息，线下还是传统交易，只有撮合数据可贡献为交易量。甚至还有些企业存在交易数据造假，由于难以基于真实的交易产生价值，多数电子商务交易平台尚未找到稳定可靠的盈利模式。其实，酿成这些问题的根本原因还是钢铁电子商务行业的发展缺乏统一标准。只有基于钢铁供应链的全流程下交易，每个环节都扎扎实实，才是实实在在的交易量。可要做真正的电子商务交易平台，势必要建立完整的钢铁电子商务标准化体系，促使线上平台的资讯、推介等媒介流程与交易和支付等流程无缝对接，实现除实体产品加工仓储物流之外的流程全部可以在网络上完成，真正做到网上电子交易。

在此值得指出的是，我国钢铁电子商务建设和信息交互方面的国家级相关标

准正在紧张地制定中。据了解，作为全国物流标准化技术委员会发起的“重点物流领域关键技术标准研究”的子项目，《钢铁物流互联网公共商务信息平台建设》和《钢铁物流互联网信息交互技术规范》两部国家标准由中国物流与采购联合会钢铁物流专委会牵头，西本新干线股份有限公司联合宝钢、鞍钢等行业单位共同研究制定。两部国家标准从制定钢铁物流互联网信息交互技术规范入手，旨在解决国内钢铁信息平台交互关系复杂、交互方式不一致，从而造成的信息化成本高、周期长、质量差的问题，最终打造成为行业公共信息平台，形成钢铁物流各环节信息的追溯体系，实现钢铁物流作业规范化目标。

四、创新钢铁电子商务诚信与支付监管体系

尽管在资本市场上，我国钢铁电子商务交易平台备受投资者“热捧”，钢铁行业涉猎电子商务交易平台仍要保持清醒头脑，切忌出现“一窝蜂”现象。因为其中涉及的金融问题复杂而又难解，况且钢铁交易本身资金体量就很大，动辄上千万过亿元。因此，我国钢铁行业发展电子商务要想走得远、做得大，不仅仅是建立一个互联网商品交易平台而已，金融支付体系建设和信用体系建设是关键环节。从金融层面上看，类似于支付宝的第三方支付牌照必须拿到，金融支付结算平台是一切交易包括电子商务交易的最重要手段。而我国现有的钢铁电子商务平台中，到目前为止，只有欧冶云商旗下的“东方付通”“中钢银通”和“广物电商”获得了央行发放的第三方金融支付牌照。

当然，这其中诚信体系建设也至关重要，这是互联网金融的本质属性体现。可以说，所有的金融活动都是以信用为基础，都是在经营信用，我国钢铁电子商务发展对金融信用度的诉求更高、要求会更严。对于通过电子商务交易平台交易钢铁商品，彼此不见面的需求、供给和消费者来说，没有完备的信用体系几乎是无法生存和发展的。只有金融信用体系建立起来以后，钢铁电子商务才不再局限在为钢铁商品交易服务这一片天地里，而可以大踏步进入到颇具特色、背靠钢铁的互联网金融领域。

未来我们完全可以通过钢铁电子商务交易平台和金融第三方支付体系形成的大数据，来指导并改变我国钢铁行业市场长期不对等的供需结构矛盾。上海作为中国金融中心，可以尝试建立中国第一家钢铁网上银行——钢铁银行，专门支持上海乃至全国钢铁电子商务行业包括钢铁生产企业和钢铁贸易企业生产经营的信贷资金需求。正是有了信用诚信，一切交易才变得那么简单、那么高效，通过互联网电子商务交易平台，许多陌生人、陌生企业就敢于把金钱付给对方，对方就敢于发货给购买需求者，因此，我国钢铁电子商务寻找做大做强的出路包括尽快建立完备的金融信用体系。

五、创新融合钢铁电子商务模式和资源整合

相对传统的交易模式，电子商务平台因具有低成本高效率、商业模式开放、信息资源共享、优化交易流程、贴近终端用户、实现资源整合等优势而受到青睐。电子商务主要解决的信息流、物流、资金流问题，是线上与线下、传统与新兴模式的一种融合。但我国现有钢铁电子商务交易平台关注更多的是信息流和资金流问题的处理。随着钢铁电子商务线上交易、线下交割、线上线下融合的交易模式日渐成熟，物流问题越来越成为钢铁电子商务发展的瓶颈，同时钢铁现货交易的熟人交易、单笔交易涉及金额巨大，物流成本较大和运输周期较长等，也是困扰我国钢铁电子商务行业进一步发展的问题。

此外，我国现有的钢铁电子商务交易平台，目前仅仅具备信息展示、宣传推广和简单的在线业务洽谈等功能，最重要的资金融贷、安全支付、商品物流配送、售后跟踪服务等环节则难以实现。同时，钢材商品的跨区域配送成本较高，可能磨灭电子商务带来的降本增效本质。我们建议在钢铁领域，实现电子商务的全国市场交易过程集中在平台，线下钢材物流配送当地化，必须系统优化监管仓库以及地域的分布，推动交易模式的多元化、便捷化，增强现货资源的供给能力，提高自有软件开发能力（如在线多点销售管控系统、数字化仓储管理系统）以及仓储、物流和深加工能力，从各个方面来增加与现有客户之间合作的黏性、

提高线下服务盈利能力和增加平台买家数量。

由于电子商务交易平台的线上市场是无界的，对于线下交割，就需要发挥平台整合线下资源作用。整合终端用户所在区域产品供应方、移植仓库管理模式，强化交易、物流、货物和产权的监督风险防控体系，并引入金融保险机构，实现冶金产品融资配套服务的实质整合，这样既可以实现线下安全便捷交易，又可以促进网上拓展市场边界，实现“线上与线下”融合发展。而在融合模式和整合资源方面，电子商务无疑具有得天独厚的优势。可以说，我国钢铁电子商务交易平台的出现顺应了互联网发展的趋势，符合钢铁产业转型的要求，更是用户消费方式转变后的结果。总而言之，目前我国钢铁电子商务呈现出“群雄割据、渠道为王”的经营理念，以客户资源或交易信息作为客户需求或区域定价的基础分析数据，将是未来电子商务平台的核心资源和盈利点，因而同类电子商务交易平台之间不可能形成对接。在供给侧结构性改革推动下，可能会出现几种模式的融合，或者发展出新的模式，这些都需要钢铁企业去积极探索实践。

第五部分

未来趋势

第十五章　钢厂：从“规模供应”转向“需求导向”为主

“十三五”时期，伴随我国经济发展进入新常态，社会钢材需求总体放缓，传统粗放发展模式所导致的供需不匹配，需要通过供给侧结构性改革来提升全行业适应市场需求的能力。当然，推进钢铁行业供给侧结构性改革并不是简单地化解过剩产能，而是着眼于从根本上推动我国钢铁工业结构调整和产业优化升级，实现由钢铁大国向钢铁强国的稳步转变。这是我国钢铁行业实现扭亏脱困的迫切需要，也是提升我国钢铁企业核心竞争力的必然要求。

在供给侧结构性改革引领下，未来我国钢铁产业将以全面提高钢铁工业综合竞争力为目标，以化解过剩产能为主攻方向，坚持实施结构调整、坚持创新驱动、坚持绿色发展、坚持质量为先、坚持开放发展，加快实现调整升级，通过“科技化、智能化、集中化、差异化、绿色化和沿海化”转型发展，促进我国钢铁制造产业快速从“规模供应”转向“需求导向”为主，整体提高我国钢铁工业发展质量和效益。当然，我国积极推进钢铁供给侧结构性改革、全面完成钢铁行业脱困发展任务本来就是一个任重而道远的过程，或许未来我们还将经历 5 年、10 年乃至更长的时间来调整转变和加以完善适应。

一、抓紧补短板，专业“科技化”创新提升产品质量

目前，我国钢铁业面临的突出问题，表面上看是由产能过剩引起，实则是供需不匹配、产业结构矛盾所导致，我国钢铁行业正在从“规模供应”为主转变为“需求导向”为主。现今，我国钢铁行业在供给侧存在着明显的质量短板，尽管普通钢产品供应充足，但是很多高端钢材却供不应求，尤其是特殊用途钢材供应能力不足，很多应用于特殊领域、专业领域，具有耐高压、耐高温、耐低温、抗腐蚀、轻量化等功能的合金钢仍然以进口为主。在一些尖端领域、细分市场领域国内生产仍为“空白”，例如大型及超大型变压器、高档汽车、高档家电、风电、核电等高端用钢，几乎全部依赖进口。

钢铁供给侧结构性改革致力于提供有效供给，强调“补短板”措施是为了提升我国钢铁行业的竞争力，产品结构升级是为了更匹配现阶段我国经济发展需要。进入“十三五”期间，我国钢铁生产企业将把产品升级换代作为企业优先任务，在保留适当中低端钢铁产品供应的基础上，积极开发高端、高附加值的钢材新产品，通过专注科技创新“补短板”，加快提升我国钢铁产业的整体赢利水平。

据调查了解，“十二五”期间，我国重点大中型钢铁企业400兆帕高强钢筋生产比例已达到99.6%以上，预计“十三五”期间我国要重点推广500兆帕及以上高强钢筋，例如：河钢集团分别在唐钢、邯钢建设了高强汽车板项目，目前高附加值的品种钢材比例已经提升到40%以上。而国外实践案例证明，在行业整体萧条的环境中，一些优秀的钢铁生产企业却能凭借15%～20%利润率的高端钢材继续轻松赚取可观利润。

二、强化工业4.0，借力“智能化”实现技术升级改造

“十三五”时期，我国钢铁行业加快推进供给侧结构性改革，一个重要的内容就是大力发展智能制造，大力提升钢铁制造企业研发、生产和服务的智能化水平。众所周知，机械化、自动化、信息化和智能化是未来工业发展的主攻方向，

面对劳动力成本不断增加、环保要求不断提高、产品市场竞争激烈等行业现状，我国钢铁生产企业要紧紧围绕工业4.0，加快将信息化与智能化同步推进，加大资金投入，进一步强化人才队伍、工艺技术、节能环保和现代管理等水平，特别是在人均产钢量指标上要进一步与世界先进水平接轨，进一步提高自身核心竞争力。

不容置疑，科学技术改造是企业实现技术进步、提高生产效率、推进节能减排和促进安全生产的重要路径之一。在供给侧结构性改革大势下，我国钢铁生产企业加快促进科学技术改造，将对优化投资结构、培育消费需求、推动自主创新、加快结构调整和促进产业升级产生重要意义。当然，在促进企业技术改造过程中，我国钢铁生产企业要更加注重促进技术创新能力的增强和创新成果的产业化，提升产业整体核心竞争力；要更加注重节能降耗减排治污，促进绿色钢铁、创新发展转型；要更加注重信息技术的集成应用，同步推进信息化与工业化深度融合发展。

据了解，步入“十三五”期间，国家工业和信息化部将重点培育包括流程型智能制造、网络协同制造、大规模个性化定制和远程运维在内的四种智能制造新模式的试点示范，总结出我国钢铁工业智能制造的新型发展路径。与此同时，我国钢铁生产企业也要借助当前供给侧结构性改革契机，尽早介入用户超前需求、后期跟踪改进等新型创新模式，从姿态上，要尽快主动由“钢老大”的制造商向“代加工”的服务商进行转变。

三、培育龙头企业，以联合重组方式提高产业“集中化”

一直以来，钢铁行业都是我国推进并购重组的重点行业之一，按照2013年《关于加快推进重点行业企业兼并重组的指导意见》的要求，到2015年，全国前10家钢铁生产企业集团产业集中度应达到60%左右，并形成3~5家具有核心竞争力和较强国际影响力的企业集团，6~7家具有较强区域市场竞争力的企业集团。但这一目标并未完全实现，长期以来，我国钢铁产业的并购重组反复受挫，前几年全行业甚至朝着“逆集中”的方向开始发展。无论是国有企业还是民营企业，钢铁产业领域并购重组的推进都显得十分艰难，不过在本轮钢铁供给侧结构性改革推进中，坚持减量重组的基本原则，通过完成区域化解过剩产能，再由区域重组到跨区区域重组、由同所有制重组到实现跨所有制重组，这已是大势所趋。

显而易见，未来要改善钢铁产业竞争秩序，增强钢铁产业国际竞争力，现在我们必须主动加快钢铁行业企业联合重组步伐。首先，我国钢铁产业需要通过并购重组来解决产能过剩问题。我国现有 300 多家钢厂，其中民营数量占比 87%，由于数量众多带来的独立投资决策众多，这是造成当前产能严重过剩的重要原因之一。其次，我国钢铁产业需要通过并购重组来规范市场秩序，提升产业整体竞争力，重构国内市场、国际市场竞争新格局。多年以来，“数量多、规模小”的市场格局是相互恶意降价竞争的根源所在，也是导致我国钢铁生产企业在铁矿石采购谈判中缺乏话语权的关键原因。最后，我国钢铁产业需要通过并购重组来提升规模实力，明显偏小的规模也不利于我国钢铁生产企业开展研发创新和打造国际知名品牌，更无法与国际钢铁巨头在国际市场上开展针锋相对的竞争。

步入“十三五”期间，我国将积极支持区域优势钢铁企业兼并重组，形成一批在全球范围内具有较强竞争力的超大型钢铁集团，一批具有区域市场主导能力的特大型钢铁集团，一批专用产品优势明显、自我发展能力强的专业化龙头企业集团，例如，2016 年 12 月 1 日，中国宝武钢铁集团在上海正式揭牌成立，这是本轮我国钢铁供给侧结构性改革大势下的标志性产物。宝钢和武钢的联姻可谓率先实现集团重组与上市公司合并推进，通过这种“比较彻底”的中央级企业联合重组方式，真正推动了我国钢铁产业在国际市场上竞争优势的大幅提升。

四、增强“差异化”，加速产业链整合提升市场控制力

我国钢铁行业经营业务关联着制造、贸易、物流、加工和配送等多个产业，产品信息量大、种类多、涉及面广。在产品同质化和价格趋同的竞争压力

下，目前我国钢铁生产企业面临的已不再是单纯的产品、技术之争，而是以客户为核心，围绕客户需求渗透到钢铁产业链上各环节深层次的服务之争。鉴于此，“十三五”时期，加快提高我国钢铁产业链的业务协作效率和服务竞争优势、围绕产品订单实现过程与终端制造型战略用户间展开深度业务协作、通过产业结构性深度调整全面提升需求服务环境及形态，已经成为我国钢铁行业未来“主打”的发展方向之一。

多年来，我国钢铁生产企业在短缺经济时代形成的“钢老大”地位，造成其对客户服务意识并不强，市场流通的产品针对性和灵活性很不足，很容易被同类产品加以替代，再加上钢铁企业之间竞争激烈，上游与下游客户之间也难以形成紧密的合作关系。因此，未来我国钢铁生产企业要加快转变传统的单一规模化“供给思维”，加快将规模效益与差异化发展相结合，助力企业“做精做强”，例如：中国宝武钢铁集团正在积极探索从单纯钢铁制造商向综合服务商转变，力图在“一体两翼”战略发展格局构想下，以智慧钢铁制造和现代钢铁供应链物流服务为支撑，打造钢铁产业的服务型生产体系。

当然，差异化服务同时还要加速整合钢铁产业链条，实现协同发展大计。目前，我国钢铁产业链整合的实质是产业链上下游行业间实现资源的整合，突出表现为钢铁行业从向下游要利润转变为与下游行业共享利润。具体而言，一是钢铁生产企业未来将突破用户个性需求多元化与钢铁生产规模经济相矛盾的瓶颈，促进用户个性化需求与钢铁生产规模经济的协调发展；二是钢铁生产企业要由生产商向生产服务商转变，在为用户提供个性化产品的基础上加快发展高端产品服务；三是基于钢铁产业链下游产业目标产品的协同研发，实现产业间技术的相互支持与协调发展；四是加快我国钢铁上下游企业之间企业产权结构的相互融合发展，通过“产业链整合”来增强企业市场控制力。

五、坚持低碳经济，以“绿色化”要求实现可持续发展

绿色发展是我国经济发展的五大理念之一。多年来，我国钢铁工业资源能源

消耗量大，对生态环境的影响大，因此我国钢铁行业绿色发展的任务显得更重。“十三五”时期，我国钢铁生产企业要时刻牢记“绿色发展”理念，把绿色发展理念融入企业管理、发展、经营和战略当中。这既是我国钢铁行业供给侧结构性改革的要求，也是我国钢铁产业及生产企业未来实现“大发展”的重要趋势。

毋庸置疑，我国钢铁行业推进供给侧结构性改革的一个重要内涵就是实现绿色发展。而我国钢铁生产企业当前要做的：一是要瞄准绿色化目标，通过转变发展方式，创新驱动发展，使中国成为绿色钢铁工艺技术全球领跑者；二是要通过节省资源与能源，减少污染排放，降低成本，提高产品性能，使之易于循环，实现钢材制造过程的绿色化；三是要通过技术创新提高钢材质量性能，减少合金及钢材用量，实现钢材产品使用过程的节约型绿色化；四是要以市场需求为导向，以企业为主体，“产、学、研、用”协同创新，形成完整的钢铁工业创新链条。

当然，我国钢铁工业规模大，消耗着大量资源能源，尽管在节能减排上投入大量资金，但在生态环境恶化、大气污染、水污染等严峻的环保形势下，钢铁行业面临的任务依然艰巨。其实，实现绿色发展，走低碳生存道路，既是对钢铁生产企业的挑战，也给钢铁生产企业提供了转型发展的新机遇。我们要积极转变观念、顺应趋势，建设“低碳绿色发展”的企业战略，要从传统的节能减排向绿色发展转变、从降本增效向社会责任义务转变、从企业市场竞争向低碳绿色竞争转变，真正促使“低碳绿色发展”成为钢铁生产企业发展主导，通过制定适应低碳减排的管理支撑体系和总体评价体系，为企业未来新一轮的“大发展”赢得先机。

六、“沿海化”转移，以产业布局调整促进成本优化

这两年，我国政府在加快推进钢铁供给侧结构性改革进程中，将因地制宜地采取推动城市钢厂转型、引导退出钢铁生产领域、实施减量搬迁和钢铁工业沿海转移等多种形式实现钢铁工业科学发展，例如：新建沿海钢铁厂与既有钢铁生产企业的存量资产相比，必然存在投资高、折旧高、财务费用高等高成本属性，走

低成本、低价格竞争的道路不通，因此未来只能通过生产高技术含量、高附加值产品的优势来弥补成本高的不足，这将“倒逼”我国钢铁工业技术创新和国际竞争力提升。

一直以来，我国钢铁工业布局总体比较靠近原料产地，可在全球钢铁布局沿海趋势下，之前这种布局显得不尽合理。总体来看，我国钢铁工业沿海布局调整是基于市场和资源两方面考虑的。在市场方面，东部沿海地区经济发达，钢材市场需求量比较大；在资源方面，中国铁矿石资源不足且品位不佳，决定了部分铁矿石要依赖进口的事实。因此，未来加快我国钢铁产业布局向沿海转移是必然的战略性选择之一。从现状来看，我国重大钢铁产业布局调整已基本形成雏形，起码宝钢湛江、武钢防城港等南部沿海基地项目建设缓解了我国钢铁“北重南轻”的传统局面。

具体来说，实施钢铁工业布局调整，建设沿海钢铁基地，一方面有利于应用先进技术装备，通过市场机制加快淘汰落后产能，加快化解钢铁产能过剩矛盾。另一方面，钢铁工业布局调整是一个长期动态的过程，不能简单地用鼓励投资建设的办法来实施“沿海转移”战略，那样只会使得化解钢铁产能过剩止步，既不能满足国民经济发展对钢铁产品的高标准、新要求，又不能适应日趋激烈的国际市场竞争，也无法实现节能减排目标，得不偿失。

第十六章　钢贸流通商：由“贸易商”向“服务商”快速转变

进入“十三五”时期，我国钢铁贸易流通行业生态环境发生了变化，之前的暴利时代已经一去不复返，传统的贸易流通盈利模式也不能再适应时下经营环境。鉴于此，伴随本轮钢铁供给侧结构性改革深化，未来摆在我国钢铁贸易流通商面前的两条路无非就是“转行”或“转型”。一是计划转行，打算放弃钢铁贸易流通行业的，与其慢慢“被淘汰”，还不如现在主动“割肉止亏”先行离场；而另一条路则是，试图在竞争日益惨烈的环境中生存下去的，与其苦守等待转机，还不如尽早开始实施转型“自救”。

至于转型自救的办法与程度，就要看其能否在危机中寻得“良机”，能否真正走出同质化竞争、建立起差异化竞争优势。当然，可以肯定的是，未来我国钢铁贸易流通商面对的市场将是一个“渠道为王、服务至深”的市场，面对的主体客户将由钢厂全面转型到终端客户，新的角色定位要由“贸易商”向“服务商”快速转变。未来不能再单纯追求规模快速扩张，要努力实现从规模效益型向服务效益型转变，要更加突出经济效益，切实提高核心竞争力水平。从长远生存和发展来看，这才是我国钢铁贸易流通商转型发展的必由之路和必然趋势。

一、延伸产业链，更好“衔接服务”上下游两端

近年来，我国钢铁行业的迅速发展带动了钢铁物流业的快速发展。作为钢铁产业链上的不同环节，每个企业扮演的角色不同，分工也不同。行业未来的发展趋势只会越来越细分，产业链上的各个环节都将面临巨大竞争压力，每个环节都得做精、做专，才能保持自己的竞争力。俗话说：“三流企业靠产品、二流企业靠品牌、一流企业靠服务。”当前我国钢铁行业正处在供给侧结构性改革的重要时期，作为钢铁产业链上的重要环节——钢铁贸易流通业自然也要跟随大势，由原来的“赚差价”转型为“靠服务”，只有紧跟市场步伐，才能在本轮钢铁市场“大洗牌”浪潮中幸免于难。

而对于长期以来夹在钢厂与终端用户之间的钢铁贸易流通商来说，要想一下做好衔接上下游的工作十分不易，毕竟两头都是“大爷”，谁都得罪不起。要想衔接服务好上下游两端，必然要求我国钢铁贸易流通商加快延伸钢铁产业链服务。众所周知，随着我国钢铁产业布局的完成，钢铁集群的建立也将告一段落。钢铁行业产业升级正迫使贸易流通商向着更高层次的经营模式转变与发展，向供应链管理要效益，向产业链升值要效益，因此，加强供应链管理与延伸产业链条两端服务必然是我国钢铁贸易流通商未来转型发展方向之一。

细节决定成败，我国钢铁贸易流通商无论是在提升服务还是经营管理上都是这个道理。而把钢厂与终端用户衔接起来的细节就是对每一个客户群体制定差异化的服务策略，做好“本职”工作，形成专业的市场发展道路，努力做深、做精、做专、做透。当然，我国钢铁贸易流通商转型过程中同样离不开金融服务。如何依托金融产品服务于上下游，是摆在众多流通商面前的问题，未来钢铁贸易流通商需要借助一个平台，在平台上借助一些有资质的平台企业来完成一些金融产品创新服务。目前一些有影响力的大型钢铁贸易流通企业在尽力打造一个这样的平台，并尽力整合更多的上下游企业到这个平台中来，比如：西本新干线、五阿哥和钢源城等。

二、拓展“直销”，加大终端市场网络化营销服务

“钢材直销到终端、服务到终端”是当前最为时髦的话题。不光钢铁贸易流通商在做，钢厂也在做，针对终端市场，钢铁贸易流通商彼此在“拼”的同时，还与上游钢厂在“搏”。可不管怎样“拼”与“搏”，钢厂都不可能把钢材全部直销到终端，大型钢铁贸易流通商也不会把小微钢铁贸易流通商全部洗牌出局。中国钢铁产业链上的资源重新配置是必然的，但资源能量的发挥是有条件的，它掌握在那些加快构建现代钢铁贸易流通服务平台，并极具前瞻性的企业家手里。

我们历经多次调研发现，面对钢铁行业未来较长一段时期内供大于求的事实，传统的钢铁贸易流通经营模式显然已经不能适应。除了建立第三方监管机制以外，行业企业要想适应新的环境，还应该在相互信任基础上，通过优化互补，打造战略合作供应链体系，加快市场网络化、服务终端化。在此不得不提到的是，网络化连锁经营是我国钢铁贸易流通商当下快速实现规模经营的最佳途径。它不但能降低运营成本，还能利用原有的市场资源，为“直销”终端用钢市场网络化布局打下良好的基础。

与此同时，在未来发展中，我国钢铁贸易流通商还要把工作重点从“注重钢厂”转变到“既要注重钢厂还要注重用户”上来。事实上，更多的时候要注重用户的需求，把为用户服务作为首要任务，真正从企业内部树立“用户是上帝”的服务理念。当然，针对终端客户的服务功能应该是多样化的，不但要在信息上、价格上提供最实惠的产品，而且要在时间上、质量上提供最好的产品，还要在技术上、理念上提供更多的服务。使终端用户离不开你，且把你作为采购商品的重要参谋、使用消费中的顾问指导、经营活动的良师益友。

三、统购分销，加速区域化“抱团整合”步伐与力度

这两年，伴随我国钢铁供给侧结构性改革稳步推进，有效促进了我国钢铁行业进一步整合的步伐和力度，为加快“提高钢铁产业整体集中度”发挥着重要作

用。近年来，从河钢集团完成重组、宝钢武钢的高调联姻到建龙集团收购负债累累的海鑫钢铁，以及沙钢集团弯道“接盘”抚顺特钢等，一场如火如荼的整合大潮席卷而来。然而，与之相关的钢铁贸易流通领域“散、小、乱”的经营格局仍如死水一潭。尽管早期亦有不少钢铁贸易流通企业试图重组，但均以无果而终。其实我国钢铁贸易流通行业的集中度远低于钢铁生产领域，加快实现钢铁流通业实质整合更显得尤为迫切。

2009 年底，这一僵局被彻底打破。据多方调查求证，当时，由温州市金属流通行业协会牵头，历经 88 次会议，真正优化整合了旗下 71 家钢铁贸易流通会员企业，这一伟大壮举无疑成为全国钢铁贸易流通行业加速整合的成功“样本”。而钢铁贸易流通行业加速抱团整合的真正目的还在于走“集中采购、分摊销售”之路。因为这定将会大大提高其与上游钢厂之间的定价权，从钢厂博取批量低价的优势，充分实现钢材流通服务型企业的角色转变，进而改变多年来我国钢铁贸易流通商所做经济贡献与身处社会地位不相称的局面。

据调查，当年这 71 家温州钢铁贸易流通商联合出资 2.8 亿元，抱团组建的温州市金属投资有限公司还在“统购分销”新模式上取得突破性进展。该公司曾与承德某特殊钢有限公司签订了棒材购销协议，订购钢材资源总量为 3.6 万吨 / 年，每月均衡订货，年度总量及月度交付量允许有 ±10% 的量差。尽管这笔统购资源仅有三家需求会员企业展开分销，但这一小小尝试已经为以后的大批量统购分销做出成功试验，为中国钢铁贸易企业未来创新发展开辟出一条新的翻身道路，切实值得行业效仿与学习。2016 年，江苏盐城钢铁贸易商会以及北京金属流通企业尝试“团购”现象均是这方面的极好例证。

四、借船出海，借力电商新兴平台拓展渠道

伴随“互联网 +”国家战略实施，我国钢铁贸易流通商要想健康、快速发展，一定要学会“借力”，在“借力”上动脑筋、想办法。未来借力“电商平台”发展，必将成为大势所趋。这两年，我国钢铁电子商务交易平台迎来突飞猛进的

发展，钢铁贸易流通商借力好它，就会插上腾飞的翅膀。

随着信息技术及电子商务技术的迅速发展，电子商务及信息化平台建设越来越被重视。一批优秀的电子商务交易平台，利用先进的电子商务及大数据信息化技术，通过建立现代钢材现货电子交易与信息服务平台，聚合了钢铁原辅材料、生产、加工、配送、仓储、运输以及金融、服务和钢铁终端用户，涵盖了钢铁采购、生产、物流、资金流、营销和服务的企业流程，通过产品在供应链上的增值，可以最大限度地降低运营成本，增加企业利润，赢得用户，提高企业在市场上的综合竞争力。如果钢铁贸易流通商与电子商务平台合作，通过“借力”其品牌、资源、资金、技术、配置、服务、人才和管理等优势，实现“借力发展、合作共好”，将可以大大改革钢铁供应链上各个企业间资源优化配置，促进全行业健康、快速发展。

当然，除了“借力电子商务”外，许多大型钢铁贸易流通商还积极拥抱互联网+，通过自建电子商务交易平台，快速延伸拓展销售渠道。例如：西本新干线电子商务交易平台，以电子商务为载体，通过先进的IT技术、强大的财务支持和专业的统筹管控，实现了钢铁物流产业供应链的闭环交易，可以与客户在关键的垂直行业与交易相关的领域展开深度合作。这种交易方式结合了传统现货贸易和网上电子交易的优点，它是钢铁现货市场在时间和空间上的延伸，是现货市场交易功能的完善和补充，不仅可以改变多年来单一的传统营销模式，还为探索现货电子交易开创出新的道路。

五、延伸深加工，从生产型贸易转为流通型服务

在过去的资源时代，我国钢材商品销售是不会过多地考虑服务增值的，但这个时代已经成为历史，现在对于钢铁贸易流通商来说，通过钢材商品的深度精细化加工、物流综合配套服务等获得的利润，将远远大于简单地靠差价博取来的钢材商品销售利润。在“终端为王”时代，我国钢铁贸易流通商之间的竞争已不完全是为争夺客户，而是为客户提供专业化和一体化的流通型服务。尤其当前价格

信息极其透明，钢铁贸易流通商的传统“赚差价”模式已经终结，未来只有通过产业深化和产业延伸来实现战略转型和升级，进而才能实现成本节约和规模优势。当然，由于工业分工的进一步细化、客户对钢材的规格要求也越来越趋向多样化和复杂化，这同样要求我国钢铁贸易流通商加快向深层服务型企业转变。

例如：上海百营钢铁集团作为传统钢铁贸易流通商，这几年通过开发现代钢铁贸易物流体系，组建集钢铁加工、仓储、配送等功能一体化的大型加工配送中心——上海万汇物流有限公司，并形成区域配送规模，向上与钢厂建立直接联系，稳定货源和大幅节省成本，向下获得优价终端客户资源。如此一来，还可以通过钢材产品精加工、深加工、个性加工等二次加工，专业化配送等节约客户成本和产品周转时间，降低客户原材料库存跌价的风险。当然，还有早期具有代表性的华冶集团，十年前便已提出建立全国钢材大型深加工超市的规划。

在供给侧结构性改革的新形势下，未来我国钢铁贸易流通商要想保持竞争力和领先优势，必须嵌入钢铁物流供应链系统管理，在钢铁行业的上游原材料或下游用钢终端方面延伸服务、谋求发展，争取在整个供应链中形成相当影响力和稳固定位。这其中最具发展前景以及被业内一致看好的就是，通过深加工、精加工、个性化服务、技术解决方案和统筹物流配送，把服务延伸到供应链的末端，不仅可以节约用户生产成本，使用户逐步向零库存过渡，还可以最大化规避市场中的各种不确定风险。

六、跳出重围，组建培育中国版的“日本商社”

这两年，随着我国钢铁产销矛盾的日趋凸显，钢铁供给侧结构性改革的哨声已经传达到钢铁贸易流通领域。为顺应当前钢铁供给侧结构性改革大势，摆脱“散、小、乱、差”等传统局面，真正提升自身社会地位与核心竞争力，我国钢铁贸易流通商必然面临一次全新的“洗牌”和“转型”，要尽快探索出一条更为合理的钢铁供应链物流服务创新模式。同时，在这一转型过程中，要坚持避免市场出现无序和恶性竞争，通过支持和鼓励典型流通模式，稳定行业流通格局，加快创新物流交易生态。

当然，这一过程当中不乏包括以下关键服务要素：对于用户，钢铁贸易流通商要设法从性能、规格、交货期、付款方式及提供其他增值服务等方面满足其要求；对于钢厂，钢铁贸易流通商应及时做到反馈市场供需信息，引导钢厂根据市场需求生产，并制定适时的营销策略；对于金融机构，钢铁贸易流通商需要与其建立稳定合作关系，以降低资金成本，保持稳定的资金流；对于仓储物流，钢铁贸易流通商要与其紧密合作，真正保障货物的安全，确保货物能够及时送达。

未来要整合上述所有关键服务要素，必将需要建立一个全新的钢铁供应链物流综合服务业态，类似“日本商社”模式，通过产业有效整合，聚集上下游资源，把传统钢铁供应链上的各环节集聚于一家，并能够涵盖钢铁产品仓储、交易、物流配送、金融服务和订单跟踪服务体系，完全向现代钢铁供应链物流综合服务商转型。众所周知，在钢铁贸易流通领域，日本市场率先推行了钢材代理制，钢厂 95% 以上的产品是通过少数的几家综合商社或专业商社代理服务销售。各综合、专业商社又通过参股、投资方式控制着钢材加工配送企业在国内销售，并通过海外机构在海外市场开展销售。目前我国钢铁贸易流通商是钢铁生产企业数量的上万倍，如果“十三五”时期，可以将其整合为钢厂同等数量的话，必将大大优化与改善当前我国钢铁产业链和谐共存的新格局。

第十七章　钢材市场：由“量”向“质”快速发力中谋变

当前，我国钢材市场（物流园区）建设正处在一个十分重要的发展时期，既面临新的机遇，又面临新的挑战。随着国民经济社会持续快速发展，我国钢材消费正在经历一个从以数量需求为主向更加注重质量加速转变的发展阶段，对高效优质钢铁产品的消费需求进一步增长。为了适应我国钢铁供给侧结构性改革步伐，要求钢材市场建设也必须跟上国民经济和社会发展的进程，在不断适应消费需求加快升级的过程中实现可持续发展。

进入“十三五”时期，我国钢材市场整体建设环境将维持一个持续稳健的增长态势，并且逐渐走向成熟。这意味着我国钢材市场建设正走进一个拓宽期，通过对商户的嵌入，从广度和深度不断延展，实现钢材市场融合创新发展新阶段，也将成为相关行业价值变现的重要出口，从这个角度预测，未来我国钢材市场具有巨大发展潜力和良好发展前景。

具体而言，未来我国钢材市场将把发展的重点建立在提升钢铁物流标准化建设能力、提升钢铁产品有效供给能力、积极推进现代钢材市场建设和线上线下信息化管理上，目的就是要建设以服务生产、科技支撑、市场流通、信息管理为核心的现代钢铁供应链物流产业创新服务体系，进一步提升钢材市场发展的质量和水平，增强钢铁产业链条带动能力。当然，在这一建设过程中，我们要坚持“严格标准、规范程序、加强管理、稳健发展”的基本原则，确保钢铁市场建设持续健康发展。

一、钢材市场趋向电子商务一体化发展

不容置疑，加强自动化、智能化与信息化建设，是我国钢铁市场提高管理水平、增强市场竞争力的重要手段，也是衡量现代物流企业的重要标志。据实地调研结果显示，目前不少钢材市场已经积极应用自动货位处理系统、射频自动识别系统、数码智能仓库、自动订货系统和仓储作业机器人等物流信息化先进技术与装备，以此提高物流作业的自动化与智能化水平。许多钢材市场通过自建或外包投建电子商务交易平台，整合有形市场与网上交易流程，吸纳钢铁行业上下游客户、金融机构、投资商及咨询商等加盟，形成一个系统功能性强大、多行业信息交互的钢铁供应链物流管理电子商务综合服务平台。

目前，信息化已经成为我国钢铁市场提高营运效率、降低成本、增进客户服务质量的核心因素。不过，钢铁市场的电子商务平台建设要注重钢铁物流核心业务流程的规划和设计、与相关信息系统的对接和交换，以及不同层次客户对园区信息平台功能的需求等。一方面，钢铁市场的高层管理者应该重视钢铁市场价值链信息化管理的实施，在钢铁市场总体战略的指导思想下，从长远发展的角度看待市场内各个企业的价值链信息化管理。另一方面，各个企业根据自身实力情况，实施价值链信息化时可以与别的企业建立战略联盟共享信息化系统，达到资源有效共享及优化资本投入作用。

根据研究总结，目前我国钢铁市场信息化大致分为三个层次：第一个层次是基础设施，主要是标准、编码、协议和网络；第二个层次是网络平台，主要有开发平台、交易平台和服务平台等；第三个层次是真正的物流个性化和电子化综合平台。因此，在钢铁市场信息化的推进过程中，一定要事前统一规划、分步实施，有目标地改进和循序渐进地逐步实施。

值得一提的是，这两年，我国有些传统钢材市场也开始积极利用互联网技术搭建电子商务交易平台。这样的平台有两大功能：一是用于内部管理，从员工考

勤、智能办公到客户信息管理都能通过 PC 或智能移动端进行管理；二是帮助或促成驻场企业达成交易，因为单个传统钢材市场拥有驻场客户的总量还不足以填补网上市场的容量，投入与产出达不到平衡，不可能在服务中有过大的亏损。所以，这类传统钢铁市场的网上市场一般从提供信息服务着手，逐步过渡到有 B2B 功能的电子商务交易平台，为驻场商家沟通资源信息，方便买家和卖家找到交易点。不过，随着交易量放大，这一平台很可能发展成为现代钢铁供应链上的第三方区域性电子商务交易平台，并通过升级完善网上交易流程和配套服务功能，变“网上洽谈、网下交易”为“全程网上交易”平台。

二、趋向实施多元化经营与创新配套设施

不容忽视，目前我国一些钢材市场基础设施建设依旧传统落后，绝大多数投入使用的钢材市场经营比较困难、利润水平较低。此外，一些新建中小钢材市场缺乏统一规划、战略定位不明确，粗放式发展特征十分明显。在国外一个经济发达的用钢集中区域内仅有几家钢材市场，而我国某些城市则拥有几家甚至十几家钢材市场，并且许多模式雷同，服务功能单一，缺乏有效的开发、管理和盈利模式创新。

未来这一类钢材市场要加快创新配套设施，不断完善服务功能，提升系统服务能力。为入驻企业提供行业信息、仓储管理、平台交易、加工配送和融资担保等“一站到位”式增值服务，让钢材用户的需求能够便捷、全面地得到满足。尤其是要努力把服务功能向下游延伸，与终端客户企业建立战略伙伴关系，加强客户关系管理，建立具有针对性的加工配送中心，根据下游客户的不同需求提供剪切、冲孔、校平、抛光、铆焊、精细仓储、实时跟踪、信息分析和物流方案咨询等增值物流服务，通过拓展和完善钢铁物流企业的服务功能，加快推进钢铁物流的现代化，降低钢材市场经营成本，满足不同层次客户的多元化需求，适应不断发展变化的行业形势，大力提升市场盈利能力与水平。

在强化钢铁物流专业化分工的同时，我国钢材市场的功能还需要不断延伸和

拓展融资服务功能，通过不断协调设计应用新的金融产品，打造质押、保理、定向交易等新型物流金融业务模式，帮助入驻企业和钢材用户解决临时资金紧张的难题，维护客户资源，通过园区内部的有序竞争与紧密合作，产生发展合力，发挥钢材市场综合系统服务效应。

很明显，随着我国钢材市场的发展和完善，单纯商流的钢材市场已经不能完全适应市场的发展，取而代之的是将商流、信息流、资金流和物流融合在一起的钢材市场综合服务运作模式，这种模式已经越来越受到政府和上下游企业的青睐。鉴于此，未来钢材市场要积极开展“多元化”经营管理思路，面对入驻市场商户的“多层次、个性化”需求，创新产品服务组合和努力打造“一条龙”服务功能，争取能够向这些钢材贸易商户提供价格低廉、质量优异的钢铁供应链物流综合配套服务。

三、钢材市场趋向依托产业集群模式发展

产业集群作为一种社会化大生产的组织模式，已成为一种世界性的经济现象，也成为一个国家和地区经济持续增长的核心增长极。而产业集群化作为一种高效的组织形式，以区域网络为基础，通过强化专业细分，促使每个企业把产品做精，最大限度地发挥产业关联和协作效应，共同促进着产业之间的协同发展。为此，我国钢材市场在未来发展过程中也要将自我融入周边地区制造业、房地产业的大产业链中，依托产业集群化效应来实现自我发展、自我价值。

以“钢领”——上海国际钢铁服务业中心为例，其所处的上海宝山区位于长江和黄浦江的交汇地，集黄金水道和黄金岸线于一身，拥有中国最大集装箱制造基地和国际物流园区以及中国最大的造船基地。毗邻上海港，水运、吊运运作便捷。地铁一号线、三号线延伸至此。外环线、郊环线、同济路高架近在咫尺，交通十分便利。宝山有着诞生钢铁贸易群得天独厚的区位条件，宝钢、上钢一厂、五厂、浦江钢铁厂均落户宝山。目前，宝山区已聚集了约 3000 家的钢铁贸易、加工、仓储和信息服务企业，而且“钢领”已经与中远、中储精诚合作，积极探

索仓储监管、土地质押的新模式，依托宝山产业集群实现自我发展。

而广东的乐从钢铁市场也是在周围雄厚产业基础上发展起来的，珠三角快速发展的制造业的强劲需求、自身发展的需要以及日益改善的交通条件和国际化潮流，都促使乐从钢铁市场继续做大做强。特别是由于乐从的现代钢铁物流中心的地位进一步强化，带动和促进钢铁加工配送产业的发展，从而形成一个日趋完善的强大的钢铁物流产业集群式商圈。

事实上，集约化经营的核心是提高钢材市场自主创新能力，通过功能的开发、资源的利用为企业提供更广泛的业务营运空间，通过价值链、作业链和供应链的共享服务，为企业在时间、地点、服务、对象上的选择提供更为便利、更为灵活的环境。随着全国各地方“十三五”物流业规划的实施和城市功能定位的更加合理，通过搬迁和改造已有钢材市场，将其整合成为现代化钢铁物流园区，提高钢材市场的现代化水平；通过退城进园，选择某特定区域作为钢铁市场的发展，吸引众多业务相同或类似的物流企业向钢铁市场聚集；通过整合钢铁物流供应链条上的各环节，共享物流信息资源，全面提升服务水平和质量……这些都已成为新的发展趋势。

四、钢材市场趋向以龙头企业主导式发展

企业是经济发展的主体，是带动结构优化升级的主导力量。随着我国供给侧结构性改革推进，未来由开发区、园区等政府部门组织推动建设钢材市场的局面，将会向由企业主导建设钢材市场方式转变。这种龙头企业包括钢铁生产企业和大型贸易流通企业两部分。当前，我国钢铁生产企业为改变主业利润率较低的局面，正积极开展多元化经营，并尝试延伸钢铁产业链，提高产品附加值，建设钢材市场的积极性正在明显提高。采用该模式，既可以发挥大型钢铁生产企业拥有持续、高品质的产品和雄厚的资金保障优势，又可以发挥当地贸易流通企业短时间内可获取销售网络渠道、客户资源和人脉资源的优势。

以河钢集团曹妃甸综合物流园区（钢材市场为主）项目为例，河钢集团在黄

骅港拥有上万亩地，这块地本来是政府低成本给予石家庄钢铁搬迁之用，但河钢集团计划早期初步建设一个现代化的新型物流园区，然后再搬迁石钢。该项目共计投资 68 亿元，目前已经正式开工奠基。项目建成后，将具备冶金辅料仓储、钢材加工配送、现货电子交易等多种功能。

无独有偶，其他大型钢铁生产企业也不甘落后，这两年均在争抢这块“大蛋糕”。据调研，沙钢在建的“玖隆钢铁物流基地”项目，总投资约 300 亿元，将着力打造一个集现货和期货交易、剪切加工、运输配送、进出口保税、电子商务和金融担保质押为一体的钢铁物流综合园区。太钢集团在其新的规划中也提出，要“做大做强”不锈钢生态工业园，使现代物流业成为公司“多元发展、延伸发展”的落脚点。

与此同时，我国大型钢铁贸易流通企业也在积极进军钢材市场投建领域。比如：中国铁路物资广东钢材交易中心已经建成开业，目前该市场是中国铁路物资集团在华南最大的钢材交易中心，也是中国铁路物资集团在华南地区钢材业务发展的战略布局之一。该项目总投资金额为 6.8 亿元，项目用地规划 166 亩，计划打造一个集采购组织、销售服务、加工配送、质押融资和仓单交割等多功能综合一体的钢材现货交易大卖场。

五、钢材市场趋向优化整合现有资源

资源是指社会经济活动中人力、物力和财力的总和，是社会的基本物质条件。我国供给侧结构性改革中优化资源配置的根本目的是，实现资源的最佳利用，即用最少的资源耗费，生产出最适用的商品和劳务，并以此获取最佳的效益。而对于钢铁物流产业来说，钢材市场的根本服务宗旨就是优化产品加工、流通和销售环节，通过降低运营成本，来提高企业市场竞争力，最大限度地优化生产和流通关系。

钢材市场可以将原来分散的产品运输、仓储、加工、配送、金融和资讯等各方面实现最佳结合，形成完整的一条龙式专业化供应链条，可以为用户提供多功能、一体化综合功能服务。因此，对钢材市场科学规划的优势首先表现在对现有松散的资源进行优化和配置，将社会上的仓库、企业的流通中心或配送中心、加工运输服务等相关产业集约在特定区域内，实现钢铁消费与生产信息对称，这对提升我国钢铁物流运作效率与社会效益都将发挥重要作用，同时也会大大促进我国钢铁物流产业进一步健康有序发展。

在中国钢材市场发展初期，更多的是单个企业或个体作为市场调节信号的接受者，而随着钢材市场的建设与完善，这些个体将在市场内凝聚，更多依靠钢材市场来承担。目前我国钢材贸易流通企业的特点是：小、散、乱、差，各自为阵，社会资源整合程度十分偏低。而钢材市场的出现，不仅可以充分整合企业资源培育大型流通企业，发挥积聚效应，还可以让更多生产和消费个体通过钢材市场来了解市场价格行情，把握市场供需结构，以此指导和调整钢铁生产经营方向、品种、数量和规模，继而进行生产要素的重新优化组合。

据调研，在推进上海宝山成为全国大型钢材交易市场进程中，宝山区政府积极推出了四大创新举措：一是打造钢铁总部经济，充分利用大型钢铁生产经营中心在宝山集聚所带来的信息、资源、人才等优势，吸引国内外有实力的钢铁企业总部落户宝山，逐步形成钢铁产业集群效应；二是提升产业能级水平，鼓励引导民营钢铁贸易流通企业调整产业结构，锻造钢铁产业供应链，提升企业核心竞争力；三是搭建合作交流信息平台，定期举办钢铁市场研讨、品牌展示、经贸洽谈，促进民营钢铁企业互动交流合作；四是提供优质配套服务，出台贯彻落实市政府配套实施细则，建设钢铁电子商务交易平台，为企业提供多种形式的现货、期货交易，降低交易成本，促进宝山钢铁产业真正做实、做精、做大、做强。

第十八章　钢铁电商：由“群雄逐鹿”进入“联合重组”时代

如今，我国钢铁电子商务行业正在从“成长期”步入“成熟期”。相信未来几年，我国钢铁电子商务行业将会朝着更加精细化和专业化的方向发展，钢铁电子商务交易平台与传统钢铁产业链的融合也将会进一步加强，尤其是相应的多元化增值服务也会越来越完善。调研结果显示，我国钢铁电子商务行业最终出路是走向趋同化的商业模式，由“群雄逐鹿”迈进“联合重组”时代，预计再过五年之后，这个行业通过“优胜劣汰”“联合重组”，最后也许就剩三五家大型钢铁电子商务交易平台。而这一推进进程需要平台把握“五大方向”，以此在优胜劣汰中抢占先机，处于不败之地。

一、加快结束“烧钱”引流，将集聚的流量转化为利润源泉

流量是平台的命脉，在我国钢铁电子商务行业发展初期，钢铁电子商务交易平台通过“烧钱”可以在较短的时间内迅速增加平台流量，提高电子商务交易平台的行业影响力，为其未来发展打下坚实的基础。从长远发展来看，前期“烧钱”引流的做法无可厚非。不过，在流量达到一定规模之后，如何将积聚的流量优势转化为利润源泉，是当前我国钢铁电子商务交易平台发展过程中无法逃避的话题，也是钢铁电子商务行业能否持续健康发展的关键所在。

未来，我国钢铁电子商务交易平台在继续扩大已经盈利的自营业务板块基础上，需要加快利用互联网云计算、大数据和物联网技术，打造高效、低成本的智慧钢铁物流信息化交易平台。比如：中国五矿与阿里巴巴集团联合打造的钢铁领域专业服务平台——“五阿哥”，在探索阶段坚持以平台模式为核心，集结阿里巴巴在大数据、电商平台和互联网产品技术上的巨大优势，紧紧抓住 B2B 互联网“SaaS 工具 + 生态服务 + 大市场”三个关键环节，始终创新钢铁互联网线上与线下相结合的商业模式和服务内涵，构建着和谐、共生、繁荣的生态圈。

除此以外，我们要在钢铁电子商务交易平台的物流环节，通过 O2O 线上线下互动，加大配送力度，减少空载和多次往复物流，以此延伸交易服务挖掘、采集多个赢利点，将平台已经集聚起来的流量转化为赢利业务，以便缩短继续“烧钱”的过程，让投资者获得应有的回报。可以预见，我国钢铁电子商务交易平台将集聚的流量转化为利润源泉的过程，必将是一个充满曲折和反复的过程，但也是顺应我国钢铁供给侧结构性改革与优化“互联网 + 钢铁”创新发展进程中的必经之路。

二、以终端需求为导向，加快定制钢铁供应链条深层次服务

众所周知，在供大于求的市场里，用钢终端往往占据着更多的市场主导权，如何更好地服务终端是各大钢铁电子商务交易平台亟须解决的重要问题。特别是在各大钢铁电子商务交易平台流量起来后，我们发现在所有参与交易的对象中，钢铁贸易流通商居多，很少数是终端企业直接上网采购，这一现象需要各平台引以重视，并加快提上解决议程。

参照这两年国内几家大型钢铁电子商务交易平台已在酝酿和推进的具体措施来看，不外乎有三方面：首先是与终端用钢企业联手搭建网上采购平台，一些平台在积累了一定数量终端客户资源的基础上，几经筛选，挑出一些信誉较好、经营规范的终端客户，准备合伙搭建一个第三方代理采购电子商务平台。根据预期规划，将按照平台流程服务程序，完成采购招标，再对钢铁流通全程实施全方位

监管，并为有需求的代理采购方提供融资贷款、仓储物流、配送加工和采购咨询等多方面配套服务。

其次是抓住终端痛点提供相关服务，有一些钢铁电子商务交易平台经过市场调研后，发现众多轧材厂经营困难，便根据平台积累的资源，采取“一对一”特殊服务措施，包括以低息率解决轧材厂采购钢坯的资金缺口，共建专项促销栏目盘活资金，使得即将停产的轧材厂逐渐恢复稳定生产。

最后是主动联手上游大中型钢厂搭建赊销钢材电子商务交易平台，对此，一些钢铁电子商务交易平台灵活地与许多钢厂达成了浅深不一的合作。在浅层次合作中，起码平台可以花较少资金获得上牌资源，为面临销售困扰的钢厂拓宽一条销售渠道；在深层次合作中，平台可以和这些钢厂结合成利益共同体，联手共同搭建钢材赊销电子交易平台，让一些产品在较短周期内完成销售业务，促使这些钢厂资金快速回笼盘活，继而投入再生产中去。当然，这其中也有许多上游钢厂不愿“落伍”，想通过“互联网+”拓展打开新的销售渠道。比如：目前找钢网已经迎来西王特钢、天津钢管等100多家钢厂战略合作，钢源城更是和申银特钢建立了密切销售关系，类似钢厂的直销电子商务交易平台。

三、引入孵化基地模式，组建高黏性高忠诚度供销创业团队

这两年，我国钢铁电子商务交易平台的成交量总是与业务精英团队相辅相成的，成交量大的钢铁电子商务平台总是配置较为庞大的业务团队。当平台日均成交量破10吨流量时，这样的成交量足以抵得上20~30家中小型钢铁贸易流通商的成交量。因此，类似这样大成交量的电子商务交易平台，配置500~700人的业务团队自然在情理之中。然而，在平台赢利模式真正建立起来之前，当业务团队伴随崛起的流量扩大起来后，就会直接影响到平台流程服务运行成本的提升，这或许也是有些平台在流量起来后还在继续“烧钱”的根本原因之一。

鉴于上述原因，为了让平台轻装上阵，有些钢铁电子商务交易平台开始积极发挥整合社会资源的优势，正在筹划组建组织更加松散、机制更加灵活、服务更

加高效的采购顾问式营销创业队伍，通过共享办公、共享资源和高额提成聚拢在一起，不受空间、时间限制。这种方式既顺应了当前我国鼓励“大众创业、万众创新”的需求，又为自身添置了一支庞大的不带薪的业务团队。尽管在实际运作过程中会因为种种原因流失一部分人才，但只要管理制度设计合理、奖励机制稳定有效、资源报价公开透明，久而久之，一定能够培育出一支具有高黏度、高忠诚度的营销队伍，为钢铁电子商务平台带来可观的效益，促进我国钢铁电子商务行业快速健康发展。

四、发挥科技创新优势，实施多项大宗商品平台化交易计划

不难想象，一家钢铁电子商务交易平台从立项建设到初具规模，不仅需要在软硬件设施上投入，还需要一支庞大的技术开发团队。而通过平台的架构和实施，这些技术人员已经对钢铁行业的交易流程有了更加深刻的认识和了解。由于大宗商品具有共同的一些属性，交易流程也大同小异。因此，一些钢铁电子商务交易平台在积累了一定的行业经验之后，开始凭借其技术方面积累的优势，进入铁矿石、水泥、化工和煤炭等其他大宗商品交易领域，比如西本新干线、钢源城等。

据了解，西本新干线股份有限公司由“国内知名钢铁现货电子交易平台”正在转身为“中国标准商品电子商务交易平台”。这样，不仅有可能在短期内获得更多赢利点的机会，还会在实际应用中“摊薄”平台运行成本——在原有设施、运行团队基础上，稍加引入专业人才就可扩大经营范围。因为该平台属于产业和IT技术结合产物，主要依托自己首创的BMB结算模式，集交易服务、金融服务、物流服务、技术服务于一体，可以实现产业链上多节点经济效益的提升，同样适用于铁矿石、焦炭、水泥和化工等资源类标准商品领域。

通过科技创新，打造多项大宗电子商务交易平台可以带来三方面作用：一是以交易过程产生的真实需求指导生产，促进大宗商品供需平衡，帮助上游控制产能过剩、有效实现计划排产；协助下游终端用户控制价格风险，支持实现符合需

求的合理采购；通过物流全程跟踪，实现品质管理可追溯，杜绝假冒伪劣商品流通。二是彻底改变传统交易体验，实现交易变革；提高物流效率，降低整体物流成本，支持我国物流产业升级。通过交易数据联动，深刻地将生产与消费高度关联。三是推动多项科学技术在大宗商品物流领域的首次应用，如云计算技术、“二维码”防伪识别技术、移动终端技术、智能互动体验等，大大促进物流科学技术整体进步和产业应用。

五、加速扩大市场份额，促进同质化电商平台走向联合重组

分久必合，这样的情况已经在其他行业纷纷上演过了。当我国钢铁电子商务市场的份额被瓜分殆尽，依然没有一家电子商务交易平台以绝对的优势称霸整个钢铁电子商务行业的时候，各钢铁电子商务交易平台之间的“合纵连横”也就在所难免。目前我国钢铁电子商务交易平台数量众多，呈现出来的是“各自为战”的格局，整体看起来显得那么“小而散”。在钢铁供给侧结构性改革大潮下，“没有规模化效应”已经成为当前我国钢铁电子商务行业的短板之一，更是“十三五”时期加快创新改变的研究课题之一。

其实，钢铁电子商务的核心使命是降本增效，除此之外，再多、再新鲜的花样都只是表象。而实现降本增效的核心就是最大化地聚合资源、聚合市场，形成规模化、集约化。因此，我国钢铁电子商务交易平台间的融合，特别是钢铁生产企业自建的电子商务平台融入第三方钢铁电子商务交易平台的模式将成为趋势。尤其在钢铁产业链上，作为一个交易平台，是一手牵着上游企业、一手牵着下游企业的中间服务商。尽管随着互联网技术发展，平台具备多种多样功能，但本质上依然离不开传统意义上的服务。因此，平台在运作过程中，绝不能因为互联网技术能做什么就去做什么，而是应该运用互联网新理念，结合自身特长锁定服务对象，在整合一切有效资源后，再来确定体现服务功能的定位，具体布局和落实精准、专业的服务方式，让上下游客户都能享受到安全、贴心、便捷的服务。

总而言之，仍处于我国钢铁产业链中游的电子商务交易平台绝不是万能的上

帝，总是有所长和有所短，只有充分发挥长处才能更容易接近成功，而这样的长处应是传承的精华所在。因此，钢铁电子商务交易平台在筹划前，就应该首要搞清楚“我是谁”，接下来才能明白“我能做什么”“我该怎么做”等一系列问题。在回答好这些问题过程中，创新决非天马行空，而是必须融合传统，并能落实在传统钢铁产业链物流服务的各个节点上。这样，在搭建平台时就会设定与众不同的目标、定位、客户群体和提供不一样的服务。有了这些不一样产生的差异化服务，就等于有了避免同质化恶性竞争的良方。

当然，我国钢铁电子商务发展到目前，可以判定到了“大融合、大发展”的前夜。接下来，强强联合、互为补充、整合集中所有优势资源是未来发展的必然趋势。事实上，目前我国钢铁电子商务交易平台之间已经开始开展一些多维度、不同层面的战略合作，实现着“互联互通”共赢发展。例如：有钢厂背景的钢铁电子商务平台与流通商背景的钢铁电子商务平台之间，钢厂可用独有、优质钢材资源支持流通商的钢铁电子商务平台，而流通商的平台凭借线上线下营销网络可帮助钢厂满足各类型客户的个性化需求，双方还可以就线下仓储、物流、加工等资源进行互补互换合作，我们相信未来的最终目标一定是进入“联合重组”时代。

第六部分

深度观察

第十九章　推进钢铁物流供给侧结构性改革正当时

当前，我国物流行业总体运行平稳，钢铁行业面临着去产能的艰巨任务，而钢铁物流作为钢铁工业重要的生产性服务行业，这个时候应该充分发挥好产业支撑作用，积极助推钢铁产业加快完成供给侧结构性改革的历史使命。事实上，当前我国钢铁物流行业的主要矛盾就在供给侧结构性问题上，钢铁物流行业的调结构、补短板、降成本和增效益，真正实现服务化转型升级之路任重而道远。

这两年，从“寒冬”到“严冬”，我国钢铁物流行业切实遭遇了前所未有的困境：行业发展严重受阻、交易经营困难、信贷体系紊乱、公司债务纠缠、司法诉讼大增、节能环保和淘汰落后产能压力不断加码，全国几乎一半的企业已被洗牌出局。本次行业危机和困境，影响之广、时间之长，给我国钢铁物流企业带来了刻骨铭心的惨痛，在钢铁物流行业发展史上留下了深深的一道痕迹。面对现实和挑战，在国家供给侧结构性改革的大力推进下，更多的钢铁贸易、流通、加工企业开始积极寻求逆势突围之道。其实，钢铁物流行业出现的困难，是我国进入经济增速减退周期后的必然结果。钢铁行业危机给我们带来阵痛的同时，也蕴含着重大机遇。要改变这一局面，固然需要企业自救，但更重要的是加快改变传统的发展方式，通过供给侧结构性改革努力实现钢铁物流业服务化转型升级。

一、改革“正当时”

受到钢铁行业去产能影响，我国钢铁物流行业也面临供给侧结构性改革的迫切任务。从根本上看，流通是连接供给和需求不可或缺的市场体系要素，商流、物流、信息流、资金流等资源有效配置构成了供给侧结构性改革的核心。当前，钢铁物流行业出现了企业规模较小、流通方式落后、专业水平不足等主要问题，主要体现在物流产业供给不适应钢铁产业转型的需要，这是我国经济进入工业化中后期时，产业形态向中高端发展后出现的新问题。

换言之，在当前激烈的市场竞争中，仅做某一点或某一方面已经无法驾驭整个市场，我们必须转变结构，打通钢铁物流的产业链。比如钢铁贸易、流通和加工配送企业等，要由过去依赖“卖产品”赚取差价，转变为围绕流通主业提供增值服务，靠“卖服务”获取利润，拓展企业生存发展的空间，实现贸易商向服务商的根本转变。

在新的形势下，随着钢铁物流供给侧结构性改革的推进，现代钢铁物流的核心功能和赢利模式是流通增值服务，比如钢铁剪切加工、钢铁物流配送、钢铁物流金融等，因此需要我们利用时代发展的战略机遇，沿着转变发展方式，推动钢铁物流转型升级和提质增效的主线，提高运行质量和效率，挖掘产业发展新动能，提升钢铁物流供应链的总体竞争战略，满足钢铁行业对钢铁物流的新要求。

二、难题亟待破解

长期以来，我国钢铁物流行业整体面临“两低一高”的状况，“两低”是指管理水平和物流效率较低，“一高”是指运营成本高。其实出现这种状况原因是多方面的，其中最主要的原因还是物流外包水平偏低，我国钢铁物流外包比例多年来一直维持在15%以内，大大低于国际平均水平。由于我国钢铁物流需求企业往往是大型钢铁生产企业，相对来看，第三方钢铁物流企业发展较为缓慢，对这些大型钢铁生产企业缺乏整体物流解决方案，导致钢铁物流企业更倾向于自营物流。

当然，钢铁生产企业愿意自营物流的原因各异：有些国有企业以前就有自己的仓库、车队甚至船队，一旦物流外包，将带来原有物流环节的人员安置问题；有的企业则对库存、销量、配送的物流信息过分谨慎，对信息共享过分担心，从而导致对物流外包的排斥；还有的企业出于税收因素考虑，也不愿意把物流业务外包；更有不少企业，尤其是国有大型制造企业，为了利润增长，更愿意对公司内部分散的物流业务进行内部整合，进行统一规划和调度运作。

与此同时，我国钢铁行业的生产和流通环节存在明显脱节，往往钢铁生产企业负责生产环节，钢铁物流企业采购钢材库存，开展流通业务。钢铁生产和流通分割导致钢铁物流供应链条难以有效融合，甚至钢铁物流供应链关系出现紧张。随着产业转型升级，企业间的竞争已经上升到供应链与供应链之间的竞争，因此要加快钢铁物流供给侧结构性改革，打破钢铁生产和流通环节的隔阂，形成联动融合的新型钢铁物流生态圈。

三、服务化转型中

将变革视为常态、让创新成为习惯。预计“十三五”期间，我国钢铁表观消费类将每年下降 5% 左右。面对日益严峻的行业形势，传统的钢铁物流企业经营模式显然已不能满足现实的需要，我们要通过服务深化加快提升钢铁物流转型速度，大力促进钢铁物流产业链的融合能力建设。物流本是连接生产与消费的直接枢纽，是供应链条最中间的一环，也是最有效率的一环。物流企业的核心竞争力就是资源的融合能力。而钢铁供给侧结构性改革，要走高端产品差异化发展道路必须紧密联动物流行业服务化转型发展。

在国务院印发的《中国制造 2025》通知中明确提出，发展服务型制造和生产性服务业的战略任务。钢铁物流是支撑钢铁产业转型的生产服务业，“十三五”期间，我们要大力发展钢材加工与个性化服务，打造专业化程度较高的钢材加工中心，服务高端制造型的钢铁生产基地。

这两年，不景气的钢铁行业现状同样给钢铁物流行业带来竞争较小的历史性机遇。时下钢铁物流服务化转型就是要大力发展钢铁物流与集成服务，建设钢铁物流园区，融合钢材产业链资源，开展钢材仓储、加工配送、钢材交易、电子商务和供应链金融等集成化服务，满足一体化、集约化的综合服务需求，努力向打造钢铁物流供应链高端融合服务商的方向迈进。

四、开启互联引擎

新技术的出现必然带来新的商业模式。随着互联网技术在日常生活中的广泛应用和普及，无论是PC端的技术还是移动端技术，都将对我国传统钢铁物流行业产生颠覆性的影响。而对于我国钢铁物流供给侧结构性改革方向来说，借助这样的IT产业，将传统钢铁物流架构于电子商务之上，以网上交易为依托，贯通钢铁物流纵深产业链，逐步推动钢铁物流企业向高科技电子商务及综合钢铁物流服务商的方向发展，也是一个不错的选择。

这两年，上海地区陆续就有大型钢铁物流企业推出“钢贸互联”“互联网+物流交易”平台等，这一切都是互联网模式融入传统钢铁物流行业的商业模式。有了这些，我们可以通过手机互联网终端打造钢铁物流管理平台，也可以通过手机实现钢材仓库的数字化、可视化、便捷化管理，当然，还可以通过手机互联网终端直接与客户做生意，大大提高钢铁物流效率。事实上，钢铁物流和互联网技术的结合，最深远的影响是使消费场景和生产场景的结合更加紧密。

可以说，我国钢铁物流非常适合电子商务，因为相对于其他传统商品，钢材具有标准化、非时尚特性、规格繁杂、价格波动频繁等特点。当前，阳光采购行动正在被整个钢铁行业所接受和提倡。随着“互联网+”行动计划的推进，传统钢铁物流模式与电子商务融合发展已成大势所趋。未来我国钢铁物流行业要实现企业之间资源的优化配置，通过电子商务平台大规模信息的数据化处理，可以迫使整个钢铁物流行业缩短供应链条，从根本上引导钢铁物流行业健康、有序发展。

第二十章 “互联网+国企国资”助推中国钢铁供给侧改革

2017 年全国两会上，“国企改革”“供给侧改革”“互联网 +”等多个话题再次引发两会代表的热议，并持续引发社会媒体聚焦。作为第一批国企改革的试点，新兴际华集团由于在推动国企董事会建设的工作中变现突出，在记者会上受到了国资委领导的表扬。

随着国资国企改革的不断深入，新兴际华集团的钢铁板块——新兴铸管集团（简称“新兴铸管”）也加快了改革的步伐。两会刚刚结束，新兴铸管便发布公告称：新兴铸管与西本新干线股份有限公司和上海态一商贸有限公司共同出资 5 亿成立合资公司，通过电子商务新兴交易模式重构建筑钢材供应链。

此举表明，继在落实董事会职权的试点工作中拔得头筹之后，新兴际华集团开始在“混改”“供给侧改革”和“互联网 + 钢铁”等领域同时“发力”。事实上，在我国钢铁供给侧结构性改革如火如荼进行中，宝钢集团、中国铁路物资集团也都在积极推进“互联网 + 国资国企改革”。

当然，对于我国钢铁行业的国资国企“混改”而言，要想实现“深化体制改革、加速转型升级”的目标，借助“互联网 + 钢铁”无疑是最为理想的突破口和抓手。国资国企进行“互联网 +”的探索，不仅顺应经济变革方向，推动国资国企积极拥抱互联网这一先进生产力，而且还会“倒逼”国资国企变革自身的传统体制机制以适应当前经济新常态，适应我国钢铁供给侧结构性改革大潮，提升企业综合竞争力。

一、提速“混改”为国企改革铺路

在公开场合，国资委领导曾对2017年国资委积极推进的九项工作介绍说，“要加大公司制和股份制改革力度，现在还有一些国有企业不是公司制，以《企业法》注册。在这种情况下，我们要加大股权多元化，包括积极推进发展混合所有制经济。”作为国企改革的试点，新兴铸管此举正是应国资委的要求，对“混改”进行积极有益的探索。

有了股权比率的合理安排，非公有制资本才能被引入到国资国企的内部，并与国有资本融为一体，竭尽全力地推动企业做大做强。新兴铸管与西本新干线的合作，将在促进“双方优势互补，实现合作共赢”的同时，将新兴际华集团的国企改革推向一个新的层次。事实同样证明，混合所有制经济改革已是现代市场经济发展的一种必然趋势，既能使国有企业摆脱传统经营模式，成为真正的市场经济微观主体，也能使得优秀民营企业获得更加有效的激励与约束机制而加快“做大做强”。

党的十八届三中全会通过的《中共中央关于全面深化改革若干重大问题的决定》，将混合所有制经济的地位提高到了一个新的高度。可以说，国有资本、集体资本、非公有资本等交叉持股、相互融合的混合所有制经济，是基本经济制度的重要实现形式，有利于国有资本放大功能、保值增值、提高竞争力，有利于各种所有制资本取长补短、相互促进、共同发展。而目前国资国企“混改”的试点正是2017年改革的重要任务，也是改革的重要方法积累，试点能不能迈开步子，蹚出路子，决定着本轮国有企业深化改革的未来成效。

其实，除了新兴铸管之外，关于混合所有制经济的积极探索，对中国铁路物资集团来说，也是受益匪浅。来自中国铁路物资集团官方网站的一段话，高度概括了“混改”给其带来的变化：“借助非公有制企业在电子交易领域的优势，共同打造钢铁现货电子商务交易平台，不仅可以促进中国铁物钢材业务模式的多样化发展，还能丰富中国铁物满足客户各类需求的手段。”

不过，混合所有制经济的改革也并不是“一合就灵”，也有其“合”的自然规律，如果不能有效地掌握其中的规律，这一磨合过程就会很漫长甚至很艰难。举例来说，一般民营企业的经营决策速度快，管理方式灵活，而国有企业则有着一套严格的决策流程和相对传统的管理机制，这两者“合璧”后定然需要有一个磨合的过程。

如何在混合所有制企业中更好地发挥国企和民企的各自优势，共同促进企业的快速健康发展？从根本角度来看，这需要从现代化企业制度入手展开工作，合理把握权力的收放尺度，尤其是通过成立混合所有制企业，使得国资国企由绝对控股变为相对控股，这样国有资产管理就变为以管资本为主。在这种情况下，国资国企就要让渡企业管理权，以资产配置、资产收益为主，这也是发挥市场经济在资源配置上决定性作用的关键。

二、“互联网 + 钢铁”开启新常态

发展“互联网 + 钢铁”已经成为大势所趋。新兴铸管在公告中还指出：未来依托电子商务平台优势，逐渐建立一个专业化、上规模的建筑钢材及铁矿石电子交易平台，实现轻资产运行，有利于新兴铸管股份转型升级，将对建筑钢材供应链条的全面重构起到积极推动作用。

对此，国资委领导表示，两家合作签约，确实是非常好的项目。通过“触网”的形式，一个是混合所有制，典型的国资央企和民企混合所有制改革；再一个是“互联网 +”，实体经济的“互联网 +”，“互联网 + 实体经济”。另外，这也是我们生产型的服务，由传统的生产向服务转型。

而在大宗商品电子商务交易领域，西本新干线可算得上是一名经验丰富的“老兵”。它首创 BMB（Business Media Business）交易模式，依托先进 IT 手段，在交易过程中，为用户提供包含经纪、物流、金融、交易等一站式服务，开创的产业 IT 生态体系目前已拥有上百组件、数百供应商，其中，西本新干线牵头研

发的采购经理人、加西亚指挥控制系统等组件和手机应用均已成功上线，并广泛应用于数万交易会员中，正在致力打造协同发展的产业生态圈。

其实，早在“互联网＋国资国企”之前，互联网已经经过了四轮发展浪潮：第一轮是以BAT为代表的第一批互联网创业者，开创了中国的互联网产业；第二轮是以小米和乐视为代表的互联网产业运用者，对互联网的理解和产业运作能力发挥到了一定高度；第三轮是以找钢网、西本新干线为代表的传统产业改造者，在传统行业电子商务领域逐渐占据了一席之地；第四轮是以宝钢集团、新兴铸管为代表的国资国企触网者，通过“互联网＋”创造性破坏的“鲇鱼效应”来激活整个国资国企创造力。

党的十八届三中全会强调，“要加强国有经济对经济的控制力”。随着互联网对经济的影响越来越大，如果国有经济不积极应对互联网带来的冲击，不积极布局“互联网＋”，增强国有经济在互联网领域，特别是产业互联网领域的控制力和影响力，那么未来将很难适应市场挑战。从我国钢铁领域的国资国企现状来看，加快融合“互联网＋”的紧迫性更加显得重要。目前我国钢铁行业正在积极推进供给侧结构性改革，对于占据钢铁行业半壁江山的国资国企而言，这项政治任务面临着严峻的考验。

可以预见的是，在我国钢铁行业的国资国企进行“互联网＋”探索的必然性和紧迫性的共同作用下，互联网革命碰撞下的钢铁产业链整合将更为波澜壮阔，即行业整合速度更快和行业集中度更高。“互联网＋钢铁”将导致钢厂直供比例大幅提升，钢铁贸易流通行业集中度大升，钢铁产业链条上各个流通节点精干起来，而随着钢铁电子商务交易平台发展和对各自资源的有效整合，壮大后的国资国企钢铁电子商务交易平台也将围绕钢铁定价权展开激烈竞争。

三、推动钢铁供给侧结构性改革

事实上，除了“混改”“互联网＋”，加快国资国企深化改革，也是积极助推“供给侧结构性改革”的重要举措。在谈到“供给侧结构性改革”时，国资委领导也曾指出，在互联网时代、大数据时代，国有企业作为国民经济的重要骨干和中坚力量，必须在供给侧结构性改革中积极发挥引领带动作用，并指出，要加快深度调整重组步伐，稳步推动企业集团层面兼并重组，加快推进钢铁、煤炭、电力业务整合，进一步实施专业化重组，尤其是要按照“三去一降一补”总体要求，坚决打好瘦身健体提质增效攻坚战，全面完成化解过剩产能和处置“僵尸企业”任务。

在此，特别值得强调的是，国务院印发的《中国制造2025》，在两化深度融合、大力推动重点领域新材料突破发展、深入推动制造业结构调整、发展服务性制造和强化服务功能区建设五个方面对我国钢铁行业改革进行了指导。其实我国提出的钢铁行业结构调整里有一个很重要的调整就是区域调整。我们旧的很多布局是基于原来的国民经济发展格局确定的，按照新的竞争格局和产业布局，可能沿海地区会更合适一些。

从供给侧结构性改革来说，其核心无非就是创新驱动和降低成本。2016年底，中国宝武钢铁集团的揭牌成立，是我国推进钢铁供给侧结构性改革下的标志性产物。宝钢和武钢的联姻可谓率先“迈开步”，集团重组与上市公司合并同步推进，通过这种“比较彻底”的中央企业联合重组方式，来推动产业布局优化和优势竞争力的集聚。换言之，中央企业实实在在地动手干起来，起码是“开了一个好头”。在供给侧结构性改革的背景下，国有企业作为我国国民经济发展的中坚力量，是我国经济体制改革的重点攻关领域，是“五大任务”的实施主体，“宝武重组案”的成功正式开启了本轮国企改革，并推动供给侧结构性改革进一步提速。截止到2016年底，我国中央钢铁企业化解过剩产能1019万吨。

从短期来看，我国许多国有钢铁企业的低水平重复建设、钢铁产能和产量的居高不下、钢铁流通领域的鱼龙混杂、终端客户的需求不振，以及整体钢铁产业链的盈利水平低下，这些都急需国有企业通过深化改革来融合钢铁产业链上的各个环节和关联企业。而对于传统的钢铁供给端进行升级改造，通过建立覆盖钢铁全产业链的电子商务平台，将有效加速市场整合，减少贸易壁垒，加快流通效率，消除行业竞争乱象，助力我国钢铁供给侧结构性改革加速完成。

从长期来看，我国未来要加快对钢铁产能严重过剩的行业进行洗牌，建立优胜劣汰市场化退出机制，对不符合国家能耗、环保、质量、安全等标准要求和长期亏损的产能过剩企业，进行关停并转或剥离重组。不过，钢铁企业大规模兼并重组尚需时日，尤其是钢铁行业的国资国企重组高峰有可能会在2020年前后出现，届时中国钢铁企业在全球的议价能力和综合竞争力有望得到提升。

第二十一章　推进钢铁企业兼并重组到钢铁强国之路任重而道远

重组，对中国钢铁行业来说，不是一个新话题，却常谈常新。从中国钢铁提出重组的理念至今，已近 20 年，在这段不长也不短的“履历”中，中国钢铁经历了市场的急切的跌宕、产能的不断释放、能源环境的步步制约，还有种种相关因素对行业倒逼的改革。然而，重组一直是中国钢铁业沉重的话题。到底是什么影响着中国钢铁行业重组呢？中国钢铁企业重组的成效如何？

我国的钢铁企业兼并重组之路，始于 20 世纪 90 年代末，迄今为止已历经十多年，虽然并购案例不在少数，如河北钢铁集团、山东钢铁集团、天津钢铁集团等，但整体而言与预期的效果相去甚远。通过兼并重组加快淘汰落后产能的“愿景”还未实现，提升产业集中度的目标远未达成，创新力、科技水平和核心竞争力较世界水平都有很大差距，高端产品依赖进口的局面依然存在。而伴随钢铁供给侧结构性改革，兼并重组将成为我国钢铁行业今后发展的主导，每个钢铁企业都要考虑“我和谁重组、谁和我重组、我跟谁优化、谁跟我优化”，而不是像过去那样，上两个高炉、上两个转炉。

一、中国钢铁企业重组障碍与克服途径

多年来，为什么我国钢铁行业会出现“集中度不升反降”“钢铁产业产能边

减边增”“钢铁产能利用率下行”的现象？究其原因，一是投资主体和所有制束缚：涉及不同投资主体之间利益的协商和不同所有制形式之间的转换的问题；二是地方政府利益牵绊：地方从本位主义出发，对促进本地区企业的重组明显积极，对跨地区兼并重组动力不足；三是配套政策措施不足：由于历史原因，很多钢铁企业，特别是国有大型钢铁企业存在人员多、企业办社会、厂办大集体、辅业单位负担沉重等大量历史遗留问题；四是兼并重组效果显现难：期待兼并重组的企业，多数资金困难，负担较重，他们是为了寻求资金支持，才希望大企业来兼并重组。

政府在引导兼并重组上可以更多地关注国企之间的强强联手或互补增效，以突出国企在该行业的领军地位。同时，应以更包容的姿态，放开对民营钢厂的行政束缚，如黑户问题等，给民企足够的空间和宽松的环境去发挥。民企的命运应由市场经济来决定，政府引导作用的发挥应以充分尊重市场规律，尊重存在即合理为前提。当然国企也可以同民企联姻，但要建立在“你情我愿”的基础上，杜绝“以大欺小”式并购，另外，无论是联合重组还是兼并重组其关键是“重组”，如果只“联”不“组”或只“并”不“组”，就没有意义。只有加强政府引导与市场化相结合的兼并重组，加快体制改革，促进跨地区、跨省市的真正意义上的并购，才能促进钢铁业的健康发展。从最近这几年部分民营钢铁企业的兼并重组情况来看，整体是好的。在这里可以把其中的部分模式归纳为：“沙钢模式”“建龙模式”和“方大模式”，他们做到了既“并”又“组”。他们有一个共同点，或者说有一个相同的理念，就是沉下来经营企业，想开百年老店。不论是从经营产品到经营资本，还是再到经营企业，使兼并重组后的企业效益真正实现了“1+1>2”的效应。

众所周知，《关于推进钢铁产业兼并重组处置僵尸企业的指导意见》是钢铁行业去过剩产能、结构优化调整的顶层设计方案，设定的总目标是：到2025年，中国钢铁产业60% ～70%的产量将集中在10家左右的大集团内，其中，包括8000万吨级的钢铁集团3～4家、4000万吨级的钢铁集团6～8家，和一些专业化的钢铁集团，例如无缝钢管、不锈钢等专业化钢铁集团。围绕这一总目标，钢铁企业兼并重组从现在至2025年将分三步走：第一步是到2018年，将以去产能为主，该出清的出清。同时，对下一步的兼并重组做出示范，例如目前宝钢武钢的兼并重组；第二步是2018~2020年，完善兼并重组的政策；第三步是2020~2025年，大规模推进钢铁企业兼并重组。

二、大型钢企联姻重组带来重大借鉴意义

宝钢和武钢合并前均是具有全球竞争力的千万吨级特大型钢铁企业，合并后粗钢产能超6000万吨，位列全球第二；汽车板产能全球第三；取向型硅钢全球第一，本次武钢、宝钢合并极大地提升了中国钢铁工业的国际竞争力和影响力，为我国钢铁行业参与“一带一路”建设和国际产能合作、加快中国钢铁企业“走出去”的步伐提供了重要支撑。据了解，世界新兴经济体国家2017年用钢增长4%。尤其是我国“一带一路”战略沿线65个国家中一些用钢需求增长已经步入10%的快车道。伴随年初钢价走高，全球粗钢产量1.37亿吨，同比增长7%，粗钢产能利用率68.5%。这种国际经济和钢铁需求未来变化趋势，将演变为前景可观、前所未有的国际钢铁大市场、大物流。不仅为钢铁企业在世界经济低迷中进行国际化产能合作布局提供了历史性的机遇，也为中国钢铁、钢铁物流企业牢记合作共赢的宗旨，实现国际、国内市场一体化经营布局，建设具有国际市场经营优势的现代跨境钢铁供应链物流服务模式提供了历史性机遇。

从整个钢铁行业趋势来看，钢铁企业前几年经历过一轮大规模的产能扩张，但是“大而不强”的问题一直存在。目前整个钢铁行业前十家的产能集中度不到40%，按照规划，未来国内前十家钢铁企业的集中度要达到60%以上，这种超大型的企业强强联合是实现这个目标的一种途径。宝、武合并也算是带头开了“第一枪”，意义比较显著，对其他钢铁企业兼并重组将起到很好的示范作用。未来中国钢铁行业重组，将打响区域结构调整攻坚战，兼并重组、区域整合、差异减量重构钢铁行业新格局。一是深化区域布局调整、深化国有企业改革力度，推动行业龙头企业实施跨行业、跨地区、跨所有制兼并重组，到2020年，钢铁行业

产业集中度达到60%，“十三五”期间累计提高产业集中度25个百分点以上；二是统筹考虑市场需求、交通运输、环境容量和资源能源支撑条件，结合化解过剩产能，深化区域布局减量调整；三是利用国内外两种资源，构建铁矿石供给保障新格局，支持有条件的企业集团境外矿产生产基地建设和海外优质矿山资源股权投资，支持国内重点矿区的勘探工作，强化国内矿产资源的基础保障作用；四是优化国内市场环境、扩展国外市场空间，两手并抓稳需求。

加快我国钢铁工业向沿海转移的战略部署，我们认为是非常正确的。中国已经连续十几年位居钢铁产量和消费大国的地位，那么伴随中国钢铁工业加快联合重组和结构调整的步伐，就有一个新的钢铁基地往哪建，往哪发展的问题。我们的主张是，往沿海发展，利用沿海的优势来提高自己的竞争能力，取得更加稳定的、便宜的、方便的铁矿石来满足自己的生产需要，应该是这么一个发展方向。例如，河北钢铁集团正在加快产业深度重组，布局优化调整，推进钢铁产业由粗加工向精加工转变，由低端产品向高端产品转变，由分散发展向集约发展转变。在产业布局上，河北钢铁集团正逐步向曹妃甸、京唐港和黄骅港等沿海地区转移，着力在产品质量和效益上下功夫，使钢铁产业链逐步向深度拓展，提高钢铁产业的附加值。

第二十二章　寻找“新常态下变革钢铁流通模式”升级法则

纵观我国整个钢铁贸易流通行业，正在经历新世纪以来从未有过的艰难与痛苦期，同样迫切需要从“坚守、鏖战”走向“痛苦，但方向对”的新征程，改变旧有陈旧模式，打造有中国特色的现代钢铁供应链物流产业升级版。目前，可以肯定的是，整个行业传统的生态环境与赢利模式已经不复存在。这些年，全国大量钢铁贸易流通企业深陷亏损泥沼，近20万的中小钢铁流通大军，暂停经营甚至被迫倒闭的企业已超过一半以上……伴随我国钢铁供给侧结构性改革不断深入，究竟钢铁贸易流通行业能否借此机会“绝地逢生”，能否在“内忧外患”中杀出重围、完成破局？事实上，这两年面对生存危机，行业领军企业已经开始积极寻求创新谋变法则和新的突破口。逆势而上，争夺先机，通过求“新”求“变”，在践行行业新常态的路上探寻着变革钢铁贸易流通模式的升级法则。

一、树起“精兵简政”大旗

“以前从家到公司坐一趟公交车就到了，现在要转乘三次公交车，早上再也不能睡懒觉了。”一脸倦意的业务员李晓匆忙赶到公司后抱怨道。据了解，2017年年初，李晓所在的钢铁贸易流通企业从繁华的市中心搬到郊区办公后，已经走掉了好多同事，不过现在钢材生意确实是太难做了，也能看出老板实在是迫于无奈。

在走访调查河北石家庄二环外的钢材市场时，多名员工言语中透露出了和李晓一样的烦恼。现在我国钢铁贸易流通行业的萎靡不振远远超出了之前的市场预期。这一轮突如其来的行业危机，使得本就风雨飘摇的钢铁贸易流通商貌似真的被逼入了“绝境”。与其越做越亏、苦苦鏖战，还真不如加快节省支出、实施“精兵简政”。现在许多钢铁贸易流通商选择外迁办公场所，其实就是一种节省支出、精兵简政的战略考虑，这比天天想着“抄底”的人要理智得多。

1. 使公司每位员工成为公司资产而非负债

不难发现，这两年真是火了小店铺，冷了写字楼。由于我国钢铁贸易流通行业长期未能走出“微利或亏损”时期，随着公司资金链的紧张局面日趋严重，除了上述提及的河北以外，目前上海、江苏、广州、天津等全国有名的钢材集散地中，许多中小钢铁贸易流通企业为了最大限度降低经营成本，纷纷把办公场所转向创业初期时的“前店后铺式”小店铺。

据实地调查了解，在继天津北辰区储宝钢材市场之后建起来的新钢材市场入驻率都很低，以前能有 70% ～80% 的进驻率，而现在只有 25% ～40%。而且出乎意料的是，本地的钢铁贸易流通企业数量锐减了 15% ～30%。此外，为了使公司每位员工成为公司的资产而非负债，一些钢铁贸易流通企业已将早期运营的 5 个分公司精简合并为 2 个，遇到非投入资金不可时，宁愿进入暂缓期。位于上海沪东金融大厦（五角场商圈）的一家老牌钢铁贸易流通企业，为了控制成本，把原来拥有大厦一层办公空间的三分之二转租了出去，因为公司年初收缩了经营规模，员工从 100 多人也精编到了 30 人。

2. 把鸡蛋放入不同的篮子以求资产不缩水

如果说以上属于我国中小钢铁贸易流通商的新型生存法则，那么接下来这些企业的做法真的值得我们为其“鼓掌”。我们调查研究发现，这两年我国许多钢铁贸易流通企业一边是精兵简政、苦苦鏖战，一边是转移“主打”方向、寻求过渡期“赢利商机”。特殊时期特别办法，现在一定要积极把资金从一处撤出来，把鸡蛋放入不同的篮子以求资产不缩水。许多熬守中的钢铁贸易流通商看似基本成了“空壳”公司，不过在保留住企业名字和品牌同时，已经把从事传统钢材贸易生意的部分资金转投到现在比较紧俏的“云计算”“共享经济”等新兴服务产业中去。

对此，我国许多钢材市场的操作更加显得灵活多样、游刃有余。在走访调查上海多个钢材市场后发现，由于目前钢铁贸易流通商户入驻率骤然下降，一些市场已经转变成综合性商务广场，引进了银行、餐饮、服装和家具等企业入驻。譬如：位于上海逸仙路的新海商务大厦，在原来钢铁行情好的时候，1～4 楼入驻的全部是大大小小的钢铁贸易流通商，最多时能够超过 100 家，但现在随着许多商户的离开，只能转变市场定位，引进其他行业优质企业入驻。还有原本为大力吸引钢铁贸易流通企业而建的上海康建商务广场，由于入驻登记企业数量太少，市场在短时间内加快调整定位，重新招商引资，最终建设成为一个综合性的商务写字楼，淡化了“钢贸”元素。

3. 主动转移到西北地区二三线城市“过渡”

无论是“瘦身减肥”，还是转移“主打方向”，其实我国钢铁贸易流通商这么做的初衷都是在“鏖战”时间，等待机会点燃钢材市场“燎原之火”。可以说，谁能熬到市场回暖的时候，也许就是胜利。不过，只有通过“精兵简政”措施在钢铁贸易流通行业“寒冬”中存活下去，留住人才，保存实力，待到行业复苏的时候才能真正有所作为。

值得一提的是，考虑到目前我国西北地区的一些钢材需求和政策支持，上海地区还有一些钢铁贸易流通企业主动选择转移到西北地区的二三线城市“过渡”。未来一旦行业复苏，基于东部的区位资源优势，它们必然还会“班师回朝”，这其中也包括那些已经进入休眠的企业。可以说，目前我国整个钢铁贸易流通行业在进行着一次“精兵简政”的过程，最终能留下来的企业必然是行业精英。这样不仅可以促使企业在行业危机面前更具竞争力，还会对原来行业繁荣时混入进来的“滥竽充数”企业进行一次考验。着眼未来，我国钢铁贸易流通企业加快树起“精兵简政”大旗是大势所趋，而想要在恶劣的环境中继续生存下去并能在未来有所发展，就必须学习一种特质，就是“耐得住性子”“守得住机会”。

4. 大刀阔斧处理外地开设的分公司和办事处

多年以前，在我国钢铁行业繁荣时期，许多钢铁贸易流通企业为了加快占据市场快速扩张业务，纷纷在外地钢材市场注册分公司或办事处，通过这一手段抢占市场的同时，也会通过这一方式“走量”，提升集团公司在银行的授信，实现更多融资。而如今市场环境发生了根本改变，不是所有的分公司、办事处都能为总部带来赢利，这时候许多有战略思考的企业会选择大刀阔斧地处理掉那些已经成为累赘的分公司、办事处。这样做的目的就是通过短期的“熬守”来换取新的明天。

可“熬守”的时间总该有个期限吧？在我国钢铁流通行业寒冬形势下，钢铁贸易流通商精兵简政、等待时机，然而这个“等待”并不应该是没有限度的。就如同在谈一场美好的恋爱，我国钢铁流通商在飘满雪花的冬季，充满憧憬地等待，总是希望有一天能够“春暖花开，抱得美人归”，而且期盼这样的一天越早出现越好。中国钢铁流通行业已经进入微利和亏损时代，我们必须加快寻找新的经营模式和创新法则，以此提早实现新的利润增长空间。

二、消灭“买断制”代理模式

“本是同根生，相煎何太急。”在我国，钢厂和代理商的关系一开始就是畸形的，很早就埋下了悲哀的种子。我国传统钢铁贸易流通商在以往很长一段时间里，取得钢材资源的唯一途径就是向钢厂要货，不得不见人矮三分，忍气吞声地承受一些不公平待遇。钢厂在自觉不自觉之际被推上了“钢老大”位置。既然是“老大”，发号施令是少不了的，随心所欲违约也是司空见惯……造成这种状况，一方面是钢厂希望通过代理商的资金和渠道优势，扩大其市场份额；而另一方面又希望留给自身尽量多的利润空间。因此，钢厂长期以来拼命“压榨”着代理商的生存发展。

这几年，钢材代理商联名向钢厂上书，发出“起义呐喊”的新闻时常见于报端。事实上，这正是反映了我国钢铁厂商之间的矛盾积攒已经到了上限。每当钢材市场价格出现“暴涨暴跌”时，总有钢厂和代理商闹摩擦的事情发生。与此同时，这也表明越来越多的代理商正在觉醒：从原来代理商对钢厂百依百顺，到如今胆敢联名写信上书，一些代理商甚至敢于抛掉代理商“金字招牌”净身而退……除了所谓“觉醒”以外，另外的原因就是钢材流通渠道不再单一，不仅是由于我国钢厂多、挑选余地大，更是因为钢铁电子商务的出现，现在代理商还能在钢材现货、网上市场采购所需货源。

对于习惯当老大的钢厂来说，适应经济大环境变化需要有一个过程，不过这样的过程越短越好。我们调查研究发现，代理商和钢厂之间出现的矛盾，根源是在二者之间缺少一种能更好均衡风险和利益的体制和机制。当经营利润被市场风险替代，“买断制”这一中国特色的钢铁厂商代理模式正在瓦解，而代理制的推行也已经成为中国钢铁流通变革的核心，尤其是未来竞争利益的统一、开放迫在眉睫，只有快速理顺钢铁厂商之间的经济关系，使厂商双方成为“风险共担、利益共享”的战略伙伴，才能真正实现生产和流通的有机结合。

1. 钢材“买断制代理”模式究竟是啥

什么是钢材“买断制代理”模式？就是钢铁贸易流通商动用自有资金，先和钢厂签协议订货，到货后再按市场价格出售并从中赚取差价的模式。这一模式在我国钢材资源紧俏时期，伴随着钢价不断上涨，“买断制代理”模式给钢铁贸易流通商带来了巨大的利润，使其财富得到迅速的积累。

追溯过去，我国钢材“买断制代理”模式兴起之初，钢铁行业正处在“资源为王”的时代，代理商只要拿到钢厂资源就能挣到钱。在 2008 年之前，钢铁行业形势最好的时候，代理商吨钢利润在 300～600 元之间。除了客观的利润，“买断制代理”模式从一定程度上还可以提升钢铁贸易流通企业的知名度。因为凡是取得钢厂长期协议代理资质的流通商，都是资金实力雄厚，具有一定经营规模的企业，而且这其中还会由于一、二、三级代理资质的区别对待产生品牌价值。

对于钢厂来说，我国推行的钢材“买断制代理”模式不仅可以有效缓解钢厂的库存压力，而且还可以保证企业资金的快速回笼。然而，伴随着钢铁行业形势的急转而下，“买断制代理”模式使钢材贸易流通商开始出现大幅亏损。尤其是在市场钢价快速下跌的过程中，代理的资源越多则亏损越大。即使在市场价格“倒挂”的情况下，作为代理商，钢铁贸易流通企业明知亏本，也必须要履行长期协议所规定的代理义务，因为不履行就会被取消代理资格，扣除年度押金。此外，由于钢厂长期处于强势地位，代理商不仅在钢价上缺乏话语权，而且在交易过程中也无奈被钢厂要求执行“款到付货”，进一步加剧着他们的资金压力。

2. 钢材“佣金制”代理模式又是啥

进入“十三五”时期，在旧的钢材代理模式逐渐瓦解，而新的代理模式还没有形成的混沌期，日本“佣金制”代理模式或许能给我国钢铁贸易流通行业带来一些启发。什么是“佣金制”代理模式？钢厂首先与用户签订供货数量和价格，然后分配给商社去执行合同。在这一过程中，商社不必动用自有资金，仅仅为钢厂代销钢材和提供售后配套服务，并从中获取一定数额的固定销售提成而已。

目前，日本钢铁行业是全球运行相对稳定的国家，商社在整个钢铁贸易流通中起了很大的作用。而这种代理模式的优越性主要体现在以下几个方面：一是便于钢铁生产企业直接控制重要的客户资源，能够准确把握客户个性化需求，而商社只是把产品的销售走向、客户资源等信息传递给钢厂，钢厂再通过这些信息进行有效的市场监控；二是钢材价格在一定期限内相对比较稳定，这样有利于全国钢铁市场的平稳运行，同时有助于供需双方进行长期合作；三是这种代理模式同时保证了商社的利润空间，钢材在流通各个环节的提成都是公开的、固定的。

比如说，对于不需要经过深加工的钢材，在销售给用户时，商社可以在买进钢厂时的价格上加3%；而经过深加工的，在销售给用户时，除了加3%以外，还要再加12%的加工费用。这样就可以抑制商社以“囤货”为方式的投机行为。尽管日本的“佣金制”代理模式对于稳定全国钢材市场价格、维护行业市场流通秩序、促进钢铁行业健康有序发展起到了积极的作用，但在重建中国钢铁流通体系的过程中，还需要从我国实际国情出发，国外的先进经验可以借鉴，但切记不能“完全照搬”。

3. 建立“风险共担、利润共享”合作机制

一直以来，我国钢铁生产企业都是以产业链上的“老大”身份自居。但随着我国钢铁产量产能不断增加，这一市场正在由“卖方市场”向“买房市场”格局转变。与此同时，由于当前钢铁产能的严重过剩，钢材终端需求低迷，钢铁生产企业的“老大”地位正在不断受到冲击：利润受到上游国际矿商的挤压、价格话语权也在遭受终端用钢行业的挑战，更为严重的是，中国钢材厂商关系也面临着严重的挑战。由于代理商纷纷逃离钢厂代理队伍，使钢厂自有钢材库存压力开始“陡增”。

其实，在当前钢铁流通行业形势整体严峻下，钢铁生产企业应该积极放下“老大”的架子，主动向自己的代理商“示好”，为他们提供相应的优惠政策，使双方建立起“风险共担、利润共享”的合作机制，共同应对当前的钢铁“寒冬”。然而现实却并非如此，许多时候钢厂在钢价上行的过程中，故意拖延发货，坐地起价；而在价格下行的过程中，又催促代理商加快提货，尽管完成任务量之后有补贴政策，可又不足以弥补代理商为此产生的经营亏损。

上述这些做法都对代理商带来了极大的伤害。在当前钢铁供给侧结构性改革大潮中，如果钢铁生产企业仍然认识不到问题的严重性，坐等代理商不断离它而去，那么未来将只能依靠增加自己的直供比例。在这里，我们且不说一些终端用钢工程垫资的要求钢厂无法满足，就是钢材加工配货钢厂也会疲于应付。当然，这还不算建立直销队伍所增加的经营成本。而对于那些没有被淘汰的代理商，最终也将由钢厂的“销售员”变成终端用钢企业的“采购员”。如果真要到那时候，相信钢厂做什么都应该是于事无补了。

四、创新钢铁物流金融模式

前几年，我国钢铁贸易流通信贷危机竟成为整个钢铁行业的导火索。我们调查结果显示，最疯狂的时期，上海钢材市场银行质押贷款余额是上海市场钢材库存价值的 2.79 倍，换句话说，钢材质押按照 6 折计算价值的话，同一批钢材就被质押了近 5 次。我国钢材重复质押、虚假质押之猖獗，可见一斑。然而，危机背后我们不禁要问，谁之过？或许答案正如上海银监会一位领导所言："重复质押等问题，银行与钢铁贸易流通企业均负有责任"。而在整个钢铁贸易流通行业内，或许企业"骗贷"只是个别现象，不至于影响整个行业的健康发展。可今后我国钢铁贸易流通商应该引以为鉴，诚信经营，建立内部控制和风险管理体系，积极主动地寻找新的、安全的融资手段。这两年，钢铁电子商务行业的兴起，或将成为我国钢铁贸易流通商拿来"解渴"的一个全新融资渠道。

1. 架构现代钢铁供应链物流金融生态圈

其实，"物流＋银行"的钢铁物流供应链在线金融业务正是我国钢铁电子商务行业的金融服务核心所在。一般情况下，电子商务平台可以通过物流大数据这个第三方监管系统，将金融产品导入平台，然后通过质押信贷快速盘活平台上商户的流动资产，灵活解决融资困难，这种融资模式给我国中小钢铁贸易流通企业带来了新的发展动力。

一直以来，融资难问题都困扰着我国钢铁流通等资金密集型行业，除了规模小、信息不对称、产业结构不合理等诸多因素外，其中一个很重要的原因是企业缺乏不动产抵押，而用原材料、半成品、产品等动产向金融机构抵质押贷款时，其信用评估资料相对较少，加之其财务状况透明度不高，银行在对其进行信用评估时难以得出准确结论，从而增加了授信难度。而通过第三方钢铁电子商务交易平台对质押物、抵押物的专业监管，可以在钢铁贸易流通企业和银行之间搭建起一个桥梁，帮助流通商实现"动产真正动起来"。这种融资模式在我国长三角一带兴起较早，一些大型钢铁贸易流通企业在自营金融业务中逐步摸索经验，相继开展过融资担保等金融服务，实现对现代钢铁供应链物流金融生态圈的直接涉足。

步入“十三五”时期，一旦涵盖钢铁供应链融资属性的钢铁电子商务交易平台发展成熟，必将彻底打破我国钢铁贸易流通行业传统融资的困局，并且极有可能从钢铁行业复制到其他大宗物资产品领域。总而言之，现在互联网正被电子商务视作踏足金融的跳板，而金融领域也正被电子商务视作另一片掘金的蓝海。正如阿里巴巴创始人马云所说，“在这个时代，我们需要用电子商务的思想和互联网的技术，去支撑整个社会未来金融体系的重建”。

2. 第三方监管平台会看牛还能赔得起牛

如今，我国钢铁贸易流通行业最缺、最在乎的还是钱，钢铁电子商务行业正是摸准了这一要害，极大发挥了第三方融资监管服务功能。尽管这些年诸多钢铁电子商务交易平台未能通过钢材在线批量交易实现大把大把的盈利，可它们对于这一过程中产生的丰厚融资监管回报还是乐此不疲的。事实上，我们不应忽略第三方监管在整个信贷过程中发挥的不可替代作用，尤其是依附于电子商务平台而兴起的在线供应链物流融资模式，作为一种新型金融服务，安全是其先决条件。

而与此对应的是，我国钢铁贸易流通行业传统钢材质押模式的第三方监管存在很大问题。据调研了解，2012 年以来，上海、江苏等长三角地区爆发了多起钢材仓储企业虚开仓单、重复质押的案件。众多钢铁贸易流通企业老板走上被告席，一些老板因此还深陷“跑路”旋涡，甚至个别老板选择了自杀，走上不归路。造成这一恶劣现象，主要是因为银行、典当业对这些钢铁贸易流通企业的钢材质押缺乏完善的金融监管机制，尤其缺乏第三方机构的有效监管。比如：在钢材仓储方面，第三方物流监管机构自身经济实力、监管从业经验、监管技术手段和诚信度等指标的高低，完全决定了参与银行该项业务的风险度高低，甚至是成败。

总而言之，未来银行除要对开展钢铁贸易流通信贷业务的企业信用、基本情况等进行充分调查外，还需要一个第三方监管平台来保障质押物不出现减少或损害。打个比方说，第三方监管平台既要看好牛，一旦丢了牛又能赔得起。而在具体落实措施方面，“任何一个第三方金融监管平台起码要建立严密的五级监管体系，在每一个监管仓库派驻监管员，并加强受理、监管、巡检的风险管控，24小时掌控仓库货物动态，全部网点采取远程视频监控，真正起到规避风险的作用”。

3.“金融仓储”让钢铁物流动产动起来

在国外发达经济体中，贷款担保方式已经非常多元化，而供应链融资已成为中小企业融资最主要的形式。之前，我国长期重视不动产抵押融资和信用互保融资，不过随着国内经济的快速发展，以及对经济转型升级和对中小企业融资的重视，这些年供应链融资在我国得以快速发展。而在现代钢铁供应链融资体系中，“金融仓储”的发展成为一个新的亮点。我们不妨从“金融仓储”的经济效应具体来看。

首先，我国钢铁贸易流通企业动产的稳定性库存量很大，约占金融机构贷款余额的20%以上，动产抵质押贷款需求市场十分庞大。现在推动“金融仓储”产业发展，可以有效缓解中小钢铁贸易流通企业融资难问题。

其次，我国推动“金融仓储”有利于银行降低钢铁贸易流通信贷风险，目前我国银行信贷担保方式以不动产和企业互保为主，不利于信贷风险的分散。特别是企业互保方式，不是风险的化解，只是风险的积累，在一定程度上会产生银行风险的传递与扩散。而以“金融仓储”方式开展的钢材动产抵押贷款，既有充足的动产作为担保，系“自偿性”的信贷产品，又有专业化的“金融仓储”企业监控动产物资和市场价格波动，还有设置“补差机制”，能保证抵质押品的“足量、足值”。

再者，我国推动“金融仓储”有利于促进钢铁贸易流通企业开展合理的存货管理机制。当前，我国原材料、大宗物资的价格越来越跟国际接轨，价格波动越加频繁，钢铁企业特别是中小钢铁贸易流通企业缺乏必要的资金，存货不足，市场风险很大，而“金融仓储”业务可以让它们以存货担保获得贷款，通过放心的库存货物降低市场风险。

最后，值得注意的是，我国推动“金融仓储”的一大功能在于优化社会信贷结构。我国信贷结构失衡的现象严重，其中一个重要特点是信贷长期化，越来越多的信贷资金流向基础设施建设和个人住房按揭项目，而优化信贷结构就要直接提高满足生产经营需要的短期贷款的比重。因此，我国发展“金融仓储”有利于促进工商企业获得更多的流动资金贷款，宏观上有利于优化贷款结构。

五、掘金物流慎防“虚热”现象

就在几年前，我国钢铁市场可谓“遍地开花”。在钢铁贸易流通企业疯狂投建钢材市场几近饱和的情况下，钢铁生产企业又开始大手笔介入，无论其背后是利益的驱使，抑或是顺应市场发展的趋向，都不得不令人对眼下钢厂的快步进军物流业深感担忧。通过此次调研，我们希望投资者一定要警惕部分省市的钢材市场过剩或者“虚热”现象，避免在缺乏整体统筹规划的情形下肆意“跟风”。目前我国钢铁生产企业已经陷入“产能过剩”怪圈，难道钢铁市场还要继续重蹈其覆辙吗?

1. 钢铁生产企业“大手笔”投建钢材市场

据了解，之前国家发布的“十二五”规划中已明确提出“要大力发展现代物流”。在此背景下，各地方政府对投建钢材市场项目的热情和给予的优惠政策，也在一定程度上“引诱”了这些投资企业。一时间，以钢铁贸易流通企业率先发起的钢铁贸易、生产企业大军纷纷投资建设钢材市场。据中国物流与采购联合会钢铁物流专委会发布的一份调研报告显示，“截至 2017 年初，全国在建和待建的新型钢铁市场已超过上百家，而 2011 年至今由钢铁生产企业投建的在建、开工及拟建项目多达 37 个，投资规模更是从 10 亿元到 300 亿元不等。”

很明显，之前以钢铁贸易流通企业居多，而现在更多的钢铁生产企业开始看上这块蛋糕。相对钢铁贸易流通商，我国钢铁生产企业的投资力度更大，理想也更为宏大。有公开资料显示，河钢集团曹妃甸综合物流园区规划用资 68 亿元，莱钢永锋与中铁合建的市场投资 150 亿元，昆钢景洪勐养国际物流商贸中心计划投资高达 200 亿元，目前钢铁生产企业中斥资最多的就数沙钢的“玖隆”钢铁物流园，高调斥资 300 亿元投建，真是大手笔。

2. 借物流大发展“倒逼”钢铁集中度提高

如今，我国钢铁产能严重过剩，供给侧结构性改革正在积极深化，许多钢铁生产企业把发展现代物流作为企业的“第三利润源泉”。沙钢集团主席沈文荣曾经坦然说，“过去的 30 年里，我们投资了七八百亿元，搞了炼钢能力达 3500 万吨的沙钢。未来的 10～20 年内，我们不可能再用这么多的钞票搞钢铁扩张，而是要转向钢铁物流，且这个过程已经开始。”在他看来，如果未来“玖隆”钢铁物流园内的电子商务交易平台可以达到 3000 万吨、5000 万吨，现货交易可以达到 1 亿吨以上，等于在张家港这里再建了一个 1 亿多吨的钢铁生产企业。尤其是通过这个平台统一价格、统一服务来为钢铁工业服务，就等于是在促使我国钢铁工业集中度的提高。

不仅如此，或许这也是当前我国钢铁物流行业发展的市场需要。按照 10 亿钢铁产能计算，考虑到每生产 1 吨钢将产生 5 吨的物流量，中国将有 50 亿吨的庞大钢铁物流量。因此，我国钢铁行业向物流延伸，向物流要效益也是顺理成章的，可是当前我国钢铁物流行业水平偏低，缺乏统筹合理布局，很容易造成钢材市场重复建设和资源严重浪费现象。

3. 要严防钢材市场“过剩虚热”现象出现

中国钢铁物流量的增长速度已经位居世界前茅，“十三五”时期，中国钢铁物流量仍将以 10% 以上的速度增长。但在此过程中，我们需警惕部分省市投资者借投建钢材市场之机出现“圈地”现象。在调查中同样发现，随着物流扶持政策的不断出台，这两年不仅钢铁行业内，甚至行业外金融投资机构均开始将视线转向钢材市场，在没有考虑市场定位、投资风险，甚至规划土地周围实际用钢需求、产钢集中度、区域竞争环境等因素情况下，就盲目开始争先恐后地抢占这块市场蛋糕。

甚至一些政府和企业为了项目本身带来的各自利益，竟然忽视了产业竞争格局的合理安排，在一个区域内就有好几家钢铁市场出现，有的开办至今没有一吨交易。在实地走访调研中发现，多地钢材市场暴露出钢铁资源重复质押甚至多次买卖的恶性问题，以致引发行业信任危机。同时，由于无序的物流格局导致了我国吨钢物流费用高昂，与国外先进钢铁物流指标相比，甚至存在大约 20～30 年差距。而从目前建成的钢铁市场成效来看，“成功者寡，半饥半饱的多，失败的例子也不少”。总之，我们在建设钢铁市场时，既要有准确的战略定位、统筹规划，又要准确把握市场需求，特别要重视建立“互利共赢、风险共担”的厂商机制，真正提升我国钢铁物流行业发展的质量和水平。

六、钢铁流通要“结盟”要“跨界”

“滚滚长江东逝水，浪花淘尽英雄”。放眼当前我国钢铁贸易流通行业，一片大浪淘沙之势，重组并购硝烟四起。其中，强者傲立潮头，弱者难保旦夕，更有悲壮者壮士断腕，激流隐退。市场竞争是残酷的……不知不觉中，他们已被带到了新的起点上。

1. 钢铁流通领域兼并重组已是大势所趋

与生产环节合纵连横、巨头攻城拔寨势头越来越猛不同，我国钢铁流通环节却曾经是死水一潭，平静而难泛波澜。随着钢铁生产企业大规模重组并购的推进，我国钢铁贸易流通行业也必将被波及而发生深刻变化，其受到的冲击甚至远大于钢铁生产企业。这是因为我国钢铁贸易流通行业的集中度，还远远低于钢铁生产甚至消费领域，既难以与日益趋向集团化发展的钢铁生产企业相匹配，也难以达到下游用户所要求的服务水准。因此，目前抓紧改变我国钢铁贸易流通行业的“散、小、乱、弱”状况，已经成为我国钢铁产业链有序发展的必然选择。钢铁流通环节的羸弱甚至拖了我国实现钢铁强国梦的后腿。为什么中国是钢铁生产大国而不是强国？知名物流专家丁俊发曾给出答案："中国一定要解决大钢铁企业和小流通企业之间的矛盾。"中国目前只是钢铁生产大国与消费大国，将来要努力成为钢铁研发与服务大国。只有大力发展流通业才是钢铁行业做大做强的必由之路。

众所周知，流通水平是一个国家综合国力的标志，发达国家均将现代流通作为国际竞争的制高点。要发挥好流通的先导作用，以大流通连接需求来带动大生产。但就目前我国钢铁行业现状而言，正好相反。不是流通带动生产而是生产主导流通，这是我国长期以来重生产、轻流通带来的瓶颈。还好我国流通企业和相关行业组织已经注意到这一问题，早期亦有不少钢铁贸易流通企业试图重组整合，但均以无果而终。相比上下游环节重组的轰轰烈烈，流通环节却一直波澜不惊。不过，我国钢铁贸易流通行业兼并重组已是大势所趋，行业重组并不意味着大量企业会被挤垮或消亡。如果通过市场化的方式进行重组并购，我国钢铁流通格局也将在充分竞争中分化得越来越明显，做大做强做优将成为企业发展的生命线，钢铁流通领域的"国美"和"苏宁"也会相继出现。

2. 跨界经营并非发现盈利市场盲目进入

面对风云突变的钢铁经营环境，如何在激烈的市场竞争中使自己的企业立于不败之地，获得长足发展，是摆在每一个钢铁贸易流通企业面前的亟须解决的问题。而在竞争越来越残酷的行业生态圈里，是坚守还是转型？行业发展已经越来越急迫地需要钢铁贸易流通企业用实际行动做出选择。当然，为了使自己的企业立于不败之地，获得长足发展，不少钢铁贸易流通企业利用现有资源，尝试走上了转型之路。然而，转型的道路并非一帆风顺。一些钢铁贸易流通商利用资金优势，转战期货和股市市场，由于缺乏操作经验，在金融市场上折戟沉沙；还有一些流通商转战餐饮行业，由于缺乏管理经验，苦苦支撑无果，最终被淘汰出局。不过任何时候机遇都是与风险相伴而生的，在转型过程中受到重创以后，我们要痛定思痛，开阔思路，找准自己的优势，开始新的征程。

经实地调查统计发现，目前我国钢铁贸易流通企业多元化的主要方向是房地产业、餐饮娱乐业、电子商务和制造业等，其中，涉足房地产领域的约占 50%。需要注意的是，跨界经营并不是企业发现了新的盈利市场，就可以盲目投入闲置资金。未来想要实现跨界经营的流通企业需注意以下两点：首先要慎重选择跨界经营的时机。只有在当前的经营中增长乏力，并拥有扩展到其他行业领域所需的资源和管理水平的流通企业才适合跨界经营。其次是要慎重选择跨界经营的行业。跨界经营在顺应时代潮流的同时，要选择国家政策鼓励的新兴行业和目前正在蓬勃发展的行业，而不是选择一些传统“夕阳产业”。

第二十三章　中国产业互联网的钢铁区域供应链优化探索

“中国制造 2025”是国家层面提出的“制造强国”的宏伟蓝图。为加快实现这一目标的落地，这些年，我国实体产业正在积极响应供给侧结构性改革的转型方针，目的就是“去产能、调结构”，走“制造强国”路线。而“一带一路”倡议又将助力市场主体真正实现“走出去”。所以在政策层面，可以说目前我国传统实体产业正处在一个重要的战略机遇期。这为互联网 + 传统行业的发展，以及促进传统产业转型升级带来了新的契机。目前中国粗钢产能约为 12 亿吨，已经成为全球第一。可单位 GDP 对钢材消费强度却正在下降，我国钢铁产能、产量、流通、需求严重失衡成为突出矛盾，传统钢铁产业链从原料端到制造环节，最终将产品提供给终端，呈现出上下游关联主体繁多、流通环节长、供求关系不对等、需求难以采集等诸多问题。

在需求侧，主要表现为由于经济增长放缓，有效需求乏力，而对中高端、个性化、多样化产品需求日渐强烈。在供给侧，表现为供给体系标准化生产、多样化个性化有效供给不足、结构性矛盾凸显、部分产能严重过剩、低端产品过剩而中高端产品供给不足。特别是对于我国钢铁、煤炭和水泥等传统制造行业来说，产能严重过剩、流通环节冗长、流通效率低、成本高、有效供给不足，已经使得许多行业企业一度面临“产线开工即亏损”的窘境。

由上述传统产业普遍存在的问题所引发的行业痛点集中表现在以下几个方

面：在生产制造和销售环节，一是流通环节过于冗长，制造企业无法精准掌握终端市场用户需求，个性化需求无法得到制造企业的有效供给；二是制造企业各自为政、恶性竞争。在去产能、调结构的背景下，这种现象尤其激烈，不利于行业良性发展；三是由于制造企业间属于竞争关系，横跨制造单元进行集中调配产能安排生产计划几乎不可能。在采购环节，单位采购规模小，对上游制造企业缺乏话语权，采购资源无法共享，MRO 无法跨企业展开协同发展。在物流环节，物流寻源封闭、信息经常不对称，车辆空载率升高、运输成本增加使物流企业经营困难、违章超载严重，存在着巨大的安全隐患。在融资环节，表现为融资难、融资渠道单一，尤其在“钢铁贸易流通信贷危机”发生后，金融机构真是“闻钢色变”，面临着严重的信用危机。

不过，相对传统的交易模式，产业互联网却具有低成本高效率、商业模式开放、信息资源共享、优化交易流程、贴近终端用户、实现资源整合等优势。我们希望通过产业互联网构建钢铁新生态，帮助钢铁供应链上的企业实现生产、销售、采购、物流的在线化、可视化，争取从需求入手“倒逼”这些传统企业实现结构调整、转型升级，以此达到多方共赢、互惠互利的市场新局面，共同为钢铁供应链物流产业创造新价值。

由中崇集团参股打造的财拓电子商务有限公司（简称“财拓电商”），就是一个很好的例子。财拓电商初建时的规划，一是去中间化，直接连接大宗商品生产制造与需求“两端”，精准定位市场；二是联合供应链链主，加快整合产能、有效供给市场；三是互联网 + 钢铁推动产业生态圈完成重构。在此基础上，财拓电商构建了六大平台服务：一是电子采购招标平台，通过线上完成原料端采集招标，实现招投标环节的公开、公平、公正；二是“云智造”SaaS 平台，通过交易数据收集下游需求，通过云端调度，实现企业之间资源整合和产能共享；三是钢铁电子商务联盟，为大型制造企业集团定制化二方电子商务交易平台，多年来它们对进行销售信息化改造都是十分谨慎的，因为涉及企业内部的计划管控、财务、定价、原有代理渠道的管理等复杂问题，而与真正的电商合作，就会减少这种顾虑；四是第三方钢铁电子交易平台——“钢源城”，通过线上交易模式提高交易效率、降低交易成本、减少中间环节、配套物流与金融服务；五是第四方综合物流服务平台——“大智运”，以此降低流通环节成本、发现物流价格、可视化物流跟踪和车后市场增值服务等；六是金融服务平台——“E 镑客”，融通高效、财富增值，解决中小大宗物资生产企业融资难题，搭配高效可控的“云风控”监管体系。

众所周知，产业互联网的最大特点就是从终端需求驱动，通过电子商务交易平台与物流平台达到“销售、仓储和运输”的三个统一，并通过尝试区域化运营，利用“SaaS 云制造”协调制造企业的产能调度安排。而原料采购则可以通过招投标平台完成，并通过物流平台进行物流委托流向终端需求市场。当然，还有供应链物流金融监管平台，可以提供包括保理、质押、票据、信用等各种金融属性增值服务。总之，产业互联网目的就是通过整合服务全链条，促进 B2B 与 O2O 相结合，以终端需求为最主要的生产和供应依据，提供衍生增值服务，促进大宗物资行业的供应链全新变革与创新升级。

针对钢铁行业等严重过剩产业，电子商务是其转型升级的必由之路，因为产业互联网可以通过“订单拉动、交付带动、效益驱动”推动供给端由“生产导向型”向“市场和用户导向型”加快转变，以此解决我国钢铁传统产业链上因产销关系不对称所引发的产能过剩、融资困难、产品标准化困难和下游需求不精准等诸多市场难点与行业痛点。不得不承认，无论是受到行业困境的“倒逼”，还是顺应供给侧结构性改革的调整，这两年我国钢铁电子商务行业确实“火”了。据不完全统计数据显示，截至目前，全国已有超过 300 家全新的钢铁电子商务交易平台出现，尤其在我国钢铁行业巨大产能的支撑下，未来我国钢铁电子商务行业还有很大的发展空间。此外，中间环节的转变将由全新的互联网服务生态体系来完成。比如：财拓电商用一年多的时间在西北区域做了商业模式和平台服务模式的实践：原料方通过招投标平台完成招标；物流方通过大智运平台完成线路竞价与物流委托；而申银特钢正在委托“钢源城”完成在线的成品销售、成品统一管理；借助“E 镑客”可以通过供应链物流金融监管服务解决各个环节的资金需求。

具体而言，由于产业互联网的介入，在销售环节，可以连接两端，去中间化；在生产环节，可以实现以销定产、产能共享、居间调度、提高制造企业产能利用率；在采购环节，可以实现阳光采购、公开招标、原燃料和MRO库存共享；在物流环节，可以通过线上公开寻源，发现真实价格，分析产品流向，实现物流安全监管和全程物流跟踪。在金融环节，可以有效降低融资成本、多元化融资服务、确保风险可控。在流通环节，可以实施在线的现货销售，直达次终端和终端用户，有效避开中间商，将传统行业分销演变为高效率、低成本电商模式。

总之，“互联网+钢铁”应该说是代表了钢铁产业未来的发展趋势，为我国振兴实体经济，走“制造强国”，推动供给侧结构性改革和传统产业转型升级带来了新的动力。不过，产业互联网的介入要尊重传统产业链的特征，融合和顺应产业发展。比如：钢铁电子商务交易平台有多种方式，也不乏替代性的商业模式，其弊端在于容易和传统贸易流通商发生冲突。我们鼓励加快发展产业互联网，但在商业逻辑上不是“替代”，而是“服务”，通过创新供应链条创造新价值。

第二十四章　现代钢铁供应链物流金融模式创新与改革推进策略

随着我国钢铁产业供给侧结构性改革进一步深化，将会有一部分中小钢铁贸易流通企业因为生存空间的压缩和核心竞争力的丧失而逐渐退出或被兼并，最终只有少数具备雄厚资金实力、拥有良好企业信誉和广泛供应链上下游资源以及拥有较强融资和银行授信能力的大型钢铁贸易流通企业会脱颖而出。

所谓“剩者为王”，这些企业由于自身实力雄厚，可扩展性大，多数已经或者正在将触角伸向现代钢铁供应链条的各个环节，并已介入甚至完全自营钢铁物流金融业务。随着这类企业对融资渠道的合理利用，它们将快速抢占钢铁供应链体系中的各个流通环节，并通过自身在流通中的优势地位形成对银行资金、原材料供应商、钢铁制造商、下游用户的多重制约。可以说，它们正逐渐向我国现代钢铁全产业链领域的大物流、大金融服务平台过渡。而出于对业务发展和资源掌控能力的需求，大型钢铁贸易流通企业自身对开展现代钢铁供应链物流金融业务的需求将愈发强烈。

追溯过去，我国钢材市场价格在 2015 年末跌至近 20 年低点，全行业“哀鸿遍野”之后，2016 年可谓是“否极泰来”，钢价开始上演绝地反击，2017 年的价格表现堪称“惊艳”，让行业从业人员再次看到了曙光。这两年主要受到我国钢铁供给侧结构性改革、去产能和环保限产政策持续发力、供应侧收缩预期强烈等多重因素影响，我国钢材产量和需求双双回升，钢材价格出现了持续回暖。不过，虽然钢价的上涨让钢厂赚足了腰包，可对于钢铁贸易流通商与终端用钢市场来说，还依然深陷在“苦不堪言、如履薄冰”的境况之中。

一、现代钢铁供应链物流金融机遇何在

2017 年正值“十九大”召开，也是实施“十三五”规划的重要一年，改革的力度很大。2016 年 12 月中旬召开的中央经济工作会议为 2017 年经济工作定下总基调，传递出重要的政策信号。从会议公报来看，一是淡化了经济增速目标，注重提质增效；二是货币政策强调“防风险”为重，确认将边际收紧；三是房地产调控强化因城施策，着眼于长效机制；四是强调 2017 年是去产能攻坚年，并特别强调要防止已经化解的过剩产能死灰复燃，继续推进钢铁、煤炭行业化解过剩产能。

渣打银行等多家机构预测 2017 年中国经济增长目标或将维持在 6.5% ~7.0% 之间，而防范金融风险、抑制资产泡沫、继续降低杠杆率成为 2017 年政府调控的首要任务。以国企改革、财税改革为突破口的各项改革，也成为 2017 年的重点任务。中国社科院“中国经济形势分析与预测”课题组预测，2017 年第一季度至第四季度，我国 GDP 增长率分别为 6.5%、6.5%、6.4%、6.4%，2017 年全年 GDP 增长目标在 6.5% 左右，CPI 上涨 2.2%，工业品出厂价格上涨 1.6%。

从货币政策来看，中央经济工作会议把 2017 年货币政策基调从“稳健”转为“稳健中性”，从保持流动性“合理充裕”变为维护流动性“基本稳定”，“防控金融风险”可谓是全篇反复强调的重中之重，预示着 2017 年货币政策基本确认将边际收紧。而 2016 年四季度以来，央行“收短放长”抬升资金成本、遏制金融杠杆，货币政策已转向稳健中性。据此估计，2017 年我国新增信贷及 M2 增速相较 2016 年均将有所放缓，短时期央行降准、降息的可能性都很小，加息的概率也很低，逆回购依然会是央行主要的货币政策工具。

从财政政策来看，中央经济工作会议对 2017 年财政政策的定调从“加大力度”蜕化为“积极有效”，指出要“适应推进供给侧结构性改革、降低企业税费

负担、保障民生兜底的需要”，未再提“阶段性提高财政赤字率”。这意味着我国财政政策2017年预算内大幅宽松的可能性不大，或更要注重通过规范化PPP、专项金融债等方式进行托底经济。而财政政策稳中求进，“准财政”加速扩张和PPP加速落地同样是2017年的重要发力点。铁路投资、城市轨道交通、城市地下综合管廊建设等方面也会相应加大投资力度，政策重心主要指向供给侧改革、降税减费和保障民生等方向。不过，在“防风险”的基础上，“促改革”的重要性在2017年不断提升，国资国企、财税体制、金融体制等关键领域改革实现了重点突破。

受益于国家投资拉动内需刺激，目前我国钢铁物流领域总产值仍呈现出快速增长趋势。我国“钢铁供应链物流金融产品”客观上潜在广阔的市场前景。譬如：这两年，中国城市化进程刚刚起步，未来对城市居民住房需求将是刚性增长的，按每平方米60千克的用钢量计算，钢铁需求以及与钢铁需求相对应的物流金融当量，无疑也将是非常巨大的。面对如此庞大的钢铁物流业务市场，如何将广阔的前景蓝图变为现实还需国家及市场的进一步调节与推进。

二、匹配钢铁供应链物流金融服务创新

很显然，“十三五”时期是我国金融市场复杂波动的敏感时期。可以肯定的是，加快完善现代钢铁供应链物流金融合作具有十分重要的意义，它对于加强金融服务商与钢铁物流产业对接协作、支持实体经济转型发展必将产生积极的示范效应。而创新现代钢铁供应链金融模式，实际上就是寻找钢铁供应链中最大的核心企业，以其为出发点，力争为整条钢铁产业供应链条提供全面金融服务支持，以改善我国钢铁物流产业“产－供－销”链条的稳固性和资金有效运转的流畅性，从而提高我国钢铁物流整个产业供应链上各节点企业的综合竞争能力。

1. 金融服务商要增强市场意识，不断开发“适合需求”产品

对于一年国内生产总值逾3万亿元的行业市场来说，只有动产质押、保兑

仓、商票贴现、保理等几个产品，数量实在少了些。我们知道企业生产产品的价值，最终是要通过市场来实现的。而从企业发展情况来看，随着近年市场变化波动不断，多元化的“买方市场、卖方市场”的逐步形成，其经营观念已经从传统的“生产观念、产品观念、推销观念”向新型的现代企业市场营销观念不停转变。传统的经营观念，是以生产者或消费者为导向的经营观，核心是生产什么或销售什么就经营什么。而新型的经营观念则是以战略终端需求为导向，核心是需要长期的、可预见的、供应链合作共赢的新型经营业态。这种观念的转变，符合我国社会主义市场经济发展规律，更符合现代钢铁供应链物流金融产品与保理业务的“链式”原理。

不过，从目前发展情况来看，此类金融产品推广效果并不十分理想，经营效益也并不高。经过调查总结来看，这种状况并非是对新型经营观念的否定，究其主要原因还在于我们对目标市场调查不深、定位不准，市场营销方式、市场营销手段等不够十分灵活，尤其是在经营活动中，金融服务商在决策、管理、监督等诸多环节上，仍然带有较浓的传统主观色彩，忽略了产品适用对象的多元化，一味地追求“放之四海而皆准”的简单产品设计理念。在我国，金融企业是经营货币的特殊企业，它受体制约束，改革起步较晚，受所经营商品的特殊性质影响，其经营观念特别是国有金融企业的经营观念，从一定程度上讲，仍属于传统保守型的经营观念。但是面对时下已经开放、引入国际竞争的金融领域来说，进一步转变观念、增强市场意识已是迫在眉睫。当然，这需要我国金融服务商按照市场经济规律办事，要加强项目论证、市场调研，正确地确定目标市场，开发、培育稳定的目标客户群，使新型金融产品同样实现“产得出、销得出和有效益”。

具体来说，在目前市场经济条件下，我国金融服务商要做的事情是：以千方百计组织来的资金，设计出符合当前市场变化和具备自身特点的新型金融产品，去寻找风险可控度高的客户群体，而后通过培育客户群体，使这些金融产品能够被有效体验，并加快产生出相应效益。从目前状况来看，我国金融服务商要想做到这一点仍需考虑得多一点、深一点，透一点。按照市场经济规律的要求，积极开发更多、更好、能够满足目标客户群体发展要求的金融产品，并加以有效推广利用，在有效支持融资企业发展的同时，实现发展自己、实现自身价值之目标。值得注意的是，这一进程中也要求金融服务商对于客户群的不断需求，要认真研究，不能不分优劣、不做讨论，以没有对应的专门金融产品为理由，将其拒之门外。比如：我国钢铁供应链物流金融产品与钢铁贸易流通保理业务，应该就是基于钢铁供应链节点变化而不断衍生、发展的持续创新型金融产品。考虑到其本身就具备所有参与方的互保效应，只要风险可控，金融服务商就应该尽量降低其表观受信对象的进入门槛、规模控制等诸多传统限制，从而不断提升优质客户群的准入率。

2. 同步增强银企双向信用意识，共同营造和谐的社会信用氛围

信用是市场经济的基础，是市场经济条件下行业企业的生命，离开信用企业无法生存；同样，现在银行也是企业，银行离开信用也是无法生存的。而企业失信往往会影响银行信贷投入；同样，银行失信自然也会影响整个社会企业经营融资大环境。显而易见，“失信”这个词汇，在过去人们的意识中，只会想到某某企业、某某个人失信，造成恶劣的行业影响，但有没有考虑到，这种失信有可能也会是银行违反事先约定规则而造成的呢？不论是说“总行信贷额度不够、材料审核排队时间太长”，还是以“总行还没批、人民银行有窗口指导意见、头寸盘子不够”等各种所谓的正当理由来开脱，其实在某种程度上就是一种银行失信举动，而且已经使得许多企业为此付出了“成本提升、资金链断裂”等沉重而高昂的代价。

进入“十三五”时期，为重建银企之间新型信用体系，逐步营造“平等互惠、互相尊重”的信用氛围，使信用真正成为一种有效的社会资源，我们不妨率先研究设计现代钢铁供应链物流金融产品，使其成为我国长期、稳定支持钢铁贸易流通企业运营的银企合作诚信典范。具体而言，可以把电子商务平台作为此次创新现代钢铁供应链物流金融业务的综合媒介，以此为我国钢铁贸易、加工、融资、信息服务和物流仓储等供应链全方位提供服务。而通过综合媒介进行供应链融资的创新方法，既可以有效解决金融服务商在风险管控中存在行业信息不对称及管控成本过高的问题，又可以解决企业的跨区域经营、跨区域结算、跨区域融资问题，还能通过平台大数据提供透明的交易流程，为参与企业在融资、交易、物流等各环节提供业务对比，大大提高我国钢铁供应链上各环节的钢材交易和融资效率，降低融资成本。

当然，作为第三方钢铁电子商务交易平台，要努力成为现代钢铁供应链物流金融的综合服务提供商和钢铁全产业链的大力整合者，也并非一件容易的事情。在这其中，钢铁电子商务交易平台还需要解决自身的平台安全性、信贷风险管控系统、资金偿付便捷性与即时性等问题。特别是我国钢铁贸易流通行业一直以来就有“资金结算量大、风险控制要求高”的特征，使得交易环节的所有参与企业对电子交易资金结算的认可尚未达到一定水平。另外，由于我国特殊国情所致，这些参与企业中的佼佼者又多数是国有大型生产企业，无论是在产业链上的话语权还是整个社会地位都很大，这些无形中都会加大完成供应链整合和创新现代钢铁供应链物流金融服务模式的钢铁电子商务平台的推进难度。不过，随着我国钢铁供给侧结构性改革不断深化，未来一些钢铁电子商务交易平台在结算方式上的灵活性、对金融服务商融资的便捷性以及低成本高盈利的运营能力等优势，势必会推动我国钢铁全产业链向着有利信用氛围建设的方向发展。

3. 增强多方位协作意识，全力提高中小钢铁流通企业融资能力

俗话说，经济是金融的基础，而经济构成最广泛的基础却是中小型企业。不过在现实中，由于种种原因，一方面银行通过种种手段、种种方法给予大企业过度信贷，造成大企业信贷规模冗余；另一方面，银行会过分强调“规避风险”，对中小企业的合理资金需求不能予以满足。这就形成了长期“贷”无门的怪圈：一个是“放贷”找不到对象，一个是“贷款”从来无门。而这种现象在我国钢铁贸易流通行业表现得更为明显。这些年，银行对整个钢铁供应链的授信多数存在封闭、自偿和可连续等特征。所谓封闭性，是指银行通过设置封闭性贷款操作流程来保证专款专用，借款人无法将钢铁贸易流通信贷资金挪作他用；自偿性是指还款来源就是钢铁贸易流通过程中自身产生的现金流；连续性是指同类贸易行为在钢铁供应链上下游企业之间可以持续发生。

鉴于此，未来银行应该多一些与中小钢铁贸易流通企业的金融信贷合作探索，因为这是促进我国现代钢铁供应链物流市场融资环境发生转变的重要手段。有了这样的转变，未来银企双方借助供应链关联体信用，逐步增进了解、达成共识、加强协作、实现“共好式”发展是完全可能的。例如：有一种银行融通仓即存货融资，这种融资模式主要以仓单质押和动产质押为主，是我国钢铁贸易流通企业以存货作为质押向银行办理融资业务的行为。这种金融产品的创新不仅可以为钢铁贸易流通客户提供高质量、高附加值的物流与加工服务，还能为其提供间接或直接的金融信贷服务，极大提高了我国钢铁供应链物流金融服务的整体运转绩效活力。

三、钢铁供应链物流金融创新离不开银行

我们调查了解，经过同金融机构合作数十年的实践证明，未来加快完善我国现代钢铁供应链物流金融模式必须具备以下两个大前提：一是钢铁物流服务与金融机构要存在一致的目标客户群体（钢铁物流交易关联群体与金融信用核心关联群体），二是要能够在专业交易平台支持下进行物流、资金流“相对闭环”的过程控制。

事实上，我国钢铁物流中的生产商、流通商与金融机构合作的业务，客观上是参差不齐的，但在整个钢铁供应链物流过程中，利用某个核心企业信用或钢铁商品本身价值，作为现代钢铁供应链物流金融风险控制标的是完全可以实现的。我们以西本新干线标准商品电子商务交易平台的运行特征来看，经营规模较大的钢材消费客户、钢铁原材料供应商、钢铁生产商、钢铁流通商和物流服务商都可以作为核心关联对象，利用有效合约使其在钢铁物流过程中的商品交付、保管运输、债权履行等行为得到有效信用及法律保障，并据此选择与之对应的其他非核心关联利益参与方进行金融合作，尤其是西本新干线电子商务平台的合作支持。这样一来，不仅可以使钢铁供应产业链物流上的金融服务商在供应链物流金融产

品实施过程中，实时获得对称信息，还可以使金融服务商及时了解钢铁物流业务流程与资金流向，甚至通过电子商务平台合作可以有效影响或控制钢铁物流的实现。

显而易见，我国现代钢铁供应链物流金融模式是一项以电子商务平台为信用纽带，供应链上多方参与，并通过信用合力共同完成的企业信用或钢材商品本身价值融资的系统性工程。通常情况下，大家都会以“协作共好”的初衷利用自身资源，切实担负起各自应该担负的相关责任，尤其是在这一金融创新模式实施过程中遇到什么阻力、有什么困难，各方要及时积极主动地与相关方取得联系，获得各方指导和支持，不在等待、观望、拖延中浪费商机。与此同时，这也要求金融服务商主动增进对现代钢铁供应链物流金融参与各方背景的了解、业务操作模式的理解、非风险控制层面交流矛盾的谅解，共同建立一种互信、互助、互利的长期稳定友好协作关系。而对于银行来说，应本着“共好、共赢”的理念，对我国钢铁物流行业实施“有保有压、区别对待、因地制宜”的行业信贷结构调整，摒弃传统的“一刀切”做法。

步入“十三五”时期后，伴随我国钢铁供给侧结构性改革不断深化，我们应该加快构建钢铁流通行业企业信用分级评定管理办法，通过行业组织建立第三方市场化评级机构的市场口碑统计和发布工作，并根据不同信用评级分别推荐给银行，鼓励银行对信用条件好的中小钢铁贸易物流企业进行授信，这样，一方面可以确保一些优质钢铁贸易流通企业正常经营，另一方面通过分步退出“缺乏竞争优势、虚构贸易背景、关联程度密切、存在不良记录，以及盲目扩张”的客户，形成行业企业进退有序的良性运作机制，真正保障未来我国钢铁物流行业的健康、可持续发展。

第七部分

专题调查

第二十五章　中国地条钢乱象背后灰色利益链条调查

“地条钢”已经匿迹多年，但是危害建筑质量安全的悲剧却仍在一幕幕地上演，“楼脆脆”“楼裂裂”“竹签钢筋”余音未了，西安、合肥等地“瘦身钢筋”传闻又起，建筑用钢行业的潜规则屡屡被曝光，这些均在社会和钢铁行业引发了强烈反响。

我们不禁要问：究竟是哪些因素促使劣质建筑钢材大行其道，屡禁不止？又有哪些因素导致了这个行业畸形利益链条的产生？为此，我们通过大量实地走访调查，从生产源头到流通环节、从加工环节到建筑工地、从工程监理到追查整个产业链条上的种种“潜规则”，还原劣质钢材诞生的背后真相。希望此次钢铁供给侧结构性改革中能尽快完善建筑钢材质量监控体系，坚决严打“地条钢”，制定钢铁物流国家标准，完成天下尽“好钢”的愿景。

一、生产之怪象：劣币驱逐良币

黄先生是一位有着几十年从业经验的老“钢铁人”，现在退休了仍在从事建材市场的信息研究工作，可谓是和螺纹钢打了一辈子交道。对上海建材市场“劣币驱逐良币”的现象，他有着深刻的认识，“从品质上看，马钢、首钢等大钢厂产的螺纹钢最好，但其螺纹钢产品在上海几乎无人问津。而市场交易最活跃的却大多数是中小钢厂较次的产品。”对于造成这种奇怪现象的原因，黄先生分析说，价格问题是关键。大钢厂好的产品往往要比一般产品每吨高100元左右，为追逐利润，采购方往往会寻找低价的钢材来代替，这就造成好的产品在市场上几乎绝迹。

那么，为何相对较次的产品（劣币）却如此有价格竞争力呢？为了在市场竞争中生存下去，许多钢厂大打质量“擦边球”，为追求利润不按标准生产，而产品“负公差”成为业内熟知的潜规则。例如：国家规定轧制10mm螺纹下限公差不得低于9.3mm，而市场上大都在9mm左右。看似仅仅缩减了0.3mm，但浙江一家钢厂驻上海办事处的小刘算了一笔账。他说，正是这一点点偏差，足以让钢厂每吨至少能多赚二三十元的利润，成本与价格的优势十分明显。而且，类似这样的钢材大都集中反映在一些二三类品牌螺纹钢上。在走访调研中，我们还发现了更为严重的情况：在部分二三线城市，一些螺纹钢产品的实际内径甚至只有国家标准规定的一半，且无牌号标志、厂名或商标。对这类偷工减料牟取暴利的做法，市场人士很有怨气但也奈何不得。“现在大多调坯轧材厂都这么干，法不责众吧，而按标准生产的好产品根本没有价格优势。”小刘这样说。

不容忽视，凭借“负公差”，劣质建筑钢材生产企业赚取了惊人的利润，但是质量隐患却就此埋下了。曾经轰动社会的上海“莲花河畔景苑”倒楼事件给全国敲响了警钟。为此，上海市加大了质检力度，对于进入施工现场的钢筋，都需要实行增加检重测试。某种程度上，这一规定的严格执行是在质量控制点上抓住了关键和要害，一些尺寸和重量偏差不符合产品标准的劣质建筑钢筋渐渐会失去市场。但我们实地调查了解，这一问题并没有完全解决，在钢材市场上重量超负偏差现象还大量存在。据小刘描述，目前在一些钢厂“双头蛇”战术很是流行。即同一厂家生产的钢筋，有的标有“国标”，有的不标“国标”，既能应付质检又能满足市场需要，各有各的用处，价格上相差100～300元/吨不等。还有一些小厂“傍名牌”“挂名牌”牟利。花些钱，请大钢厂里派个人来监管，就可以名正言顺地搞“贴牌生产”；或直接收买国有企业的轧机，连同品牌及质量认证资质一并花钱买到，便开始挂“名牌商标”生产。实际上这些质量根本达不到要求，却能继续借市场品牌之利搞起“负超公差”生产。

当然，现在厂家逃避检测的方法也可谓“五花八门”。有些生产厂家尽管公差严重超标，但它们通过提高某些化学成分含量便可顺利通过测试；有些钢厂一次测试通不过，可以换样再检……自从倒楼事件后“超负公差钢筋”现在在上海基本失去市场，但大都跑到郊区或者周边其他城市，目前它的市场还不小。这两年，在我国供给侧结构性改革政策大力实施下，全国一共排查铲除7000万吨地条钢，对其后续发展打击很大。

二、流通之猫腻：搬石头砸自己脚

除了生产环节之外，灰色利益的传导在钢材贸易流通环节也未被“绝缘”。我国钢材流通环节的种种“潜规则”，触目惊心的背后是职业操守的缺失以及行业规则的泯灭。故事或许从竞标环节就开始了，当一个个令人瞠目结舌的低价竞标出现之时，“潘多拉魔盒”也就此打开。许多钢铁贸易流通商在低价竞标成功后，为了可以赚取更多利润，就会采用以次充好，换标牌、改质保、以负公差充国标等手法为项目工地送货。

对此，工地为保证收货质量，要求供货商必须做到质保书上的炉批号与钢材实物上的吊牌一致，但这种理论上的设想在实际操作中很难做到。因为钢筋经生产、检测、流通、运输入库等环节多次流转，炉批号早已被打乱，很难鉴别归类。而且，我国许多钢铁贸易流通商可以通过采用更改过的复印件来满足要求，为此，部分钢厂在质保书上特地注明“复印无效”字样，想为配送工地的钢铁贸易流通商设置供货障碍。但是“上有政策下有对策”，一些“精明”的钢铁贸易流通商又想出了新的处理钢材质保书的方法——抄写质保书解决问题，并在抄件上加盖“质保书原件在供方”的说明书。

坦白地讲，现在二三线城市送工地的流通商真正持有原始质保书，并与钢材标牌能够做到一一对应的只有极少数。此外，南方地区的钢材计量方法一般采用理算，这又能够衍生出新的猫腻。例如，整捆的钢筋在经过处理之后“外强中干”，只有捆表面的部分是整根，在“捆心”的部分都是断根。而且理算的钢筋都会在负公差上做文章，重量上一般都会“缺斤短两”。鉴于此，一些钢铁贸易流通协会曾多次召集专门会议，要求取消理算交货方式，理由是理算给假冒伪劣产品开了方便之门。但量算的成本太高，而且打假和理算是两个不同概念，不能混为一谈，更不能简单地把社会上超负公差钢材的盛行归罪到理算头上。

事实上，我国钢铁贸易流通商这种偷梁换柱的方法只能是“搬起石头砸自己的脚”。当钢材送至工地，精明的工程方其实心知肚明而又故意装作毫不知情，等到钢材被使用的只剩下 2～3 捆时，突然通知供应商家此批次钢材被查出严重质量问题，要求商家必须赔损。有时候，工程方开出的损失项目包括：合同违约金、工时费用、返工费用、损耗的其他材料、对其他建筑主体的损失、造成工期延时的甲方违约金等，这样一算，最后的总额是一个天价的数字，而通知供应商送货的批次钢材价值也就 20 万～30 万元，和索赔的价值不成比例，货款只能不了了之，招致贸易损失惨重。而且，往往遇到这种情况，许多钢铁贸易流通商也只能“打落门牙往肚里咽”，自认倒霉。

与此同时，值得一提的是，目前我国钢材流通市场中送工地的钢筋普遍以某某价格为标尺，然后比照它发布的价格再去寻找市场低价资源，从中获取差价，这已是市场公开的做法。甚至一些钢铁贸易流通商看到，有些钢厂的产品即使测试通不过，也可以换货，一旦被罚造成损失，仍然可从钢厂那里得到补偿，因此，一些见利忘义的钢铁贸易流通商大都选择“廉价质次”或低档次钢厂生产的钢筋。这些现象在我国三二线城市仍很“猖獗”。

三、加工之疯狂：拉“细”钢材，加“粗”利润

建筑钢材从钢铁贸易流通商手中流向建筑工地时，一般要经过校直、切断和成型，方便供施工方使用，这本是再正常不过的事。可意外的是，它们在流通中“拐了一个弯儿”，来到了所谓的钢筋加工厂。这些年，伴随我国城镇化建设的突飞猛进，拉动了数量不菲的建筑钢材需求，也催生了钢筋加工厂若“卫星”般地

分布在大城市周边。很多盘条或盘螺，经过这些加工厂的来料“黑加工”，被违规作业拉细，“瘦身”之后产生的不义之财，供加工方和施工方“分食”。据实地调查显示，这些企业大多分布在城乡接合处，位于城郊的偏僻之地或者很少有人问津的废弃厂区。一般要是没有人带路，陌生人根本找不到它们。

比如在河北石家庄，当年大规模的“三年大变样工程”进行时，市郊许多偏僻村落一个个小型钢筋加工机器昼夜轰鸣着。据一位送货司机描述：“最疯狂的时候，干这行的在石家庄及周边保守说也有上千家。”这些企业规模大小不一，小的只有一台机器，大的有五六台。刚开始每吨挣 30 元的加工费，后来搞加工的越来越多，为了争取到更多的活儿，加工厂就开始给施工方回扣，少则 50 元，多的有时高达 150 元左右。“加工方也不能赔钱啊！”给了施工方回扣钱，还必须给自己留点空间才能有钱赚。于是，钢材的拉细“瘦身”就应“运”而生。通常情况下，加工的钢筋规格有三种：直径分别为 10mm、8mm、6.5mm，如果把它们分别加工成 9.7mm、7.7mm、6.2mm，在当时是符合国家标准的。那么根据行业规则，可以给施工方每吨钢材返还 50 元。当然，如果还要再细些，可以分别达到 9.5mm、7.5mm、6mm，这样就可以给施工方每吨返还 100 元。每加工 100 吨钢筋，就给施工方结算一次，一般直接把回扣款打到卡上，而且负责把加工好的钢筋套子送到工地。

在这里值得一提的是，施工方送来加工时是按重量算，加工完返还时，一般要按长度算。这样双方才能都有“既得利益”，施工方拿到了回扣钱，加工方收获的则是“下脚料”。这些“钢筋瘦身”的加工厂对外揽活儿时，往往以向施工方提供有诱惑力的回扣款为手段，发展到后面就只靠“拉长钢筋剩余下脚料”牟取利润。据了解，国家规定线材加工后，直径不能少于原来的 4%，而盘螺则不能小于 1%。拉细的钢筋若超过国家规定标准后，钢筋内部结构就会发生改变，其抗拉抗折断能力就会大打折扣，很容易导致建筑物安全性尤其抗震能力大幅下降，甚至坍塌。

这背后究竟有多大利润，让他们愿意“铤而走险”呢？多年前，河北省正定县一家钢筋加工厂被工商部门查处，从账目记录上可以看到，该加工厂竟然有

19% 的毛利润。他们的拉丝机每天可以加工 5 吨钢筋，稍微加会儿班，每月就可以加工 800 吨钢材。除有时工地间歇或其他原因造成短暂业务中断等情况外，有些大的钢筋加工厂，一年能够加工 3000～5000 吨钢材，有的加工小作坊一年就能挣 200 多万元，此等诱惑大家可想而知。

四、工地之阴影："黑色需求"快速滋生

通常情况下，建筑钢材经过生产、流通等若干个环节后，最终要进入建筑工地，不过恰恰是在这一环节出现的问题最为引人瞩目。大部分城市建设工程项目的材料都是夜间运到工地，因为许多城市对货车都进行交通管制，可这个时候往往雇方、监理代表基本都在睡觉，此时也是躲避监理和雇方代表的最佳时机，一些"瘦身"后的钢筋送到后就会很快被悄悄使用到工程建设上，一般事后很难发现。其实，建筑公司在施工时可以偷工减料的环节也很多。比如减少应铺设钢筋根数、缩短钢筋"扎笼"时规定的接头长度等，都是行业惯用的手法。最为触目惊心的是，一些施工方为赚取暴利，要求工人每建筑起一层楼房便把安插好的钢筋向上拔出一节。拔到最后，6 层的楼房，底下 4 层的水泥柱里根本就没有钢筋。

频频出现"偷工减料"等操作，施工方也或多或少地对外表现着一些无奈。这些行业"猫腻"与国内建筑公司竞争激烈有一定关系。就拿工程项目招标来说，每一个工程都有那么多的施工单位抢着要做，如果这些施工单位不偷工减料，又将怎么弥补低价竞拍下的高成本预算，从何处赚取利润？据实地调查了解，这种操作已经成为行业潜规则。这两年，我国许多城市中的一些动迁房、经济适用房项目建设工程使用的钢筋大多为廉价产品，多少混杂着一些劣质钢材。在催生劣质钢材出现的本质原因中，"黑色需求"占据了重要一块。所谓"黑色需求"，就是指为了节约建造成本，主观上故意采购劣质建筑钢材用于房地产、基础设施项目建设的需求行为。

据了解，在基础建设领域，黑色需求多是来自于"中饱私囊"的个人利益驱

使，用纳税人的钱，打着基础建设的旗号，拼命偷工减料，造出诸多“豆腐渣工程”。而在房地产建设领域，依然有许多建筑商惯于在成本控制中打起建筑钢材的主意，主观上采购或者要求承办方采购劣质钢材以降低建造成本。可以说，钢筋的整个“瘦身”流程相关各方都是既定利益获得者，最终损害的只是建筑质量和公众的生命安全。中国建筑金属结构协会会长姚兵曾公开表示：“由于建筑结构质量问题，我国建筑物使用期限与我国规范规定的普通房屋结构所要求的50年以上或100年及以上的使用年限相差深远。”工程质量是建筑业永恒的主题，应尽快引起相关建筑企业的警惕。

五、验收之薄弱：短板亟待“修补”

在我国，监理单位和检测单位是工程建设质量安全的把关人。然而，这一环节却同样存在很多难以想象的问题。许多时候一些项目的监理单位在工程建设中起不到应有的作用，形同虚设。一些中小监理单位人员素质较低，“内行少、外行多”，不能给建设单位和施工单位提供有价值的咨询和指导意见，最后成了一个可有可无的角色，严重影响了其法定地位。但没有也不行，我国法律法规规定一定规模以上的工程必须聘请监理，因此一些监理单位就成了建设单位请来的摆设。

我们几经调查发现，除了专业知识的不足之外，监理人员也极易受到施工单位和钢材供应商的“诱惑”。主要表现在：利用自己手中掌握的权力，吃拿卡要，只要给好处，一些缺斤短两、质量低劣的建筑钢材也可以从他们手中顺利通关，随意地流入工地，给工程的质量安全带来隐患。与此同时，由于监管不当或缺位，多数建筑企业一方面可以享受由所谓增值服务带来的丰厚利润；另一方面，还可以大胆游走在采购产品的标准性和监督性的边缘。部分监管人员也许本身就是利益链条的受益者，面对行业潜规则，他们早就彼此之间“心照不宣”。不仅如此，建筑工地实行的送检制度也存在许多漏洞。近年来，随着越来越多的劣质建筑钢材通过各种渠道进入建设工程项目，全国范围内不断地发生类似于“上海莲花河畔”严重影响工程质量的事件，使得人们不得不置疑现行的钢材质量监管体系。

据实地调研，目前各类型工程项目建设中，建筑钢材质量广泛采取工程监理见证取样送检制度，这种制度存在先天缺陷。正是这种质量监测单位实行“对检测来样负责”的行业惯例，给了钢材供应商们很大的可乘之机。钢材供应商可以将合格的钢材拿去质量检测机构检测，然后再向工地供应劣质钢材，从中牟取暴利。另外，通过对检测环节的调查，建筑钢材一般到达工地即投入使用，而测试往往是需要一段时间的。因此，即使在检测环节中出现了不合格，但这些钢筋也已经投入使用或者即将投入使用，木已成舟，大多只能走过场或赔点钱了事。鉴于此，我国政府相关职能部门和行业监督机构的本位缺失给了不法企业及个人可乘之机。这两年，伴随我国钢铁供给侧结构性改革大势，希望可以加快规范施工单位的钢材采购、检测流程，通过改革建立规范的钢铁物流监督检验体系。

六、制度之盲区：封堵钢材质量漏洞

建筑钢材就好比是人的身体骨架。建筑钢材的品质好坏，不仅关系到建筑项目本身，且事关民生，影响极大。为规范行业秩序，中国物流与采购联合会钢铁物流专业委员会正在积极组织并实施我国钢铁物流国家标准体系的建设项目。项目具体包含了钢铁产品包装标识、钢铁物流操作、钢铁产品现货电子交易平台建设、钢铁产品与互联网信息交互技术等多个标准子课题。未来这些项目标准的实施将极大地遏制钢铁流通环节现存的一些不透明操作，为促进我国钢铁物流产业高效协同运行发挥积极深远影响。某种程度上来看，这也正是对钢材运输到建筑工地过程中的一种规范，可以有益规避建筑企业追逐劣质钢材的念头，大大提高建筑工程质量的保障率。举例说，目前各主要钢厂虽然主要品种的标识接近，但是仍未达成行业统一性，造成产品接收和验货往往要依靠惯例和经验来操作，给劣质钢材以可乘之机。对此，中国物流与采购联合会钢铁物流专业委员会将先期推出包装标识和钢铁物流操作的标准。

此外，要确保建筑钢材质量有保障，我国还要建立完善的第三方钢材质量检测监控体系。简单来讲，生产源头利润确保其质量——流通销售建筑钢材产品按钢水炉批号质量检测——检测合格后的产品去向登记备案。而第三方钢材质量检测监控由于其商业模式是以独立于买卖双方的第三方身份进行监督活动，因此，它在质量监控数据和业务管理上具有客观性和公正性，更具公信力。而公信力和专业品牌直接影响第三方钢材质量检测监控体系的成功与否。另外，只有第三方钢材质量检测监控体系的专业性和准确性得到了保障，才可以进一步得到市场认可。如此一来，通过引入第三方钢材质量检测监控体系，我们可以变“对来样负责”为“全程品质监控”。以往质量检测机构仅对来样负责的行业传统应转化为对平台销售的建筑钢材实施主动抽样、验货，确保质量过关。与之对应的创新是，可以采取“产地推荐”的制度，对不合格的建筑钢材采取“关闭大门”的做法，杜绝劣质钢材通过钢材交易平台进入工程建设项目。

总而言之，步入“十三五”时期，我国相关部门一定会逐步解决劣质钢材进入流通市场的难题，也会解决正规建筑钢材消费企业遭遇的难题——建筑钢材质量检验。因为眼下我们对劣质钢材倍感头疼的同时，也在为现行的送检制度深表无奈。这两年，无论消费企业是购买一车钢材，还是购买一吨钢材，都需要进行送检，这不仅仅增加无端的检测成本，而且还浪费了不少时间。鉴于此，第三方钢材质量检测监控与送检制度改革相结合的是产品流向备案制度、电子化数据统计模型、物流运输全程监控系统等，只有这样才可以真正为我国钢材产品流向监控和“逆向品质追溯”创造可能条件。

第二十六章　中国钢铁贸易流通信贷危机专题调查

始于2011年的中国钢铁贸易流通信贷泡沫，在2014年彻底破裂。时间，并未治愈这一创伤。接下来三年，这块“伤疤”仍在继续溃烂。而这一切皆因“钱”惹的祸。回忆这几年，我国钢铁贸易流通行业正如下山的火车，呼啸而去，大片企业倒闭丝毫不足以耗尽它巨大的惯性。这个曾随改革开放迅速发展繁衍、屡创商业传奇的行业所发生的巨变，已将众多企业的命运扭转。许多钢铁贸易流通商从创业时的赤贫，一跃成为富豪，再到如今负债累累，整个轮回过程也不过10年的时间。这10年间究竟发生了什么？看似牢不可破的信用担保“城堡”为何瞬间崩塌？曾经数千亿元的银行贷款为何突然“蒸发”？我们历时数月走访，层层剥茧，试图揭开这一谜团背后的真相。

一、倒闭名单背后谁之伤

在“跑路”“跳楼”等坏消息频繁出现的钢铁圈，巨大的压力使不少人最终崩溃。这个曾随改革开放迅速发展繁衍、屡创商业传奇的行业所发生的巨变，已将众多企业的命运扭转。如今，来自这个群体的钢铁贸易流通企业，几乎锐减了一半，并且还在继续不断减少。勉强活下来的企业，仍在继续挣扎。曾占据上海钢铁贸易流通市场五成份额，诞生出上百家净资产上亿元老板的福建周宁钢贸圈遭受的冲击更为惨烈。据周宁县上海商会统计：这两年，在我国长三角地区已有80% 周宁籍钢铁贸易流通企业因银行借贷无法偿还而破产或经营困难、濒临破产，仅有不到 20% 的企业在煎熬中维持正常营业，另有 700 多人被通缉，300 多人入狱，上千家企业成被告，上万张个人信用卡被严重透支，如图 7-26-1 所示。

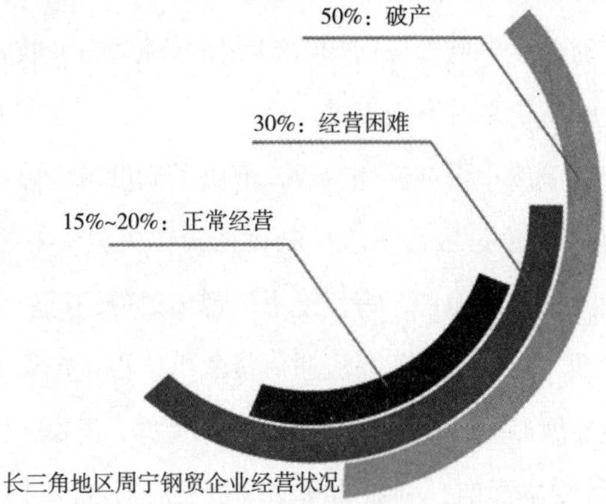

图 7-26-1　长三角地区周宁籍钢贸企业经营状况调查

曾无限风光的钢铁贸易流通企业为何会沦落到如此境遇？问题仅仅出在钢铁贸易流通行业自身吗？造成当前我国钢铁贸易流通资金困局，原因是多方面的。可以说，既有钢铁贸易流通行业自身野蛮扩张的蒙昧，也有银行金融体系监管的疏忽；既有宏观经济周期的调整，也有银行对政策执行的武断和失位。可不可否认的是，钢铁贸易流通信贷泡沫越吹越大，也暴露了金融体系存在的一些严重问题。比如：空单质押、重复质押、虚假骗贷，这些对钢铁贸易流通行业的乱象指责，恰恰也正反映了银行金融体系监管的缺位。这种监管缺位既有机制体制的原因，也有利益的驱使。由于监管缺位，导致个别钢铁贸易流通企业肆无忌惮，最终带来的后果是对无辜企业的连带，从而造成整个钢铁贸易流通行业利益受损、集体蒙羞。

众所周知，由于以往我国钢铁贸易流通业务带来的巨大效益，在强烈的业绩冲动面前，银行的风险控制体系出现集体“失灵”。面对钢铁贸易流通行业客户，银行看到的更多是其带来的高额回报，忽视了其背后隐藏的高风险，以致银行最终陷入了“骑虎难下”的尴尬境地。这一期间，部分银行还在授信等环节变相依赖担保公司，形成严重的“路径依赖”。对担保公司的过度依赖导致商业银行完全把自己的命运押注在担保公司身上，以致风险爆发时无力掌握自己的命运。而最让钢铁贸易流通企业腹诽的是一些地区的银行每年因融资有将近 250 亿元进账，但当危机来临时，金融监管部门却对钢铁贸易流通行业收贷实施“一刀切”，让行业十几年建立的诚信系统形同废墟。

当然，衡量金融制度是否完善和有效，取决于制度本身能在多大程度上解决信息的不对称问题。无论是银行风险控制体系集体失灵、对担保公司的严重依赖，还是监管部门收贷“一刀切”等，无不体现出目前的行业金融制度仍难以解决信息不对称的问题。我国钢铁贸易流通信贷危机、银企矛盾正用血淋淋的事实和教训反映出行业金融制度存在种种亟待改革的问题。正如一位业内资深专家所言：“在这种制度性缺陷面前，一味质问钢铁贸易流通商的良知、道德，很明显如同拷问一个被锁在屋子里饥肠辘辘的孩子为何要吃掉桌上的蛋糕一样。”如果是一两家钢铁贸易流通企业倒闭也许仅仅是个案，但当行业企业“大面积失血”带来系统性风险时，我国钢铁贸易流通商、银行、担保公司、金融监管部门和地方政府，均已在上演“多输”的危局。

作为中国市场经济的自发先行者，以贸易流通起家的钢铁贸易流通商，在最近几年如此迅速地走上一条去实业化的泡沫经济之路，又最终被淹没在信贷泡沫中，究竟是谁之过？冷静思考可知，在当年种种利好政策下养成的对贸易价差的路径依赖，使得众多钢铁贸易流通商升级乏力、转身艰难，进而在需求不振、利润微薄、国内结构调整的大格局下进退失据，转而进入资金扩张、民间借贷等局部暴利诱惑之中。而这一期间我国金融机构监管失位，更加助长了钢铁贸易流通行业各类资金违规运转的热情，如此一致命链条的打通，更令钢铁贸易流通金钱生意势成燃油。一推一拉之间，追泡沫之途得以铸就。而及至宏观调控由大松转至大紧，部分钢铁贸易流通商陷入死亡的命运已然注定。面对这场席卷全国的钢铁贸易流通系统性信贷风险，单纯指责任何群体都无助于问题的解决，系统性风险更需我们冷静思考，寻找到系统性的办法来加以解决。科学构建金融风险管理机制，既让需要钱的中小企业贷到钱，又要全流程掌控授信中的风险点，提升金融机构的金融风险管理效能，亟待成为产业金融领域研究的重要课题。

二、2000 亿元，去哪儿了

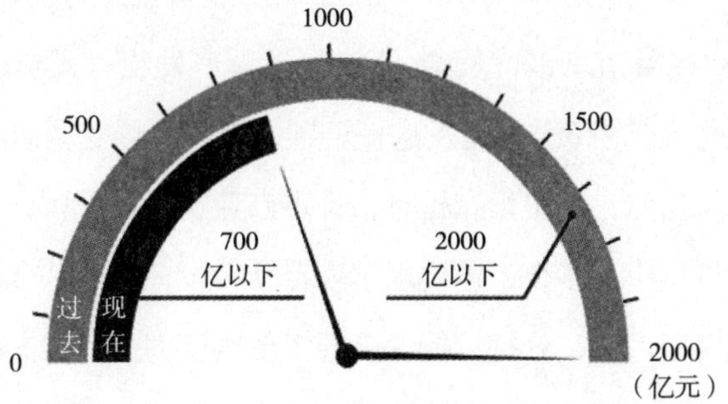

图 7-26-2　上海钢贸企业银行贷款规模变化状况调查

2000 亿元，去哪儿了？据上海市银监局统计，在行业繁荣时期，仅上海地区钢铁贸易流通企业贷款余额一度接近 2000 亿元（见图 7-26-2）。这其中还不包括自有资金和来自亲朋的拆借资金。而如今，整个行业陷入大面积信贷危机，一边是银行追债收贷，一边是贸易商疯狂筹钱。钱究竟去哪儿了？对此，金融机构纷纷叫苦，行业企业拼命喊冤。

1. 轻松贷一亿

究其源头，还要从 2008 年世界金融危机说起。当时钢价一年内上演了一大波“过山车式”暴涨暴跌行情，许多钢铁贸易流通商陷入亏损，第一次尝到苦头，靠“赚差价”夹缝生存的他们对此并不甘心。而后，随着“四万亿”刺激政策的出台，银根一路宽松，我国更多的钢铁贸易流通商开始投身现货贸易。由于现货贸易需要从钢厂直接拿货，要求做钢厂的常年代理，所以需要大量资金垫付，这正好与银行当时的信贷宽松政策一拍即合。而之前上海80%以上的中小钢铁贸易流通商以“搬砖头”生意为主。从2009年开始，银行与钢铁贸易流通企业因这种所谓的“情投意合”，开始从相恋步入热恋。当时在上海许多钢铁贸易商圈内，几乎可以同时看到国内十几家大型银行设立的分支行。也正是从那时开始，钢铁贸易流通信贷泡沫逐步产生并不断膨胀起来。可以说，当时各个银行都急于想把款贷出去，只要在市场内碰到银行业务员，简单聊一聊，然后按银行的清单要求填写一下就可以贷钱。“我填写后没两个月就下来3000万元，接着南京银行贷给4000万元，广发银行又贷给3000多万元，一下子就拿到1亿元的融资。”提及这一话题，有一些接受调研的企业代表便按捺不住侃谈起来。当然，在银根宽松时，许多商业银行对下属分行的考核指标也很多，不光要求放贷出去多少，还要求年度存款多少，各类基金、理财产品销售多少等。为顺利完成考核，分行只能继续向下传导压力，基层支行业务员为了不丢工作，甚至开始帮助不达标的企业填写申请表，想尽办法拿下贷款。其实这样的现象，在当时比比皆是。我们走访调研中发现，许多钢铁贸易流通商在言行里都透露出了这一信息。

而江苏银监局无锡银监分局戴玉明在一篇《无锡钢贸信贷高收益泡沫破灭的调查与思考》署名文章中更是坦言，商业银行不科学的考核制度，为钢铁贸易流通信贷泡沫的滋生提供了温床，成为其信贷风险积聚的“火药桶”。钢铁贸易本来属资金密集型行业，需大量的银行贷款来维持运转，在圈内，银行贷款过亿的企业只能算中型，大型钢铁贸易流通企业的银行贷款更多。那时大家都看好这个行业，为加快扩张都在疯狂借贷。据调查，在2009年一年内，仅上海地区的钢铁贸易流通商在外地新投建的钢材市场数量超过150家，其中江苏有近80家新建钢材市场。

2. 挥手赌行情

到了2010年年底，我国整个钢材市场形势开始出现“萎缩”迹象，钢材滞销，钢价倒挂，市场跌声一片。无奈之下，许多钢铁贸易流通企业开始把接下来的传统冬储行情（年底大量囤货，第二年年初出货）视作“翻本”的大好机会。可 2011 年初，这一延续了多年的传统上涨行情不仅没能出现，钢铁市场价格形势反而急转直下，萧条的景象开始进一步加快蔓延。面对突如其来的又一波折，多数钢铁贸易流通商不愿放弃。当年的钢厂全年代理已经签订，也已容不得他们退缩。不曾想到，其实冬储行情就是从这一年开始消失的，2011 年之前这种行情都会出现，现在真的没有了。尽管大家知道已经在亏损，可还得继续寻求银行贷款，让资金链条继续周转下去。比如：一开始行情好的时候，每月需要 2 万吨库存，然后销售出去之后，再偿还银行利息，自己还能赚到一部分钱；后来市场价格出现严重倒挂，很快就赔进去了，周转资金越来越少，要想再次囤货只能再从银行进行借贷。

行情亏损一波，借贷就追加一些。究其原因：一方面钢铁贸易流通商要保障每月接收代理钢厂年初定好的采购量。因年初这些钢铁贸易流通商已给钢厂至少 500 万的保证金，且每个月都压货，完不成销售任务的话，不但保证金拿不回来，还会面临价格上浮、无返利等“威胁”。另一方面，这些钢铁贸易流通商还想继续扩大其在银行的贷款额度，因为要偿还上月借贷利息和弥补市场价格倒挂带来的经营亏损。事实上，这在圈内还是好的情况，说明在下跌行情中做到了快速清仓，而后面让钢铁贸易流通商感到更加痛苦的是钢材滞销。接下来几年，我国钢铁市场严重供过于求，加上多数人对市场抱有侥幸心理，就选择大量囤货以此冒险赌行情，结果经营亏损和银行欠款越来越多。

据西本新干线电子商务交易平台监测数据显示，从 2011 年开始我国钢材价格从 5110 元 / 吨一路跌至 2015 年最低时的 1870 元 / 吨，五年内连续跌去 3240 元 / 吨。按照上海每年的钢材交易量约为 1 亿吨，以这五年钢价平均每年下跌 600 元 / 吨计算，完全囤货五年下来将亏损掉 6000 亿元。如果按照快速出货，每吨每月平均倒挂 20 元算，五年下来累计亏损接近 1200 亿元。调研中有企业反映，这五年来公司在跌价行情中总体亏损了 80% 左右。后来形成的结果是：“越囤货越亏，越贷款越亏”，由此我国钢铁贸易流通商的“资金黑洞”变得越来越大。

3. 资金被吞噬

一边是贸易持续亏损，一边是承担高额的财务成本。2011 年年底银行迫于市场风险开始紧急抽贷。因为“钱”，这对刚刚热恋不久的情侣开始闹起别扭。钢铁贸易流通商开始抱怨，钱越来越少，贷款越来越紧。他们不得不承认，我国钢铁贸易流通行业的暴利时代已经过去，现在即使运转再好的企业也很难保证用正常的经营利润来弥补财务成本。

对此，我们简单算了一笔账：比如在前两年，一家钢铁贸易流通企业通过钢材市场、担保公司要在银行贷款 5000 万元，贷款下来银行一般会让全额返存，然后再给出一张 5000 万元承兑汇票（采用全额承兑汇票），这样就相当于一笔贷款要承担 5000 万贷款利息和 5000 万承兑贴现费用。而且按一年期来算，这笔贷款下来还要去掉 40% 的保证金和总计高达 27% 的财务成本（一年贷款利息、财务顾问费、开票费、承兑汇票贴现费甚至包括购买银行一定量的保险、基金和理财产品等），如此看来，这笔贷款真正到手的自由资金还不到 2000 万元。当然，这还算是正常费用，中间还不包括至少二次的短期民间资金拆借（贷款前的保证金和贷款期间部分银行要求半年全额还款一次所需的临时拆借费用，一般月息在 3%），甚至还有一些其他“表外收费”，如图 7-26-3 所示。

图 7-26-3　一家中型钢贸商贷款 5000 万后一年资金流向示意图

我们在调研中还发现，我国钢铁贸易流通信贷危机最严重时期，一些地方性商业银行对钢铁贸易流通商的贷款利率一般都会在基准利率上上浮 40% 左右，如果不算上述保证金和民间拆借，其他各种费用加起来，整体财务成本可达 27%/ 年。也就是说，即使当时不做生意（没有产生贸易亏损），这 2000 万元基本上用不到两年就被吞噬掉了。当然，甚至还有部分银行在基准利率上最高上浮 60%，在持续下跌行情中，我国钢铁贸易流通商是根本没法通过正常贸易赚回的。运转好的企业如果能把办公成本收回就已经算是不错了。我们不妨站在钢铁贸易流通商角度计算一笔办公成本：比如一家 20 人左右拥有三个网点（在上海 3 家钢材市场均有商铺）的中型钢铁贸易流通企业，一年下来包括商铺租金、人员工资和电费、网费以及物业费等一般在 100 万元以上。鉴于此，后来有一些撑不住的钢铁贸易流通商开始挪用贷款转投房地产或者其他高回报行业，本来为了捞一把“快钱”结果反而加剧了企业资金链断裂。

4. 走上不归路

其实，这一期间，我国钢铁贸易流通行业还有一些坚守者，就是想做好钢铁贸易主业，想长期做下去，所以只能硬着头皮苦等行情、鏖战市场、继续囤积钢材，可囤货便需要有银行贷款不断地输血。出乎意料的是，为了维持企业运转，不得不开始利滚利，结果银行贷款越欠越多，久而久之，只能被迫陷入了“滚雪球”式亏损，雪球越滚越大，现在已经停不下了。不过，随着无锡一洲董事长跑路事件曝光，瞬间在钢铁圈炸开了锅。之前与钢铁贸易流通商“热恋”的银行开始“反目为仇”。一时间内，全国各地许多银行开始对钢铁贸易流通商实施紧急收贷、限贷甚至停贷，不仅严查钢材质押类贷款，还将钢铁贸易流通商普遍存在的联保、互保贷款模式列入了“黑名单”，对原先的纯联保、互保类贷款则采取“只收不放”。

我国钢铁贸易流通信贷的骤然告急，终于引爆了深藏在行业融资链条上的定时炸弹。当资本大潮退去，我国钢铁贸易流通商才恍然发现自己多年来一直在“裸泳”。起初银行的贷款就像广阔无边的海水，遮掩了钢铁贸易流通商的资金匮乏和实力，现在水被突然抽干了，企业已无法以游泳的方式再回到岸边，最后只能被裸着晾在沙滩上。折腾下总会好于等死。于是，我国许多钢铁贸易流通商同银行“分手”后，开始大量寻求民间高息资本来过桥周转或用于偿还银行贷款利息。可这在亏损行情下同样是利滚利，而且越借资金黑洞就越大。一些从银行贷款做现货的钢铁贸易流通商经过这么一折腾，彻底赔光家本了。比如：上海某钢铁贸易流通企业从 2009 年便开始从银行贷款，最多的时候贷到 1.3 亿元，可后来把自己所有的存款和钢材货物以及之前自有资金购买的多套房产、车等折现后全部加起来，才偿还了银行 9000 万元，还剩 3000 多万元没有还上。

鉴于这一情形，全国各地钢铁贸易流通协（商）会开始纷纷发表《倡议书》，也称之为行业地震式“预警”。造成今天的情形是时代的必然，不是大家恶意想走到这一步，这些年我国钢铁贸易流通商不贷款是没出路，贷了款就是死路，走了这条路就是不归路。发展到如今，我国钢铁贸易流通行业已经出现大面积企业倒闭潮，而许多濒临倒闭的企业开始试着用个人信用卡偿还之前的银行贷款和民间拆借利息，然后再进行信用卡分期还款。因为他们认为：一方面这样起码可以多维持经营一段时间，还有机会等到行情到来；另一方面，还不上钱不只是企业倒闭的问题，很可能个人都要被法院起诉的。行情究竟何时到来，决定着这些钢铁贸易流通企业的命运转折。

根据调查统计，在我国钢铁贸易流通信贷危机最严重时期，上海地区平均每周都会看到有钢铁贸易流通商被诉讼的案件开庭。许多股份制银行往往还会一下集中起诉上百家钢铁贸易流通商。尤其是针对一些联保贷款企业，一垮就是好多家。其实，钢铁贸易流通行业设立联保、互保融资模式的初衷，本是考虑更大程度地为金融机构规避风险，而现在看来，竟成为“一荣俱荣、一损俱损”的代名词。据福建省一家在沪商会保守估计，截至目前会员企业中因银行借贷倒闭的钢铁贸易流通企业占到总体的 90%，被起诉的钢铁贸易流通企业已超过 60%。如今，整个行业已经陷入大面积信贷危机，一边是银行追债收贷，一边是贸易商疯狂筹钱。钱究竟去哪儿了？伴随这两年我国钢铁供给侧结构性改革大力推进，我们真切期盼能够尽快找到提振钢铁贸易流通业的“救赎”之道。

三、十年一梦，路在何方

可以说，十年河东，十年河西。我国钢铁贸易流通行业从繁荣到衰败也不过十年时间而已。繁荣的时候，钢铁贸易流通企业以资源为王，谁有资源谁就能赚大钱，买豪宅、开跑车。为此，想吃这块“蛋糕”的人也越来越多。到2006年，全国钢铁贸易流通企业已迅速扩张至近20万家。钢材市场的停车场里，劳斯莱斯、宾利、玛莎拉蒂、法拉利之类的豪车比比皆是。

然而，美景总是短暂的。随着“过山车”式暴涨暴跌行情闹剧一次一次上演，钢铁贸易流通天然的资本逐利性，使得一些把持不住诱惑的企业开始纷纷转战资本市场，赚快钱、赚大钱。伴随资本市场的诱惑不断放大，久而久之，我国钢铁贸易流通信贷泡沫化隐忧开始显露无遗。当然，在这一进程中，由于部分商业银行间为争夺市场，在信贷监管制度上的马虎，同时为我国钢铁贸易流通信贷泡沫的滋生提供了温床，使得这一泡沫越吹越大。据不完全统计，我国钢铁贸易流通信贷泡沫于2011年达到顶峰。当时，仅上海地区银行在这一领域的信贷总额一度达到近2000亿元。可后来伴随国家宏观经济形势出现转折，银行信贷规模急速收紧，许多钢铁贸易流通企业源源不断的信贷资本戛然而止，资金链瞬间陷入断裂边缘。

行业危机一触即发。接下来两年，我国钢铁贸易流通行业开始频频掀起“重复质押骗贷”“倒闭潮”“跑路风波”等一列震动行业的丑闻。为此，整个行业企业的信贷业务开始迅速跌入深渊，信贷资产质量急剧下降并持续恶化，从开始的“不差钱”到“钱紧”“钱荒”，甚至到“被逼债”，一度繁荣无比的钢铁贸易流通信贷泡沫宣告彻底破灭。十年一梦，终须醒。时至今日，我国钢铁贸易流通企业再次站在了风云际会的当口。整个行业企业的多米诺骨牌性倒塌仍在蔓延，市场开始历经一场血与火的严峻考验。除了一些破产倒闭的企业外，还有一大部分名存实亡的“空壳公司”陷入了苦苦熬守的境地。事实上，酿成这一后果的背后，也充分折射出在激烈竞争的钢铁贸易生态圈内，经营者内心从坦然到浮躁的一种人性暴露，以及一个草根行业在遇到风雨突变的经济变革大潮时表现出的种种不适与无奈。

当然，我们也要看到行业危机带来阵痛的同时，无形中也蕴含着重大历史机遇。中国物流与采购联合会钢铁物流专委会主任虞钢曾多次强调，“我们正处于一个伟大变革的时代，这是一个各种力量相互交织碰撞，是一个化腐朽为神奇的时代。有些东西正在消亡的过程中，而另一些事物正在经历着分娩的痛苦。行业洗牌中的阵痛需要我们痛定思痛、痛中思变，只有积极学会自救，加快寻求出适合自己的新路向，才能立于不败之地。”

第二十七章　“当钢铁遇上互联网+”调查研究与案例分析

对于中国钢铁产业来说，没有一个时代像今天一样，对变革和转型的需求是如此迫切。同样，没有一个时代像今天一样，让中国钢铁产业变革和转型来得如此之快。这一切，都是因为“互联网 +”。无论是顺应潮流与第三方电子商务交易平台主动合作，还是勇敢“触网”自建电子交易平台，总之钢铁电子商务的出现，为中国钢铁产业在供给侧结构性改革中寻找未来发展方向和转型升级模式创造出新的机遇。

众所周知，自 2012 年以来，我国钢铁行业一直处在严重产能过剩的市场大环境中，整个钢铁行业面临着剧变：钢厂整体陷入困境、银行等金融机构进行大规模“抽贷和限贷”、相当数量的钢铁贸易流通商出现危机且有许多已经退出市场、一些仓储和加工配送企业的利润明显下滑甚至经营亏损……重重危机下，钢铁行业路在何方？我们且不去评论钢厂是与第三方电子商务平台合作为好，还是自建电子交易平台为佳，因为还有一些钢厂面对电子商务这种已经不算新的“新事物”，在迟疑、在观望，甚至有些心里还在“排斥”和“抵触”。

那么，从 2012 年逐渐兴起的第三方钢铁电子商务交易平台，究竟能为我国钢铁行业带来什么影响？接下来，我们将通过调查研究和案例讲述，以这些代表性钢铁生产企业的所思、所想和所感，全面诠释行业困境下“互联网 + 钢铁”的意义所在。

一、西王特钢借电商之力“抢滩”华东市场

近年来，面对钢铁行业“严冬”加剧，我国许多钢铁生产企业开始借助第三方电子商务交易平台尝试“突围”。“当前钢铁行业集中度太低，产能过剩与恶性竞争严重，电子商务正在重构这一市场新格局。”在“西王少帅”王棣看来，这是一个未来发展趋势，西王集团会紧紧抓住这一机遇，提升实体经济的创新力和生产力。

作为一名80后，西王集团董事长王棣不仅帅气沉着，更有着敏锐的市场观察力。事实上，“互联网+”介入大宗商品物资领域，绝不是简单地仿照京东与淘宝网等第三方“生活快消品”电子商务模式，大宗商品电子商务有很多仓储物流和配送服务的细节以及资金沉淀问题，所以不自建的情况下，选择第三方电子商务交易平台，一定要认真考虑有着丰富销售渠道和优质服务功能的平台。

据悉，王棣同时掌管着“西王特钢”“西王食品”“西王置业”三家上市公司，是目前中国2000多家上市公司中最年轻的董事长。公开资料显示，隶属于西王集团的西王特钢有限公司，始创于2003年12月，在我国钢材市场经历了数十年的跌宕起伏，在目前困难重重的逆境环境里，西王特钢却走出了自己的一条特色之路。2012年2月在香港联交所主板上市，是近十年来唯一一家登陆香港联交所的内地钢铁生产企业，开创了国内民营钢铁行业的先河。

1. 借电商之力“突围”

当前，“我们非常希望能够借助电子商务平台，再次改变现状，实现一次新的突破。”在王棣看来，这几年，我国钢铁市场的严峻性主要表现在下游用钢终端需求的羸弱以及钢材经营利润的扁平化，而行业更是陷入了竞争白热化。钢厂在此等形势下的订单相对于以前是减少的，排产计划有时候会因此出现无序性和不确定性。而我国钢铁销售端则是被动地跟随市场，为了争夺甚至保留有限的市场，不得不以压缩利润的方式去抢订单、抢客户。

我们从钢铁电子商务行业的定位中不难发现，这一点，钢铁生产企业和电子

商务平台的利益是高度一致的。某种程度上来看，由于电子商务交易平台本身是比较公开透明的，市场供需情况可以直接传导给上游钢厂，不但能够通过及时数据给钢厂排产计划、出厂定价提供重要的量化管理依据，而且还能有效地帮助钢厂扩大在终端市场的销售份额。

在王棣眼里，通过与第三方电子商务交易平台两年来的深度合作，西王特钢在华东地区的销售量不仅实现了稳步增长，也一定程度上提升着西王特钢在南方市场的产品品牌价值。尤其是钢铁电子商务交易平台丰富的销售渠道为西王特钢打开了多个瓶颈区域，相信未来还有很大的拓展空间。据了解，西王特钢年产能 300 万吨，山东本地以及周边省市销售占比约在 60%，与电子商务平台合作后，省外市场销量出现明显提升，“目前通过电子商务交易平台的销量每月可以超过 2 万吨左右”。未来西王特钢在南方的销售区域还将进一步扩大，销售品种也将会有所增加，以往西王特钢只涉及建材领域，目前正在拓展优特钢，并尝试通过解决个性化服务的问题，提高优特钢的市场占比，以及西王特钢在华东地区的市场品牌知名度。

2. 海外市场再“发力”

如果说，西王特钢借助我国钢铁电子商务交易平台已经“突围”销售半径，那么接下来转型轴承钢便是向更高端特钢生产企业迈进。创新技术领跑，高端制造先行。打开销售半径的同时，更要专注提升产品质量，这也是钢铁供给侧结构性改革的目的之一。王棣认为，“我国钢铁产能严重过剩，可精品高端钢材供给却不足，西王特钢要逐渐形成以生产轴承钢、汽车用钢、齿轮钢和工程机械用钢为主的高品质特殊钢生产经营模式。”对此，这两年西王特钢已先后和洛阳轴承研究所、中科院金属研究所建立全面合作，并加快了钢铁产业结构调整和产品转型升级步伐。截至目前，西王特钢产品已广泛应用于风电、石油钻采、船舶、工程机械、家电等中高端领域和特殊领域。另外，西王特钢与中科院金属研究所合作生产的高端装备用特殊钢钢锭，多是经过流通加工后出口到国外，主要用于风机的法兰。

与此定位不谋而合，我国钢铁电子商务交易平台也在加快建设此类高端产品海外销售网络。伴随钢铁电子商务时代的到来，搭建跨境钢铁电子商务交易平台将是未来发展趋势之一。这两年，找钢网已先后将安阳钢铁、西城钢铁产品销到韩国首尔，并为战略合作钢厂赢得可观的回报。这样的成功案例，对西王特钢来说颇具吸引力。西王特钢作为较早“试水”钢铁电子商务的传统钢铁生产企业，已在考虑加快通过电子商务实现海外销售合作。王棣说：“目前与第三方电子商务交易平台合作的销售份额仅占西王特钢产量10%左右，以后包括轴承钢等高品质特钢领域合作空间还很大。”希望未来可以把自己的产品与信任的钢铁电子商务交易平台绑定起来，一起做大做强。当然，面对当前形势，我国许多钢铁生产企业通过加强互联网信息、数据和物流信息化领域的深层次合作，不排除在时机成熟的时候打造自己的钢厂电子商务直销网络平台。

二、河钢集团借“互联网+”增强创效服务

伴随我国钢铁供给侧结构性改革与“互联网+钢铁”浪潮兴起，河北钢铁电子商务市场已经悄然起舞。2016年，河北钢铁交易中心在线交易量已超过5000万吨。这两年，河北钢铁交易中心不断强化创效服务在整体经营中的主体性地位，积极适应市场变化，坚持以完善渠道建设为基础、以提升客户价值为中心，积极参与“互联网+钢铁”战略性大发展。尤其是在全国钢铁市场长期“萎靡不振”下，河钢集团的“互联网+”创效思路也正在变革河北钢铁市场的传统交易模式和经营模式。

1. 钢材贸易全国“E”动起来

“互联网+钢铁”既是钢材销售方式的一种革命，又是采购方式的一次革新。“就像年轻人在淘宝商城买衣服一样，我们要借助电子商务手段，让每一个有钢材需求的客户随时随地可以通过网络在线平台买到钢材。”河北钢铁交易中心总经理、河钢集团国际物流有限公司副总经理冯彦民此前形象地说，这样钢材

生意才能真正地全国“E”动起来。

据了解，这两年，河北钢铁交易中心除了优化完善“网上拍卖场”“在线金融”两大创效服务之外，还尝试创新开展钢材“电商园区”销售经营模式，并已经积极布局北京和天津等现货钢材市场。“电商园区”是河北钢铁交易中心自主战略规划版块，真正开创了一种“线上和线下、虚拟和实体”相结合的钢铁电子商务市场销售新模式。对此，中国物流与采购联合会钢铁物流专业委员会秘书长王建中评价：近年来，我国钢铁电子商务行业在平台数量和钢材交易量方面成绩斐然，但如何能够完善解决滞后的配套物流体系才是根本，不然电子商务就是空的。而河北钢铁交易中心独有的“电商园区”，就是为改变这一现状而积极展开的一次落地性的尝试。

河钢集团资本运营总监张建忠认为，“互联网 + 钢铁”可以引导我国传统钢铁制造行业转型，并加速其获取“物流”和“资金流”的流量收益可能。不容忽视，物流有可能是我国钢铁生产企业下一轮巨大利润来源的盈利点之一。据此次调查数据统计显示：多年来，我国钢铁行业的物流成本大约占比在 18% 左右，这一水平已经高出全球发达国家的一倍。很明显，“十三五”时期，我国钢铁物流流量收益的提升空间还将很大。

2. 循环物资交易额超过 10 亿元

事实上，对于我国“互联网 + 钢铁”领域的拓展，河北钢铁交易中心表现真正“抢眼”的是循环物质交易。这些年来，河北钢铁交易中心正积极发挥集团品牌优势，引领钢材销售模式转型升级，并尝试通过不断优化和完善网上支付业务，利用电子商务交易平台高效处置废次材、废旧物资和闲置设备等循环物资，在努力实现着钢铁交易价值最大化。截至 2017 年初，河北钢铁交易中心循环物资线上竞拍两年多来，共实现交易额超过 10 亿元。而且，河北钢铁交易中心注册会员已接近 1000 家，业务区域涵盖整个华北地区，并辐射到华中与华南等地区。与此同时，河北钢铁交易平台重点打造的“线上支付功”得到了广泛应用，上述近一半交易额正在采取线上支付结算。

这也顺应了我国钢铁供给侧结构性改革与创新，符合河北经济总体转型发展的大趋势。以《河北省电子商务发展3年推进计划（2014—2016）》为依据，河北省电子商务行业以“产业电商”为主，着力推进“专业网购平台”建设，积极发展独具特色的电商之路。其中，“做大宗商品的电商交易平台就是河北的特色之一”。河北钢铁交易中心副总经理王志海透露：“目前河北钢铁交易中心正在积极探索完善电商园区、物流服务、金融服务等功能，并全力推进移动端服务战略，未来将建成我国钢铁规模较大和品牌影响力专业化、国际化的现代钢铁供应链物流电子服务平台。”

三、联鑫钢铁借“互联网+”提升市场品牌价值

入选了，入选了，终于入选“放心钢”了！2017年9月12日，在得知自己企业的“黄海”牌热轧钢筋正式入选“西本新干线优质商品（钢材）认证品牌”之后，江苏盐城联鑫钢铁有限公司（简称“联鑫钢铁”）各地经销商难掩自己内心的激动和喜悦。据了解，西本新干线优质商品（钢材）认证品牌由“西本新干线标准商品电子商务交易平台”发起，而具体认证工作委托中国物流与采购联合会钢铁物流专业委员会优质商品品牌认证组委会展开。这几年，因其率先发起行业第三方“反追溯”质量监管机制，被贴上了“放心钢”的标签，深受终端建工采购市场青睐，而且价格也会比市场同类产品高出20~50元/吨，成为我国许多钢铁生产企业争相认证的行业高端荣誉。

调查研究发现，我国钢材生产企业产品进入“西本优质钢材品牌名录”后，不仅可以凭借西本新干线标准商品电子商务交易平台推动企业在钢铁电子商务领域大步拓展，增加销售渠道，而且还可以全面提升产品品牌知名度与市场影响力，实现品牌价值转化。其实，早在“黄海”牌入选之前，河钢集团、沙钢和马钢等钢铁生产企业产品均已入选西本新干线优质商品（钢材）认证品牌，目前这一“放心钢”队伍已扩大到了20家以上，共同维护着我国钢铁市场产品质量的健康发展。

1. 一改质量检测机构仅对来样负责的被动做法

我们通过调查了解，要入选“西本新干线优质钢材认证品牌”，对我国钢铁生产企业来说，并非易事。据中国物流与采购联合会钢铁物流专业委员会优质商品认证组委会秘书长王建中介绍，“认证委员会集聚了我国钢铁生产、流通和钢材检测方面的多名资深专家和学者，而钢材质量监控检测程序由国家建筑钢材质量监督检验中心参与指导，强大的专家和机构阵容保证了认证结果的权威性和公正性。”

当然，除了认证主体的权威性之外，规范的认证程序和创新的方式同样必不可少。我们调研发现，目前，各类型工程项目建设中，建筑钢材质量广泛采取工程监理见证取样送检制度。这种传统制度存在很大的先天缺陷。正是这种质量监测单位实行“对检测来样负责”的行业惯例，给一些钢材供应商制造了“投机倒把”的可乘之机。众所周知，钢材供应商可以将合格的钢材拿去质量检测机构检测，然后再向项目施工现场供应劣质钢材，并从中牟取暴利。

以钢筋为例，非标准和标准钢筋的价格一吨相差几百元钱，仅仅这一部分材料的成本就已经使得部分钢铁生产企业铤而走险。这些不标准的钢筋在使用过程中，会因为尺寸的差异而造成缝隙，进而出现房屋裂缝等现象。因此，在认证方式上，西本新干线优质钢材品牌认证过程一改质量检测机构仅对来样负责的被动做法，转化为主动参与对平台销售过程中的钢材实施抽样、验货，并通过引进第三方独立的质量监管机制，在未来流通体系内实施电子化交易模式，实现物流、商品质量全程监控，使得市场变“被动对来样负责”为“主动参与品质监控”。

2.“放心钢”品牌价值超过千万元甚至上亿

事实上，对于任何生产企业而言，要想在激烈的市场竞争中脱颖而出，必备的核心竞争力除了稳定高效的销售渠道外，过硬的产品质量同样必不可少。这对于我国钢铁生产企业而言同样如此。由于入选程序的规范和方式的创新，所以一旦入选品牌产品就很容易受到市场的认可，品牌价值也在不断提升。从市场经济角度来，品牌价值的体现最终还在商品的价格上。从市场调研反馈情况来看，我国同等规格的钢材产品中，入选“西本新干线优质钢材认证品牌”的钢材产品市场价格会明显高出20~50元/吨，按照300万吨年产能计算，钢厂至少可以增加创收6000万元以上。这要在行情好的时候，每吨钢30元、50元的利润可能钢厂根本看不上，但在现在我国钢铁行业整体利润低下甚至亏损的情况下，这一品牌利润还是相当可观的。此外，除了价格上的优势，品牌的价值还体现在其被广泛应用于我国重点工程项目，而自己的产品能否被用于国内重点工程项目，对于西本新干线优质钢材认证品牌来说，已经具备了先天优势。

根据调查了解，这两年伴随我国钢铁供给侧结构性改革不断深化，对“钢材质量”的要求也愈加严格。在此不得不提的是，西本新干线标准商品电子商务交易平台同时吸引了包括上海建工、上海城建、南通一建等大量的建筑终端建工企业主动采购钢材。而在与钢材供应商签订供应合同时，为确保建筑钢材质量，这些大型终端建工企业往往会优先考虑西本新干线优质钢材认证推荐品牌。由于大型建筑企业所承建的多为国家和省市的政府重点工程项目，所以会进一步提升这些获得“西本新干线优质钢材认证推荐名录”的钢铁生产企业品牌价值和市场竞争力。

四、唐钢积极拥抱互联网唤醒了“沉睡宝藏”

伴随供给侧结构性改革，我国钢铁行业进入了新常态，“互联网+钢铁”也成了业内的“新宠”。但是大家用互联网思维改造更多的是我国钢铁行业传统营销模式和渠道，对于整个钢铁庞大产业链上的其他节点却很少“涉猎”。不过，我们在“钢铁重镇”唐山实地调研中发现，作为唐山地区钢铁行业的一面旗帜，河钢集团唐钢有限公司（简称“唐钢”）却另辟蹊径，开创出了一条“互联网+钢铁”细分领域的实践出路。

这里的唐钢人都称它为“物联宝”。和钢铁电子商务交易平台切入钢铁营销领域不同，“物联宝”进入的是经常被钢铁生产企业所忽略的备品备件领域，市场竞争少，但前景却很广阔。作为唐钢“互联网＋”四大实践项目之一，“物联宝”电子商务交易平台是建立在“互联网＋钢铁”改革基础上，基于备品备件采购交易信息充分整合，构建了一个集仓储加工管理、上下游资源对接、供应链物流金融服务等功能为一体的综合电子商务交易服务平台。

在唐钢董事长王兰玉看来，通过构建“物联宝”，起码我国钢铁生产企业可以优化自身的备品备件资源，把沉睡的资源唤醒来实现盈利。多年来，“物联宝”以“备件零库存”为切入点，以实现为供求双方提供差异化服务为目标，改变着我国传统备品备件市场交易模式，真正实现了企业间备件物资的数据共享和资源优化配置，一定程度上促进着我国钢铁行业设备资源效益的最大化利用。

1. 唤醒“铁将军”关在冰冷仓库的“沉睡宝藏”

话说居家过日子，大家总喜欢准备些针头线脑、扳子、钳子等工具，以备不时之需。对于我国钢铁生产企业来说也是一样。为了防止这些炼铁、炼钢的“大家伙”有一天发生“头疼脑热”影响生产，所以许多钢铁生产企业的车间仓库里都会堆积不少备用备件。尽管这些“大家伙”都身价不菲，但是更多的时候却被“铁将军”关在冰冷的仓库，鲜有派上用场的时候。一来二去，这些备件占用的资金就会成为趴在钢厂财务账上的“沉睡宝藏”。虽然大家都知道它很值钱，但是却没有一种更为有效的途径将它变成钱来救急利用。

在钢铁行业被资本市场热捧之际，我国许多上市的钢铁生产企业财务成本压力并不大，这些“沉睡宝藏”趴在账上也就没什么。可这些年，随着我国钢铁行业形势日趋严峻，信贷紧缩，许多上市的钢铁生产企业资金压力也骤增，此时如果能够唤醒这些“沉睡宝藏”，一定程度上会明显缓解这些企业的财务压力。根据调查发现，唐山一些中小钢铁生产企业每年备件库存占用资金大约在3亿～5亿元左右，而那些规模更大的生产企业可能在资金的占用方面要超过10亿元。

这两年，唐山地区的钢铁产能约占河北省的一半。仅唐山地区钢铁生产企业整体备品备件采购的总金额每年都在65亿元的规模水平。如何让这些资金有效流动起来成为钢厂亟待解决的问题。而唐钢在这方面率先找到了突破口。为积极响应我国钢铁供给侧结构性改革，唐钢坚持推进信息化、自动化和标准化的“三化”融合，积极探索设备管理模式创新和管理效率进档升级。在其他钢铁生产企业还在琢磨如何杀入钢铁电子商务市场的时候，唐钢却悄然推出“物联宝”系统，在钢铁行业备品备件市场“抢滩登陆”。

2. 大胆“冒险”且最先尝到“甜头”的还是唐钢

为了切实唤醒我国钢铁生产企业的“沉睡宝藏”，这些年唐钢在有条不紊地建设着“物联宝”系统。据了解，该项目一期上线已经完成备件物资联合交易的主要功能，具体包括：备件共享、备件联储、备件调剂销售、备件零库存、超市、拍卖和供应商家资源管理等。仅仅一年后，唐钢已与中国物流金融服务平台正式宣布签约合作，牵手东华五金机电城，计划共同打造钢铁供应链物流金融生态圈。通过战略合作，唐钢“物联宝”又进一步完善了金融服务功能。据唐钢设备机动部党委书记董长田介绍，目前“物联宝”平台整合备件资源，已经实现关键备件联储，可以大大降低会员单位采购资金和库存占用。尤其通过线上调剂处置冗余备件，可以使报废积压备件资金效率最大化。

在当前钢铁行业发展新常态下，我们不得不为唐钢“点赞”。唐钢借“物联宝”平台优势，进行钢铁行业备品备件采购全面开放，并结合中国物流金融服务平台的存货担保、仓单融资等功能，改变了这一领域的传统交易模式，在实现设备资源效益最大化的同时，全面服务了钢铁及五金机电行业。可以说，一个全新业态的“互联网 + 钢铁”细分领域电子商务交易平台渐成规模，意味着中国钢铁电子商务行业在创新传统钢铁供应链上的又一次新突破。而这一进程中，大胆“冒险”且最先尝到“甜头”的还是唐钢。截至2016年初，唐钢已累计在“物联宝”平台采购备品备件上万件，与传统采购模式相比节约资金超过1000万元，并依托其强大完善的库存管理功能，唐钢已实现减低资金占用5

亿元。

总而言之，在我国钢铁行业遭遇“寒冬”时期，为有效缓解钢铁生产企业设备成本与资金压力，相信随着更多钢铁生产企业的加入，“物联宝”必然会引起我国钢铁生产企业备件行业的变革，成为提升我国整个钢铁行业资金有效利用的新“法宝”之一。

第二十八章　中国钢材市场生存现状缩影之石家庄调查

2012 年以来，受到我国钢铁产能过剩、市场价格下跌、环保治污加压等综合因素影响，钢材市场价格开始更加“萎靡不振、一路下探”。经过近五年的大浪淘沙，曾经辉煌的中国钢铁贸易流通大军可谓饱受其“殇”，或撤离，或倒闭，抑或是转型。不过，伴随 2016 年我国钢铁供给侧结构性改革推进，那么，现在他们的经营状况如何？贸易流通模式呈现出了哪些变化？钢材市场需求又呈现出哪些新趋势？为寻找答案，我们前往石家庄白佛、博山、百营等多家钢材市场进行实地走访调查，希望我们以石家庄为范本可以对当前全国钢材市场生存状态情况“窥其一斑”。

一、危机严重时入驻商户不足五分之一

在石家庄颇有名气的白佛钢材市场，占地面积 400 多亩，营业厅一万多平方米，货场十万多平方米，可以同时容纳钢铁贸易流通商户 500 多家，该市场以布局合理、功能齐全、软硬件配套设施完善，深受众多商户的青睐，更因其优越的地理位置：东依京深高速公路，西距东二环 400 米，北临石德铁路，而成为石家庄周边钢铁贸易流通商的最佳办公选择。据实地调查了解，在市场行情最“红火”的时候，白佛钢材市场的商户入驻率曾经达到过 100%，而目前该市场的商

户入驻率尽管还是石家庄所有钢材市场中最高，但也仅占到席位的80%，而且流动很频繁，“一两月内就会有2～3家搬走的或新搬进来的”。这还算是情况好的，始建于2005年的石家庄博山钢材市场就没有那么幸运。

据了解，石家庄博山钢材市场起初规模并不算大，由于后来全国粗钢产量从2001年的1.5亿吨，大幅增长到2011年的6.8亿吨产量，年均复合增长率高达16.3%，超过了同期经济增速。正处在我国钢铁行业“黄金十年”的博山钢材市场已无法满足市场需求量，于是博山钢材市场在2012年进行了整体扩建，占地面积200余亩，年吞吐量可达500多万吨，可容纳300多家商铺，最好的时候商户入驻率可以达到99%。可如今，当走进博山钢材市场时，已经消失了以往那种风光景象，剩下的只是杂草犬吠以及紧闭的锈迹斑斑的商铺铁门……博山钢材市场早已没了前几年那份蓬勃向上的生机。据统计数据显示，今年博山钢材市场的商铺入驻率对比去年下降幅度超过10%，之前的部分商铺都关了门，现在入驻商户仅有不足200家。

无独有偶。我们调查发现：五年之前，石家庄百营钢材市场刚成立时，很多人争先恐后地缴纳保证金、租金和押金，为的就是能在市场里占有一席之地，甚至许多入驻这里的钢铁贸易流通商都一次性交了五年的租金。当年随着石家庄最大钢材市场——北二环钢材市场的拆迁，大多商户都选择入驻百营钢材市场，可谁也不曾想，就短短两三年时间里，这个集经营交易、仓储货运、物流配送、生产加工、电子商务和综合服务于一体的现代化专业钢材物流中心也辉煌不再了。当初这个市场可以容纳商户500家，可目前留在市场里的恐怕都不足五分之一。

而位于石家庄体育大街与古城东路交口的北高营钢材市场占地八万余平方米，分为A、B、C三个区域。我们在调研中了解到，北高营钢材市场A、B区可容纳的商户都不足百家，而且目前的经营情况也逊于C区。目前C区可容纳商户一百余户，除了个别商户在行情的冲击下退出外，大部分的入驻商户都在“坚守”：目前钢材市场形势还不明朗，只好在艰难中继续守候，期待等来市场“大转机”。不过，我们综合钢材市场三个区入驻数据统计，目前北高营钢材市场总体入驻率只有不到70%。而综合上述三家钢材市场的调研情况分析，钢材行情最红火的时候，三家入驻率基本都能达到几乎饱和，而如今百营钢材市场不足两成，博山钢材市场商户少了三分之一，石家庄最好的钢材市场现在也不过有80%商户，这其中还未考虑石家庄必得钢材市场搬迁后许多商户进来的因素，否则实际商户数据更是“糟糕”。

二、一吨钢材亏损上千元都很正常

尽管钢铁行业昔日辉煌已经不再，可市场并没有画上“句点”，伴随我国钢铁供给侧结构性改革深入推进，还在钢材市场里坚守的商户终于等来了一丝希望。总部位于石家庄博山钢材市场的河北中宁特钢贸易有限公司（简称“中宁特钢”）算是市场中的钢铁大户，在山西太原以及天津均有自己的分公司，最主要的是中宁特钢已历经20多个发展年头，充分见证了中国钢铁产业的兴与衰。纵观这些年，2015年10月到2016年2月我国钢材价格跌破了20年来的最低谷，已经到了1994年时钢铁行业最艰难时期的水平。中宁特钢负责人介绍，“尤其是2015年我国钢材价格最低时一直都在1500~2000元之间徘徊，一吨钢材亏损1000元或1200元都很正常。”

据西本新干线监测数据显示，2015年12月份，我国钢材综合价格指数最低跌至54.48，是有指数记录以来的最低水平，比2014年末下降了34.43%。我国钢铁行业的黄金时期以消费量较大的建筑钢材为例，在2008年钢材价格指数达到了5930，创下中国钢材市场价格的历史最高。2016年之后，伴随我国钢铁供给侧结构性改革深入与雄安新区建设规划政策出台，河北钢铁市场价格形势一改过去五年来持续低迷格局，表现出相对“回暖”一面：先是年初一波持续上涨行情，而后价格出现高位回落。进入传统淡季后，钢材市场却“淡季不淡”，迎来新一轮上涨行情。目前建筑钢材市场价格已从2016年初的2000元/吨一路攀升至2017年9月份的4440元/吨，涨幅翻了一倍还多。不过，对比往年来看，未来我国钢材市场价格风险仍然存在，现在是价格“反弹”还是“反转”还无法确定，未来决定因素还要看钢铁市场供求关系。

作为中国第一钢铁大省，河北从2013年开始实施压减钢铁、水泥、煤炭、玻璃产能的“6643”工程，2017年是“收官”之年。而《河北省钢铁产业结构调整和化解过剩产能攻坚行动计划（2015—2017）》显示，在2017年底前，河北省石家庄市要通过压减河北敬业集团部分钢铁产能，实施河钢集团石家庄钢铁有限责任公司搬迁，累计完成压减炼铁产能374万吨、炼钢产能482万吨，共计856万吨的总任务。不过，当前我国钢铁业供求关系还没有发生根本性改变。此次国家推进供给侧结构性改革对于严重过剩的钢铁产业来说是修复供需失衡关系的最有效手段，但这应该是一个漫长的过程。据冶金工业规划研究院报告显示，2016年，我国新增和淘汰产能基本保持平衡，但由于国内经济增速的放缓和钢价的低迷，企业亏损持续，或会加剧企业产能淘汰和破产企业增加，预计这类的量在2000万～3000万吨左右，那么过剩仍旧有着近7000万～8000万吨。且产能和企业是越淘汰，市场供需失衡情况就越减弱，也就越难淘汰。因此可以预测，钢铁供需短期出现“弱平衡”的情况也要到“十三五”末才会刚刚开始修复。

三、九成商户净利下降幅度高达30%～70%

此次实地调研白佛钢材市场时，我们发现河北一钢、石家庄庆丰、河北亿特、中远腾飞等一些商户正在忙碌着发单发货，而有的商户则门前萧条，鲜有客户。据了解，自从国家运输新规出台之后，钢材市场成交情况不佳，物流运输难题也进一步加剧了当前钢材市场的萧条。据调查，从北京到石家庄以及从邯郸到石家庄的运费都在小幅上涨，终端用钢企业除必须采购外，其他都采取“观望态度”。现在各个钢材品种成交量较去年均有所上升，而各商户的年成交量也呈现出“冰火两重天”的情形，最低者年成交量仅有百吨，而最高的可达10万吨以上。调查统计数据显示，年成交量1万吨以下的占调查的43%，1万～5万吨的占调查的43%，5万吨以上的仅为14%。

在走访调查中还发现，受经营产品品种的影响，白佛钢材市场商户面临下游领域的需求情况也各不相同。通常情况下，线材、棒材多销往房地产行业，板材销往汽车行业，型材销往家电行业，管材、线材销往城市基础建设，线材多销往农村建设。统计数据显示，白佛钢材市场商户将钢材销往房地产行业的占被调查的24%；汽车行业的占7%；机械加工业的占34%；城市基础建设的占21%；而农村建设的占14%。不过这两年，面对我国机械工业整体产量负增长、房地产行业新开工面积弱增长，它们对钢材的消费量一直在减少，未来伴随行业转型升级，钢材消费结构及要求也将随之发生深刻变化。值得强调的是，这两年我国传统的钢厂定价模式对市场的主导作用已经越来越弱。参与调查的多家钢材市场入驻商户中仍完全被迫接受钢厂强制定价的基本为零。新型定价模式的探索和应用已成为我国钢铁行业新常态。此次问卷调查结果显示，仅有6%的钢材市场入驻商户选择厂商共同定价模式，而94%的商户则选择了市场定价模式。

据了解，现在许多钢材市场商户虽然心态已经选择逐步向钢材综合流通服务方向发展，但实际经营状况仍未抛弃传统的“低买高卖”这一盈利模式，只有7%的商户选择愿意投资建设仓储加工服务，可对于融资服务选项，97%的钢材市场商户表示谨慎选择。另外，由于钢材市场入驻商户经营产品品种的不同，吨钢净利也表现得各有不同。其中，90%的商户表示净利下降幅度高达30%～70%，而净利在10元/吨的钢材市场商户比例达41%，净利在50元/吨的商户比例为34%，净利在100元/吨的商户比例为19%，净利在200元/吨的商户比例仅有6%。总而言之，在定价模式和盈利模式的影响下，我国钢材市场商户相较于前几年“赔钱也卖”的经营思路发生了转变。我们调研总结发现，如今许多钢材市场商户选择“快进快出、薄利多销”的策略，价格紧跟销量走，盈利水平得到一定改善，但吨钢净利润同往年行情好的时候比起来相差甚远，“薄利”“微利”已然成为常态化。

四、86%的钢材市场商户遭遇资金掣肘

众所周知，中国钢铁贸易流通行业属于典型的资金密集型产业，前些年，我国绝大多数钢材市场商户并不是在用自有资金支持日常运转，多数为银行贷款和

其他形式的借款，因此他们经常选择“快进快出”这一经营策略。不过，如今即便他们预测将会有一波大行情能“稳赚”，受制于眼下资金方面的掣肘，也无力“下注”豪赌。

在调查中，86%的钢材市场商户面临资金上的问题，还有14%的商户表示资金周转勉强过得去。我们不妨按吨钢平均成本3000元计算，如果每天成交量为20吨，一家公司最少需要近十万元的资金周转，成交量大的企业则需上千万元的日常周转备用金。此外，我国钢材市场商户半数以上还存在为钢厂、下游垫支的现象，对资金的需求程度十分强烈。然而，2011年以来的中国钢铁贸易流通信贷危机，使得钢铁行业目前贷款难度很大、财务成本大幅提升，许多银行金融机构对我国钢铁贸易流通业的信任已经降至冰点，“一刀切”地缩减了“涉钢业务”的信贷，进一步使得我国钢铁物流产业链的发展“举步维艰”，而且这种管控这两年表现得更为明显。

在此，我们不妨引述一下石家庄某商业银行领导的内部讲话稿：“从2015年12月31日起，我行将加强铁矿石、钢贸、煤炭三个行业融资管理，对包括表内贷款、表外融资及其他金融资产服务等进行锁定控制。针对铁矿石、钢贸、煤炭等行业的信贷审批权，其实2015年起就已经上收总行，就算现在不提‘淘汰落后产能’这一问题，单从风险控制的角度来看，总行也不敢放开。”事实上，这些年受到传统观念影响及新型融资渠道的匮乏，有73%的钢材市场商户资金来源主要是银行，12%来自非金融类国有企业托盘，7%来自电子商务交易平台，中国钢铁贸易流通融资渠道有待优化，新的产业金融创新模式亟待出现。

实地调查中，许多钢材市场商户还特别提到了关于钢材市场选址的问题，50%的商户表示曾经历过三次以上的搬迁。这些商户曾经在石家庄北二环钢材市场、必得钢材市场、光华路钢材市场长期驻扎，为经营打下了坚实的基础。而面对目前房地产价格的居高不下，白佛钢材市场这一作为临时用地的经营场所何时会面临拆迁，又将成为他们继续发展、投资扩张的顾虑所在。在走访询问石家庄多家钢材市场商户时，有23%的商户认为当前发展面临政策上的问题。有半数以上的钢材市场商户认为目前产业集中度太低，由于我们钢铁贸易流通商规模小、分散，实在无法与上下游之间协同发展，已经“被边缘化”的情况十分严重。尤其是在我国钢铁贸易流通行业整体处于“散、小、乱、弱”的情况下，钢铁生产企业在营销上还不断加大直供比例，这也极大地挤压了钢铁贸易流通商的未来发展空间。与此同时，面临当前国家加快推进钢铁供给侧结构性改革的决心，我国钢铁贸易流通行业也深受影响。大家纷纷感受到了行业整合的必要性，更期待国家能够有相关政策在钢铁贸易流通行业发展壮大上给予指导与支持。

五、北方钢材市场很难适应电子商务

通过对石家庄钢材市场商户调查发现，当前我国钢铁贸易流通行业已经呈现出“两极分化”的形式。其中，27% 发展好的钢铁贸易流通商将越做越大，并对未来发展前景充满信心，将致力于我国钢铁产业链延伸方向发展；而 60% 的钢铁贸易流通商则表示维持现有状态发展，走一步看一步；另有 13% 认为钢铁贸易流通日子过得并不舒心，表示已逐步转型其他行业领域发展，或者选择干脆退出钢铁贸易流通行业。面对当前钢材销售量严重萎缩、钢材价格日常倒挂、钢材经营利润微薄和资金严重匮乏的困境，唯有转型、唯有与现代化钢铁产业链结合，才是我国钢铁贸易流通商“走出当下桎梏、走向未来发展”的生存之路。

据调查数据显示，河北省钢铁贸易流通企业规模数从高峰时期的 8000 家，现在剩下只有不到 4000 家，其中有超过 40% 的企业已经退出市场，另有 10% 的企业发展状况基本良好。不难想象，所谓状况基本良好，也就是勉强能够维持经营，微利得到了一定的相对保证。譬如，唐山佳源贸易有限公司（简称“唐山佳源”）与唐钢的合作模式。近年来，由于我国整个钢铁行业处在亏损的边缘，钢厂不满足于生产领域的微薄利润，也在积极调整产业结构，主动深入到流通渠道，占领更多的终端市场，一大批钢厂纷纷成立了国贸公司、商贸公司，逐步削弱了钢铁贸易流通商原有的作用。在此严峻形势下，唐山佳源与唐钢建立起合作关系，将唐钢库存变为自己的消费地，直接供应自己的终端用钢客户。此举表明我国钢铁贸易流通商正在向平台型的销售企业发展，他们快速地把钢材从钢厂发到终端用户手里，这样不易受到钢材市场价格波动风险的影响，利润也能得到相对保证。

此外，在被调查的石家庄钢材市场商户中，只有不到四成的商户表示曾经参与过电子商务的销售，但因其效果不明显都放弃了，一半以上的商户则表示不感兴趣或者产品不适宜，未来也不会参与，从此数据可以看出电子商务在钢铁贸易流通领域的普及和接受情况十分不佳。不过，随着我国电子商务的快速发展，钢厂也开始对电子商务积极关注，许多钢厂目前正花费大量人力、物力推进电子商务工作，希望通过电子商务来扩展新的销售渠道，直接和终端用户对接，而华南地区的钢铁贸易流通商早在几年前就开始尝试电子商务，在华北地区的推广却一直不太乐观。

事实上，电子商务以其低成本、高效率、公开性、跨地域性等优势已经成为当前我国钢铁市场发展的一个重要方向。钢铁电子商务行业已从早期的信息门户，逐渐步入应用集成服务。电子商务并非是简单地将原有销售货品从现场搬到网络上进行销售，电子商务为钢铁行业的信息整合、行情分析、市场销售、物流运输、金融衍生、标准化等做出了极大的贡献。在未来钢铁电子商务行业发展中，服务的延伸毋庸置疑是重中之重，从ERP（企业资源计划）的管理延伸、钢铁贸易流通企业销售的服务渗透，到市场资源的合理分配和对接，只有通过电子商务才能完成整合。电子商务将成为钢铁行业发展的一大趋势，其参与者的数量和资金规模将逐步扩大，对行业的影响也将越来越大。比如上述的唐山佳源利用“互联网+”的模式，承揽接洽激光切割、冷切加工等业务，将原有的钢材销售进行功能集成、资源延伸，有效地延伸整合了钢铁产业链，将上游资源最大化地收集过来。

六、老王的钢材市场寻租烦恼

寂静的办公室里，电话铃突然响起，老王迅速接起后叹了口气又放下，是一个询价的。老王是较早一批入驻石家庄白佛钢材市场的商户，刚进驻时租金还比较合理，当年魄力十足的他一口气租下了位置较好的四五家商铺。经过多年的经营，最让老王得意的是之前自己的这一英明决定，除了自己经营钢铁贸易流通生意外，还可以收取一部分租金。但是近两年也不行了，“你看看西北边那大半圈，大概有四分之一的商户都撤离了。”老王摇摇头，无奈地说。环顾一周，我们发现市场入口处和各区的墙面上贴满了招租的广告。不难想象，在以往的鼎盛时期，不光是钢材供不应求，商铺也一样水涨船高，但现在这一切都时过境迁了。都在纠结行情怎么样，可价格起起落落也是正常的，之所以出现这种情况，主要还是需求不行了。据调查，目前石家庄的房地产市场看起来很火爆，但能正常运行的正规楼盘并不多，60% ~70% 的项目都是不合规的，很快就会受到整治只能搁浅。老王总结道，“市场向好时供不应求，怎么都能出货；现在没有需求，一切努力都是徒劳。”

老王主要经营管材和建材，从 2002 年进入这个行业，他也算是市场上的“老人”了。且不说这几年钢材市场价格的上蹿下跳，单就需求来说，跟前几年真是不能比。对此，老王拿无缝管举例说，“以前消防、给水管道等建设几乎都在用，但最近几年，PE 管在价格、安装等各方面的优势更加凸显，无缝管自然就被替代了，也没有开拓别的新渠道，所以销售量一度受阻。”生意上赚不到钱，商铺租金也收不上来。现在更让老王头疼的是，手里这么多商铺也转让不出去，连自己都想快点搬离到远一点的地方降低成本。之前进来的第一批商户明年租金就到期了，估计很多不会再续租了。在整个石家庄钢贸圈内，与老王经历同样遭遇的钢铁贸易流通商还有很多。

说起钢材市场商户搬迁，这次老王算是主动转移，和他在一起的许多商户都是从之前的石家庄必得市场搬来的。本来这几年钢材市场就不景气，没什么利润可言，之前的石家庄必得市场又位于市区内，平时进出车辆很不方便，很多时候只能在夜间运输，这在无形中就加大了成本。同时，由于钢材市场拆迁，频频搬家的费用也让许多钢材市场商户吃不消。毫无疑问，要搬迁就会涉及重新选址、租金对比、配套服务、搬运装修等一系列问题，耗时耗力又花钱。在生意好的时候，这些都没问题；但在生意不好的时候，增加这些额外的成本开支，对他们来说定然很难消化。我们算了一笔账：一般情况下，石家庄一家几十人的钢铁贸易流通企业要搬家，仅搬运费、人力成本和租金费用就在20万元左右，而大一点的公司或需要自己重新装修的花费甚至超过一百万元。

在当前的严峻形势下，传统钢材交易场所格局亟待改变和升级，这也是大型钢材市场进行资源、平台、渠道、资本整合，争当我国钢铁物流供应链链主的难得机会。实际上，这两年来，随着钢铁供给侧结构性推进以及全球经济环境的影响，我国钢铁行业面临着巨大的挑战，而作为下游销售市场的重要环节，钢材市场更是受到产能过剩、价格下滑和金融债务等多重压力。对于目前苦等坚守在钢材市场的商户们，正在经历着一个凤凰涅槃的浴火重生。“变则通，不变则壅；变则兴，不变则衰；变则生，不变则亡。”到底选择转型变通还是苦苦坚守，决定着其未来是生存发展还是走往消亡的命运。

第二十九章　中国钢铁“电子盘”生存困局与钢材期货关系价值调查

这两年，没人会想到，一场终结钢铁电子盘市场（指钢材中的远期合约电子交易）的变革已经接近尾声。果不其然，现实还是给予了诸多钢铁电子盘市场重重一击：钢材期货上市以来，伴随其市场发展愈加成熟，曾为孕育钢材期货做出极大贡献的“准期货”——钢铁电子盘市场却陷入了空前的鏖战败退中。

钢铁电子盘市场真的无法逃脱被淘汰出局的“诅咒”吗？在大家眼里，似乎不然。但如今，更多的钢铁电子盘投资者都已快速“从中远期电子交易市场转向现货电子交易市场”，甚至不惜放弃自己已经投入巨资的电子盘平台。这一行径的背后预示着什么？或许只有圈内人才能道出其中的缘由。

回顾钢材期货成功上市，这几年商务部不断出台的有关规范大宗商品交易政策以及例行检查，我国钢材中远期电子交易平台被迫“退休”似乎已成定局。况且，伴随钢铁交易市场新格局的出现，发现价格、规避风险已不再是电子盘市场独一无二的竞争力。

据此次摸底调查了解，2010 年之前，我国仅上海地区就有超过 20 家大大小小的钢材中远期电子交易平台。其中，相对有规模的平台包括斯迪尔、大宗钢铁、钢联、中联钢、中规钢铁，还有后来顺势出现的买卖钢铁、欧浦钢网、钢之源中远期电子交易中心等，而买卖合约品种主要集中在螺纹、线材、热卷板、中厚板等领域。不过，时至今日，83.7% 的钢铁电子盘交易市场已经转为钢铁现货电子交易平台（现在统称“钢铁电商平台”），而 91.4% 的平台老总表示，“已经全面终止钢材品种的中远期电子盘交易”。

一、存在即合理：“谁都有过辉煌的时候”

不知是市场所迫，还是背后的利益驱使，国内许多钢铁中远期电子盘平台更愿意或主动“转战”到钢铁现货电子交易市场，并呈现出“一发不可收”的态势。其实，“这是一条任重而道远的探索征途”，时下我国钢材现货电子交易市场的发展结构、业务模式和经营收益还远远未及预期中的理想，它不像消费品电子市场那么简单。可以说，整个钢材现货电子交易市场还尚未发现一条可行性的持续盈利发展轨迹。

不可否认，中国钢材期货的二次上市，对钢铁行业的未来发展及交易模式的变革都起到了积极推动意义。但钢材期货运行几年来取得的佳绩，更是离不开被业内称之为“准期货”的钢铁电子盘交易市场。它不仅仅有着自己独特的交易优势，更是为钢材期货顺利上市做出了不可磨灭的历史贡献。

所谓钢铁电子盘交易市场，也称钢材中远期电子合约交易市场，一般是由数家大型涉钢企业合股投资组建，以钢材贸易流通商为主要参与对象的一种合约、规则、交割等相对比较灵活的套期保值电子交易平台，钢材期货上市前常被业内称为“准期货”。据调查，钢铁电子盘交易市场最早成形于 2003 年，探索发展三年后，2006 年基本步入成熟，当时我国钢铁流通企业正面临着严重“被动”局面。譬如，至今仍存在的钢价不透明、易变，到处询价，订单、合同失信，调价信息滞后，异地交易困难等现象。

统计资料显示，2000 年之后，我国线材产量平均在 7000 多万吨 / 年，螺纹钢近 1 亿吨 / 年，面对如此巨大的产量和市场容量，迫切需要一个真实的价格来加以指导。显然，钢铁电子盘市场的出现存在其合理性，钢铁电子盘交易的产生是市场的需要。可以说，它的出现为早期市场提供了一项钢材真实成交即时价格参考，且在行业内首具“套期保值”的功效，充分迎合了当年市场规避风险的强烈需求。它也确实给我国钢铁贸易流通企业搭建了一个良好的风险释放平台，并改变着钢铁行业以往的传统交易模式。

具体来讲，钢铁电子盘交易市场的出现首先实现了“套保”功能，尤其是在进出口钢材时，以前无法锁定价格，海上运输过程中钢材价格波幅很大；其次，使行业内长期存在的钢厂与钢材贸易流通商之间的不平等对话关系趋于公平起来；第三，对后期我国钢材期货的二次上市起到了很好的“启蒙教育”和“引导体验”作用。

最为重要的就是，我国钢铁电子盘市场改变了传统的市场贸易模式，第一次实现钢材现货市场网络化，大大解决了异地贸易的困惑，并通过网上交易网下配送，使钢材贸易在全国真正“e”动起来。就像预订飞机票一样，我们买卖钢材也要借助电子商务手段，让每一个有钢材需求的客户随处可以看到价格、订到钢材。

二、异同点对比：“一种微妙的衔接契合关系”

基于电子盘在众多行业的贡献，从某种意义上来看，我国钢铁电子盘与钢材期货有着“相辅相成、互补共生”的关系。虽然两者确有竞争，可并不是完全意义上的“冰火不相容”，从深层次来看，它们有时还有一种微妙的衔接契合关系。可以说，我国钢铁电子盘是钢材现货和期货的共同补充，钢铁电子盘既服务于钢材现货市场，又是钢材期货的“指引者”。这是有前车之鉴的，首先我们可以拿期货市场上的橡胶来说，既为期货交易品种也存在中远期电子交易市场。橡胶期货和橡胶远期合约电子交易可以同时并存，钢材又为何不可呢？当然，还有玉米、塑料等大宗商品也是这样。

至于它们的互补空间，从交易品种上来看，市场里的白糖、玉米等大宗商品期货，品种很是单一。然而，钢材仅从规格、材质方面来划分便有数万种，完全可以错开细分品种交易经营。现在我国钢材期货市场仅有螺纹钢、线材和热轧卷板，而钢铁电子盘交易恰恰可以来补充这一空白。事实上，期货只是一种金融衍生品，而电子盘是现货市场的衍生品。钢材期货上市将更多地吸引一些金融界投机者的参与，因为大多钢铁贸易流通商不具备期货专业知识，也没心思去深入学习、研究。相反，我国钢铁电子盘市场能更多地为钢铁贸易流通商服务。就像汽车和飞机一样，只是两种不同的交通工具而已，根据不同群体喜好选择适合自己的不同工具，但最终都可以到达同一目的地。

与此同时，我们也可以看到，两者都是在为革新钢材传统交易模式而进行探索和推进，但钢材中远期电子交易市场与钢材期货却有着不同的定位和目的。钢材期货主要用于发现价格和套期保值，具有较大的金融属性，而钢铁电子盘交易市场是现货市场的升级，主要针对将来要生产的价格具有不确定性的产品，通过调节产品中远期潜在供求，从而发现未来价格，并鼓励实物交割，是专门服务于钢铁贸易流通实际需求企业；而钢材期货的更多参与者还是追求投机、套利目的。

值得一提的是，我国钢铁电子盘市场因客户需求还可以上线其他钢材中远期电子交易品种，譬如不锈钢、无缝管等中远期电子合约，而期货市场目前只有螺纹、线材和热轧卷板，已没有再推出其他钢材期货合约品种的动力，因为钢材不同于铝、锌，没有本质排他性，所以从期货金融衍生品特性，以及钢材品种相互关系来看，上海期货交易所根本没必要再推出其他钢材期货合约，如表 7-29-1 所示。

表 7-29-1　钢铁电子盘与钢材期货相关比较

类型	钢铁电子盘	钢材期货	简评
市场定位不同	为钢厂、现货贸易商、流通商等提供服务，更多地显示出区域性商品贸易属性	全国性、抽象性价格中心，更多表现具有金融属性	钢材中远期电子交易市场注重与现货相结合，注重贸易商避险服务，注重实物交收，而钢材期货注重定价权及对冲风险管理
参与构成不同	市场各大钢材中远期电子交易市场上的交易者多为从事钢铁贸易流通环节的商家	投资者是无边界的，凡是钢材期货市场的投资者均可参与	钢铁电子盘参与者构成相对简单，主要是现货的法人参与，对行业、对价格更理性，更重要的是要通过这种交易来为手中的钢材保值，钢材期货参与者众多，多以投机为主

续表

类型	钢铁电子盘	钢材期货	简评
合约设计思路不同	交收规则设置注重与现货相结合，实物交收便捷，符合现货贸易流通商的要求	钢材交割仓库设置很少，交收门槛比较高，有很大执行难度	期货市场着眼于普遍性、全国性，现货贸易品种所看重的区域性、个性化特征被略去，而中远期交易市场定位就是贸易服务，如果产品、交割甚至物流的设计不能满足贸易需要，则不可避免地面临生存问题
品种不同	热卷板、螺纹钢、线材、镀锌板、中厚板、不锈钢、管材	螺纹钢、线材、热轧卷板	我国中远期钢材电子交易市场品种较多，而钢材期货交易品种有限，更利于投资者交易者参与交易
所处行业不同	根据新规，各大宗商品电子交易市场（或交易所）主管部门为商务部，属电子商务范畴	钢材期货交易所属于非银行金融机构，主管政府机构是证监会及期管办	所属范畴、主管单位均存在不同

当然，起初就有人断言："一旦钢材期货推出之后，钢材中远期电子交易市场将会自动退出历史舞台"。尽管如此，我们不得不为多年来深受业内"宠爱"的钢铁电子盘交易市场"道谢"的同时，还要正确看待钢铁电子盘与钢材期货之间的关系，以及肯定两者的出现各自带来的积极影响。

首先需要肯定的是，两者绝不是对立关系，不会存在一方完全替代另一方的可能。钢材期货的推出，可能将会带走一部分从事钢材中远期电子交易的客户，许多喜于投机的客户可能会把资金转投钢材期货市场交易，从而对电子交易的成交量和活跃程度带来影响，但钢材期货的成熟，短时期内也会为中远期电子交易市场带来更多机遇，增加更多参与钢厂及用户。

具体而言，一方面钢材期货的上市会让更多的交易者了解并关注电子在线交易，与可能流失的少数客户资源相比，是让更多的钢材贸易流通商认识到电子交易这种避险手段，打开更为广阔的市场空间，孰轻孰重一目了然；另一方面，钢材期货的成熟发展也给众多参与钢材中远期电子交易的经营者提供了跨市套利的机会，与有色金属期货等品种不同，目前全球只有中国等极少数国家推出了钢材期货，交易者要实现跨市套利这种传统的投资手段，选择已经运作多年且现在比较成熟的钢材中远期电子盘交易更加理想。

不容忽视，虽然规避风险已不再是钢铁电子盘市场独一无二的竞争力，但便于实物交割却仍是它的一大竞争优势，虽然钢材期货日趋成熟，可目前上市的只有螺纹钢、线材期货和热轧卷板期货，还有其他许多钢材品种可以发展中远期电子交易。另外，由于钢材期货市场参与群体复杂，加上其本身属金融衍生品，极少情况交割，除“套期保值”之外很难再能满足当前钢铁贸易流通企业的一些现实需求，而中远期合约交易市场则恰恰可以弥补这一空缺，解决了许多贸易流通商被钢厂“牵着鼻子”订货的难题。

总而言之，大家要把钢铁电子盘当作钢厂看待，把钢材中远期电子交易市场作为自己的进货渠道，参与者不仅可以根据自身意愿提前配对交割，处理钢材现货市场应急需求，还可以通过替代交收从平台上实现相应融资功能。这是期货市场所无法做到的，也是极其吸引钢铁贸易流通企业的地方。当然，现在钢材中远期电子交易市场和钢材现货电子交易市场都在积极拓展金融质押、即时交割等业务，这是我国在发展钢铁电子商务道路上的一种必需的探索和尝试。从某种意义上来讲，这些业务的成熟与成功背后或许就是钢铁电子商务市场的成功。

三、积极推动力：“钢材期货彻底改变定价机制”

众所周知，随着行业发展成熟和标准化的不断完善，期货市场本身就是电子化程度很高的市场，所有的交易和交割都可以在网上完成，投资者足不出户就可以完成各项交易。但需要提到的是，从实际经验来看，钢材期货的推出并没有取代或者消灭传统的钢材电子交易市场（现货和中远期电子交易市场），反而为这些市场开辟了更大的生存空间。期现套利、仓单串换和大量的信息交换都为这些市场提供了发展机遇。

换言之，钢材期货的日趋成熟，不仅强化了钢材的金融属性，更重要的是改变了传统的钢材定价机制。使钢材价格由此真正地理性回归市场，彻底改变以往钢价不透明的顽固弊端。大大利于促进企业以市场为导向，自觉地以客观的市场分析为指导，把握市场机会，不断加强和细化企业成本管理，亦可推动市场钢价逐步趋向合理、有序、稳步发展。

具体而言，首先，钢材期货将改变现有市场价格形成机制，有利于防止钢材价格的非理性"暴涨暴跌"，维护钢材市场稳定发展。其次，钢材期货为钢铁相关企业提供了风险对冲工具，有利于钢铁全产业链的稳定健康和促进钢铁产业全面协调发展。最后，钢材期货有利于增强我国在全球钢铁市场的定价能力，形成一定话语权或者形成新的定价机制。

另外，在这种环境下，钢材期货市场显然还扮演着两大角色。一方面，钢材期货市场演变成一个无烟的钢厂或者叫虚拟的仓库，可以将大量的现货汇集在一起，形成大流通格局，降低钢厂的价格话语权；另一方面，巨额的投机资金在期货市场形成蓄水池，随时捕捉各种投机机会，从而也削弱了许多钢材现货交易市场的信息不对称可能。

与此同时，我们也看到钢材期货的"价格发现"功能已几乎被市场接受。目前，我国最成熟的期货品种是铜，整个铜的产业链上下游基本上都是用期货市场来定价。相信不久的将来，钢材期货也会发挥这样的功能，我国钢铁全产业链上下游企业都可以根据期货价格加减升贴水的方式来制定自己产品的价格。

长远来看，我国钢材期货的成熟对钢材中远期电子交易市场和钢材现货电子交易市场都将产生积极影响，尤其对我国钢材流通业态的提升，将起到一定的积极推动效应。众所周知，我国是世界上最大的钢材生产国与消费国，钢材又是关系到国计民生的重要大宗商品。这两年，我国钢铁行业正面临产能过剩、价格波动加剧以及钢铁供给侧结构性改革等严峻问题，为规避钢材价格波动带来的巨大风险，钢材期货的成熟同时对钢材中远期电子交易市场和钢材现货电子交易市场都提出了更高标准的要求，尤其是在客户服务方面必须加大创新力度，提供多样化和深层次的人性化服务。

总而言之，钢材期货的成熟发展，不仅仅翻开了我国钢材市场的新篇章，对钢铁全产业链上下游企业的影响也是深远的。但我们必须明白，"期货品种从上市到成熟需要一个逐步培育的过程”。尤其从全球视野来看，钢材是至今唯一还没有形成国际定价中心的大宗商品。近几年，印度、日本、英国和美国纷纷推出不同标的钢材期货，但成交均表现不够活跃，而中国推出钢材期货的条件优于这些国家，交易规模远远大于国外交易所相关产品的交易规模。同时，我国钢铁行业和全球商品市场的联系由此开始紧密起来，商品市场和资本市场的波动也会更加灵敏地及时传递至国内钢材市场。就此而言，某种程度上来讲，我国钢材期货完全有可能成为第一个引领国际市场的产品，在未来五年，钢铁行业必然是以期货为交易定价中心，许多钢材现货交易与少许中远期电子交易市场在外围拓展的“三国共存”局面。

第三十章　中国钢铁流通十大骗术之“见招拆招”调查

近年来，浙江杭州、上海奉贤、辽宁沈阳等地公安局接连在其网站发布“警惕钢材市场诈骗案发生”的公告。许多人反映在钢材贸易流通经营活动中遭遇各类骗局和诈骗的概率越来越大。不过，我们发现造成钢铁市场骗局多发的原因是多方面的，我国钢铁贸易流通在经营中上下两头垫付资金，并且涉及外地交易和票据交易较为常见。而这些正在被越来越多的不法之徒利用，成为实施诈骗的载体。

当然，诈骗的手段五花八门，空头支票、假支票、假汇票、假本票、私刻公章、伪造印鉴、皮包公司等都是司空见惯的诈骗手段。企业在与外地企业或个人做生意时，首先要确认对方的真实身份，这是最起码的“信任门槛”，但为实现赚钱生意，许多企业忽略了这一点。尤其是票据融资的流行同样让许多诈骗分子看到了机会。由于票据更方便融资，很多客户在支付结算时都要求汇票方式。而汇票的承兑期一般较长，有些诈骗分子鼓吹自己和银行系统关系优良，一旦巨额汇票转交给他们，诈骗分子常常会在贴现后不见踪影。

一、现场模拟：小明淡季遇上找上门的生意

一天，销售员小明像往常一样，早早地开始了一天的工作。一阵急促的电话铃响起，小明心中暗喜，不会是有客户来咨询价格了吧？在钢铁行情的持续低迷

中，他似乎“很长时间”没有接到客户主动询价的电话了。小明连忙拎起话筒：“您好，请问需要什么品种的钢材？”“我是沈阳的一家公司，想在你们公司订一批板材，能否报一下价格。”对方在电话里说。一番谈话后，小明得知对方是从网上查到他们公司，慕名而来。对方一共需要 450 吨热轧卷板和一些厚板，各品种规格数量有多有少。对方还把需要的货源向小明发了一份传真，落款是沈阳某家物流贸易有限公司，还留下电话和传真号。

在目前市场交易清淡的情况下，这真算得上是一笔大买卖，小明立刻根据客户的各项要求，将资源一一落实，并把报价如实告诉给对方。第二天一早，对方打来电话，说价格可以接受，准备先付 30% 的货款，并要求早点把货发来。“不行，公司有明确规定，必须款到发货，你付 30% 的货款，我们也只能发 30% 的钢材。”小明很坚决地回答。然后，对方提出质疑：“我们把款给你，你们不发货，我们怎么相信你呢？要不，你们到沈阳来考察一下我们公司，增加一下信任感。”对方的质疑和要求让小明感觉“进退两难”，为这样一笔生意去沈阳跑一趟值得吗？但不去，又可能会失去这一大客户。两天后，对方来电提出新的要求：把发货、托运的凭证传真过去，才同意付款。“为什么先要我们的发货、托运凭证？”小明不再犹豫了，将自己的想法向大领导汇报。最终，公司商议决定：放弃这笔蹊跷的生意。“宁可生意做不成，也要防范被骗。”

小明在销售时的小心谨慎和犹豫并非没有道理。这两年，不断有市场商户反映，有人持空白的转账支票来市场购货，货物提走后，商户将支票交到银行，均被以余额不足为由退票，再找购货人，电话也联系不上。某银行工作人员介绍，前几天接到客户的一张承兑汇票，客户申请对汇票解付，工作人员查询之后发现，该承兑汇票“只能抵押，不能解付”。事后才了解到，许多钢铁贸易流通公司以此承兑汇票为抵押，要求该客户为其垫资，到解付日期，自己到银行办解付手续，没想到该承兑汇票并不能解付。

事实上，类似的诈骗事件层出不穷，据调查，近五年内，我国有不少钢铁贸易企业曾遭不法分子诈骗，损失金额有的达近千万元，甚至因此只能“关门”。不过，“陌生面孔”成功“骗钢”的实例并不多，很多骗子都是“老面孔”，他们最初多与企业当场现金现货交易，在圈内逐渐建立不错的信誉度，一旦遇上市场行情不景气，日子不好过，这样的公司就会成为“香饽饽”，很多中小钢铁贸易流通公司都愿意与其做生意，甚至愿意赊账供货。此时，不少“钢骗子”便会利用企业急于求成的心理到处赊账买钢，大量拖欠钢款，最终“人间消失”。在这种情况下，有很多钢铁贸易流通企业将交易安全等级由“防骗”升级为“防拖欠”。此时，很多钢铁贸易流通企业更愿意与能迅速结清钢款的公司进行现货交易，这又为“钢骗子”用假支票、假本票“骗钢”提供了肥沃的土壤。

二、透析原因：钢市骗局为何屡禁不止

在走访调查后我们发现，造成这种局面的原因是多方面的，有企业自身风险防范意识不强的原因，有市场供求关系变化的原因，也有企业管理制度不够完善的原因。许多时候也是这一行业的经营活动特点为诈骗者提供了空间和条件。比如：在我国钢铁贸易流通领域，交易频繁且数额较大，买卖双方通常情况下不见面不了解，仅仅通过电话、电邮、电传进行交易的方式司空见惯。而且，生意中短期垫资行为也很司空见惯，当企业无力垫资时往往会通过各种渠道向其他企业借款周转、赊购钢材等，或直接向担保公司贷款，于是就形成了企业之间、企业与其他企业的股东个人之间频繁地发生借贷关系，这就给了赖账者和行骗者可乘之机。

再者，近年来钢材市场长期供大于求，企业众多，相互竞争激烈，生意不好做。为拉拢生意，许多企业违反风险防范规则，甚至以放弃风险防范措施为条件以达到交易的目的，如该让购货方提供担保而不要求对方提供担保，对交易方的资质及背景该调查的不调查等。根据实际案例研究发现，在先交货后付款的经营活动中，很多钢铁贸易流通企业不要求对方提供债务担保。许多诈骗者正是利用企业急于求成和为争抢生意而互相隐瞒信息的心理，及自身容易转身躲避债务的特点，利用各种手段赊购钢材，拉走钢材后，便“人间蒸发”。

当资金被拖欠或被诈骗事件发生时，钢铁贸易流通企业即使能够正常启动民

事诉讼程序予以救济，但企业被欠的款项也不能够保证讨回。因为在债务人没有提供担保的情况下，还不还款的主动权完全在债务人手中。当债权人向债务人催讨款项时，债务人往往以各种理由推托。

据问卷调查数据显示，一些钢材市场没有统一的信息平台，互不了解交易信息，使得骗子们能够接连得手，坑了一家又一家，上海就曾有 21 家企业在 11 天内被同一伙诈骗分子以同样的手法骗走共计 43 万元钢材。其实，我国钢材交易过程并不十分复杂，但一失去警惕，再简单的环节也会出问题。洽谈生意时，失去警惕就可能使自己蒙受损失；送货时，失去警惕就可能在途中缺斤短两；提货时，失去警惕就可能被鱼目混珠；讨应收款时，失去警惕就可能要不到足额的账款……在逐利的市场里，失去警惕意味着将会失去一切。从这一视角来说，警惕也是诈骗最为有效的克星。因此，中小钢铁贸易流通企业需要加快制定一套严格的管理制度，坚持“款到发货”，要求见到货款，不管是支票还是本票，必须货款到本公司的账上，才能发货；在货款上要求层层把关，对陌生的客户，尤其是大笔的订单，对其信资情况必须了解清楚。

三、骗术拆解：知己知彼，百战不殆

在钢铁贸易行业，每年都有诈骗的事件发生，而且手法花样在不断地翻新，难免“防不胜防”。我们不仅要加强防骗意识，避免盲目追求利润而接受陌生客户的大宗订单，还要知己知彼，百战不殆，只有了解诈骗分子的行骗形式，方能做到有的放矢对症下药。现在我们就根据走访调查分析总结来见招拆招。

骗术之一：信任诈骗

诈骗分子不动声色地在钢材市场中安营扎寨，然后开始了“惨淡经营”。在向客户提供了几单“质优价廉”的小批钢材货物后，逐渐取得客户一些信任，于是加大订单额度，当款项打出后，诈骗分子就玩起“人间蒸发”，客户往往不能及时发现自己受骗。

见招拆招：不同寻常，时刻警惕

没有人傻到对初次交易不知深浅的对象没有防备，但是熟人作案却是屡屡得逞，为什么呢？信任是关键。交易量突然放大就是信号，遇见这种不同寻常的情况一定要密切关注。企业每年对一些长期客户进行授信额度的评级，即便长期友好合作的客户，也要时刻关注其经营情况，经常性地上门走访，逐步放大信用，并坚持“款到发货”。建议建立客户信用评价系统，有助于企业资金货物安全。

骗术之二：传真骗钢

假如骗子想采购一批钢材，已经和钢铁贸易商家联系了两天，不小的利润让商家终于有点急不可待。恰逢周五下午，而且骗子的驾驶员就在商家附近，骗子终于在商家的催促下似乎决定购货了，可根据商家的规定必须款到发货，于是双方快速地签订好合同，骗子将电汇单传真给商家。此时，许多银行已经快打烊，骗子催促发货，商家一旦心慈手软，把提单给了骗子的驾驶员，等下周查账时就会发现款项没到。

见招拆招：款到发货，不变真理

电汇传真单只是一张纸，骗子就是利用了电汇、发货、撤单的时间差。中小钢铁贸易流通商一定要坚持“款到才能发货”的原则，以不变应万变，才能确保钢材货物安全。还有一种变通方法就是，让骗子把款项直接打到你的个人账户，虽然这有点不守规则，但对于又想做成生意又要确保安全的人来说，还是具有一些保障的。但是一定要让对方将打款凭证传真过来，避免对方以付款失误为由而要求你返还回去。

骗术之三：空头票据

诈骗分子首先会筹备设立一个公司，然后向钢铁贸易流通企业购买钢材，条件也比较优厚，恰巧钢铁贸易企业急于出售，在匆忙了解情况后就急于成交。当钢铁贸易流通商交货给对方后，对方总以各种理由在接近银行下班时以支票支付。事后钢铁贸易流通商将该支票解付，因对方公司账户无款而遭退票。

见招拆招：资格审查，实时解付

对于这类案件，诈骗分子主要是利用了钢铁贸易流通商的轻信和急于求成。因此，一定要对对方的企业进行资格审查，求证查实其经营状态。其实，这类企业先天性营养不良，比如设立时间短、注册资金不大等，所以要想获得贸易商的信任，往往会进行一系列的造假，在这种情况下，可以要求对方提供能够证明履行能力的证照，然后再进行查询和核对。此外，贸易商也应当对把提货时间设在将近下班时的交易特别防范，避免时间差，要实时将支票划账后交货。

骗术之四：移花接木

假如某钢铁贸易公司采购一批钢材，询价过程中，有一家物美价廉的供应商，对方要求采取承兑汇票结算方式。钢铁贸易公司于当日办好银行承兑汇票，并应对方要求传真给了对方以证明汇票已经开具。次日，上门谈单，对方验票无误，因合同条款争议未达成协议。此时钢铁贸易商合作不成，甚至还被银行告知款项已转，手中竟是假票。原来，诈骗分子已经按照传真件制作了假票，在验票时进行了掉包，转身就到银行进行了贴现。

见招拆招：票不离手，严防死守

什么情况下，都不要相信一切都在眼睛的掌控之下，魔术就常常让人在目不转睛中发生了不敢相信的现象。所以，要相信诈骗分子的专业水平，“掉包”就是要在钢铁贸易流通商的眼皮底下完成的。所以对于这种骗局，还是要掌握“票不离手，严防死守”的原则，尤其对财务人员业务操作和个人警惕性的要求很高，说话间，不经意就会被别人“掉包”。

骗术之五：以假乱真

诈骗分子使用某大型公司的营业执照复印件、资质证明及加盖私刻该公司财务章的汇票，并冒充该大型公司工地的项目经理，专门骗取钢材等建筑材料，然后销赃。当钢铁贸易流通商将该汇票解入银行后才发现被骗。

见招拆招：实地考察，核实项目

冒充名号较响的大型公司又确有当地项目的骗子常常得逞，是为什么呢？同样信任是关键。突然有一家大型公司的工作人员找上门，对于钢铁贸易流通商来说，本身就是个可疑信号，因为通常大型公司有其稳定的供货渠道和系统。所以，此时贸易商应当与该公司联系核实情况，切忌盲目信任，自食苦果。

骗术之六：击鼓传花

诈骗分子向一家公司出售了一批小金额钢材，然后将该公司向其交付的票据进行变造，主要是在该票据的大小写空白处变造为较大金额，并将此款投入使用以获取更多利益。如果钢铁贸易流通商基于对出票人的信任而对变造后的票据不设防的话，等待钢铁贸易流通商的将是鸡飞蛋打。

见招拆招：甄别票据，慎填信息

票据的无因性、流通性等特征，决定了它具有支付、结算、流通、信用、融资等功能。持票人无需证明自己取得票据的原因即可行使票据权利，取得票据金额。所以票据经常被变造而被提取票据上的金额。票据的变造，主要以变更票据金额的方式最为常见，以支票和银行汇票较多，多是将票据金额由小变大，以加零法和改写为作案手段。因此，企业财务人员需熟练掌握票据的主要特征、填写规范，企业在出具票据和收到票据时都应严格审查票据内容。

骗术之七：打一枪就跑

诈骗分子首先是一个皮包公司，电话总机转接和业务员一应俱全，筹备结束后就会向终端市场或钢材贸易同行低价推销钢材，恰巧你急于求购或想博取差价，在匆忙了解情况后，为赚钱就急于成交。可当你一旦打款给诈骗分子后，他们就会消失在茫茫天地之间。

见招拆招：数额较大，资格审查

对于这类案件，一定要对对方的企业进行资格审查，求证查实其经营状态。可以要求对方将一些能够证明履行能力的证照传给你，然后再进行查询和核对，多半情况下能够发现真伪。如果数额较大，有必要上门考察一趟，以核实对方的实力。

骗术之八：长线钓鱼

很多钢材买方企业在支付结算时都要求以汇票方式，而汇票的承兑期一般较长。有些卖方单位往往会拿到银行里贴现以便资金周转。这个时候，诈骗分子会以和银行系统关系良好的面目出现，钢铁贸易流通商将信将疑地用小金额试试，果真比价满意，两次下来就称兄道弟。而一旦把巨额汇票转交给诈骗分子，其在贴现后便人间蒸发，受害者只能叫苦不迭。

见招拆招：人随票走，确保安全

毫不夸张地说，金融票据一旦离手，风险骤然“与天齐高”。唯一的办法是要有担保票据安全措施。为防患于未然，钢铁贸易企业财务部门一定要有严格的管理制度和财务人员外出管理办法，将风险降低在最小化。

骗术之九：营私舞弊

某人以低价代公司办年检为由，从该公司骗得公章、法人章、财务专用章后，向公司的开户银行购买票据并且进行采购等使用票据。一旦持票人找上门来，管理不善的后果将由公司承担。

见招拆招：严格管理，看好印章

公司公章的使用属于公司意思表示行为，由此产生之法律后果由公司承担。财务章和法人章在银行业务中的使用也属于公司意思表示行为，且与印章的具体使用人无关。银行一旦验证印章的真实性，即为公司办理相关业务。所以，一旦公司的公章、法人章、财务专用章被诈骗分子掌控之后，诈骗分子就可以为所欲为地任意使用，给公司造成损失。因此，公司应当严格管理公司的印章，并建议做到分开保管，建立健全印章管理制度。

骗术之十：运输诈骗

钢铁贸易企业经常会在异地建库、采购钢材，然后委托当地的货运站运输。而货运站没有自有车辆，于是就找到路边等货的车辆代运，要求货到指定地点后由货主结算运费，这就给实施诈骗提供了机会。首先货运站会将骗子的车牌号告知货主，然后货主再将车牌号提供给仓库，待骗子开车到仓库提货后，就如泥牛入海一般了。

见招拆招：异地采购、物流慎重

异地采购钢材时，最好委托有一定资质、全国性网络的物流公司，虽然这样有可能运输费用比较高，但是比起为了追求蝇头小利受骗还是划算的；还有一种方式就是让供应商送货，流通商如果担心供应商巧取豪夺了自己的客户，那么也可以将货物送到自己通过信用评级的中转站，虽然麻烦了点，但是可以确保安全。假如是你自己找的车辆和驾驶员，还可以在身份证查询网上核对一下真伪。当然，这只能对付一般的小骗子，那些老骗子专业性的造假是很难识破的。

第八部分

行业盘点

第三十一章　中国钢铁行业十大事件（2014—2016）

伴随钢铁供给侧结构性改革不断深化，这两年我国钢铁行业不仅笼罩在紧迫的“去产能、调结构”局势之下，而且在房地产和原材料市场影响下，我国钢材市场价格一路“跌宕起伏”。尽管如此，我国钢铁行业运行在减产增效、资金筹措、调结构增效益等方面，仍有许多发展“亮点”值得我们“点赞”。具体如下：

一、2014 年中国钢铁行业十大事件

1. 粗钢产量呈低速增长态势，已进入峰值平台区

事件：根据国家统计局快报，2014 年 1～11 月全国粗钢产量 7.49 亿吨，预计全年粗钢产量达到 8.2 亿吨左右，再创历史新高，占全球粗钢产量一半。约 80% 的粗钢净增量为净出口增长拉动，我国钢铁生产和消费已经进入峰值平台区。

点评：我国钢铁产量历经多年快速增长后，终于迎来由“粗放生产”转入“精益生产”的过渡期，我们要做“钢铁大国”，可更要做“钢铁强国”，只有综合竞争力的提升才是真的工业强国。

2. 铁矿石价格“一路下跌”，进口铁矿价下降 50%

事件：2014 年全年铁矿石市场价格呈现“一路下跌”，进口铁矿石 62% 品位干基粉矿到岸价格从 1 月 2 日的 133.11 美元 / 吨降至 12 月 25 日的 66.50 美元 / 吨，降幅约 50%，国产 62% 品位干基铁精矿含税价格，从 916.86 元 / 吨已下降到 615.75 元 / 吨，降幅达到 32.8%。

点评：铁矿大幅降价表明全球铁矿供求格局发生重大变化，铁矿大幅降价有利于改善以利用进口矿为主的钢铁企业的盈利水平，同时削弱了拥有国内自产铁矿的钢铁企业的优势，一批高成本矿山将退出市场。

3. 钢材出口量创历史新高，净出口仅相当产量 10%

事件：2014 年 1～11 月，我国累计出口钢材 8361 万吨，同比大幅增加 2664 万吨，增速 46.8%，同比加快 34.8 个百分点，可是 1～11 月我国钢材出口价格才仅相当于钢材进口价格的 60%。2014 年全年钢材出口量将超过 9000 万吨，将再创历史新高。

点评：扩大钢材出口是企业应对国内需求增速放缓、竞争日趋残酷的必然选择，出口量大幅增长反映出我国钢材国际竞争力在增强。尽管出口总量大，但我国钢材净出口折合粗钢量仅相当于产量 10%。

4. 步入规范管理的新阶段，发布钢铁行业规范白名单

事件：工业和信息化部于 2014 年 1 月 2 日和 11 月 15 日分别公布了第二批、第三批符合《钢铁行业规范条件（2012 年修订）》的钢铁企业名单。至此，分批次大规模的规范条件准入工作基本结束，全国共有 305 家钢铁企业入围，合计粗钢产能约 11.5 亿吨。

点评：对不在“白名单”内的企业，目前金融机构基本不再支持，生存压力骤增。随着规范管理工作的进一步推进，将逐步构建起政府监管下，更加公平、公正和充分市场竞争的行业运营环境。

5. 钢铁投资管理新政出台，由“核准制”改为备案制

事件：2014 年 10 月 31 日，国务院发布了《关于发布政府核准的投资项目目录（2014 年本）的通知》(国发〔2014〕53 号)，钢铁项目投资管理由“核准制”改为“备案制”，权限由国务院投资主管部门下放至地方，这一改变有助于推进钢铁产业结构调整。

点评：此举措是“权力下放”的具体表现，同时更是优化各地区钢铁产业投资和控制隐形钢铁产能扩张的有力办法，政策初衷是引导我国钢铁产业健康有序发展，可地方实际管理部门能否理解有待验证。

6. 作为国家结构调整试点，河北钢铁结构调整方案获批

事件：2014 年 6 月 30 日，经报请国务院批准，国家发展改革委批复了《河北省钢铁产业结构调整方案》，同意将河北作为国家钢铁产业结构调整重点省，主要工作包括压减钢铁产能、优化产业布局、推进联合重组、改善品种结构和强化节能减排等。

点评：此方案对于河北钢铁产业来说，是破天荒之作。包括京唐二期、国丰搬迁、承德钒钛基地、石钢搬迁、武安围城钢铁企业重组搬迁等大动作。此外，唐山市正加大钢铁产业转型升级试点工作。

7. 钢铁生产商出现“破产”，全行业进入“微利时代”

事件：新世纪以来，我国钢铁工业经历了跨越式发展。随着经济下行压力加大，粗放发展积累的矛盾凸显，集中表现为产能过剩和行业盈利能力大幅下滑，从 2011 年 4 季度以来钢铁主业一直在亏损边缘徘徊，全行业进入微利时代。2014 年 3 月，山西省最大的民营钢铁企业海鑫钢铁集团公司，因经营不善导致资不抵债而停产。11 月 12 日，法院正式裁定受理 4 家债权人对海鑫钢铁提起的破产重整申请。

点评：事实上，海鑫钢铁集团资不抵债破产的现象，说明我国钢铁行业深度调整时期已经开始。这是一次市场“蓄意已久、无法逃避”的钢铁行业周期性市场危机。

8. 钢铁电商进入发展新纪元，平台总数已经超过200家

事件：今年我国钢铁电子商务取得蓬勃发展，电商总数已经超过200家，交易量也有较大突破。随着钢铁工业进入微利时代，商业模式和管理模式需要融合创新，传统钢贸商营销模式已经不适应形势要求，同时以大数据、云计算为代表的商业软设施越来越成熟。

点评：伴随我国钢铁行业环境恶化以及发展钢铁电子商务平台的软、硬件支撑体系逐步完善，钢铁电子商务交易量和在线率的迅速提升，我国钢铁电子商务已经进入快速发展的新纪元，真正进入质变进程。

9. 中国钢企加快国际化步伐，积极探索海外的钢铁项目

事件：我国钢铁企业加快了国际化发展步伐，今年马钢成功并购法国高铁部件商瓦顿公司，获取了其遍布全球40多个国家和地区的销售网络，以及在国际铁路联盟、国际铁路行业标准等一些国际组织中的影响力。还有宝钢、河北钢铁等。

点评：这两年，我国钢铁市场形势恶化，许多钢铁生产企业全面开启实施国际化战略，计划形成国际竞争新优势，并积极探索发展海外钢铁项目，无论是合作还是收购，均有利于加快推进其国际化进程。

10. “期螺“新增一个兄弟，热轧卷板期货在上期所上市

事件：2014年3月21日，热轧卷板期货在上海期货交易所正式挂牌交易，进一步完善了我国钢材期货品种体系，企业可以选择更适宜的期货工具管理风险，并有助于整个钢铁行业形成一个更加公平合理的定价模式与机制。

点评：热轧卷板是我国市场份额占比较大、市场覆盖面较广的钢材品种，热轧卷板期货既与焦炭、铁矿石等期货品种形成协同效应，又和螺纹钢、线材期货形成互补，将更有效促进钢材期货市场的功能发挥。

二、2015 年中国钢铁行业十大事件

1. 有钱任性，各路资本“热捧”钢铁电子商务

事件：2 月 4 日，宝钢集团和宝钢股份拟共同投资 20 亿元加码电商服务平台。11 月 27 日，阿里巴巴与五矿发展共同向五矿电子商务增资近 6 亿元。这并非个案，据不完全统计，2015 年全国加码钢铁电商投资总额高达 600 亿元。

点评：当前我国钢铁市场严峻形势正“倒逼”企业向“互联网 +”要效益，马云都来了，还有什么惊奇不会发生的。可钢铁电子商务行业火热的背后同质化竞争严重，亟须实现量变到质变的飞跃。

2. 熊市不言底，钢铁 PMI 与 CSPI 创历史新低

事件：中国物流与采购联合会钢铁物流专业委员会 12 月 1 日发布的钢铁 PMI 指数创 2008 年 12 月份以来的最低水平。9 月末，中钢协 CSPI 中国钢价指数为 61.19，持续跌破有指数记录以来低点。该指数 1994 年 4 月对外发布，至今有 21 年。

点评：当前我国钢铁市场阴云密布，经营环境可谓“苦不堪言”，与繁荣时期相比，总体钢价已跌去近 70%，钢铁多项指数创下历史新低。放眼未来，钢铁市场大幅回暖或将成为遥不可及的奢望。

3. 建龙接盘，海鑫钢铁破产重组“起死回生”

事件：9 月 25 日，山西运城市中级人民法院已分别向海鑫集团、海鑫集团管理人及建龙集团送达民事裁定书，批准海鑫破产重整计划，终止海鑫重整程序。至此海鑫钢铁正式被纳入建龙旗下，成为建龙第七家钢铁子公司。

点评：我国钢铁行业真的还被大家看好吗？一时间，“钢厂倒闭潮”来袭，建龙上演“接盘侠”大戏，究竟能否拯救“海鑫钢铁”，未来如何发展将完全取决于建龙集团决策层的智慧和勇气。

4. 耗时 860 天，宝钢湛江 1 号高炉终于“点火”

事件：历时 860 多天建设，宝钢湛江钢铁厂一号高炉于今年 10 月底正式“点火”。宝钢用先进产能“覆盖”落后产能的“减量置换”办法，开始引领国内钢铁行业结构转型升级。预计整个项目投产后，将“覆盖”淘汰的落后产能超 1164 万吨。

点评：宝钢正在加快战略布局，湛江项目是宝钢实现在珠三角布局的关键性突破点。可在严峻市场形势下，生不逢时的“冰雪天新生儿”，究竟能否成就辉煌还有待市场的进一步观察与考量。

5.《大国钢铁》，首部大型高清钢铁纪录片开机

事件：6 月 16 日，中国钢铁行业首部大型高清纪录片《大国钢铁》开机，并获国家新闻出版广电总局重大题材立项。10 月，取材沙钢创始人沈文荣励志电影《钢铁，是这样炼成的》上映，重现沙钢收购德国钢铁巨头旗下凤凰钢厂这一钢铁史上壮举。

点评：中国钢铁行业正在经历一次“凤凰涅槃、浴火重生”的过程，《大国钢铁》的开机，对于当下尚在寒冬中行走的每一位钢铁人来说，这都无疑是一种美好的启迪和精神的激励。

6. 全线关停，唐山松汀钢厂、杭州钢铁陆续停产

事件：11 月 14 日，唐山地区的松汀钢厂宣布停产，这是继山西海鑫钢铁集团之后，国内第二家 500 万吨级以上规模的钢厂因高负债和资金压力而停产。一个多月后，杭州钢铁集团位于杭州半山的钢铁基地生产线宣布“熄火”，全线关停。

点评：我国钢铁行业“地震”了，钢厂纷纷停产的消息不断见诸报端，我国钢铁贸易流通危机蔓延至上游钢铁生产企业，钢铁人已经感觉不到惊讶和奇怪，并且类似的情况接下来还在继续发生。

7. 骗贷3亿，无锡一洲老板外逃4年回国投案

事件：11月26日，远逃澳大利亚4年之久、涉嫌骗贷超过3亿元的钢铁贸易老板李某向警方投案，这一举动侧面预示着我国钢铁贸易流通信贷危机和市场风波，已经从“始点”开始重回“终点”。

点评：这几年，我国钢铁贸易流通企业融资困难、市场萧条，许多钢材市场关门歇业和业主“躲债”“跑路”现象频发，一时社会传出“防贼防盗防钢贸”的声音，痛定思痛，最终回头是岸才是正道。

8. 疯狂找钱，7家钢铁电子商务平台登陆新三板

事件：随着唐山报春钢铁网在全国中小企业股份转让系统挂牌，目前已有包括中钢网、钢之家等在内7家钢铁电子商务平台登陆“新三板”市场。从业内反馈来看，还有一些钢铁电子商务平台以及大宗商品电商平台正在积极筹备挂牌。

点评：这两年，我国产业互联网提前在资本市场火爆，“新三板”更是一个通往资本市场的捷径。作为新兴大体量行业，钢铁电子商务平台如此“找钱”，难道是真的“缺钱”？值得业内深思。

9. 时过境迁，央企愿意一块钱“狂甩”钢铁资产

事件：11月15日，创兴资源决定通过公开拍卖转让所持有的神龙矿业100%股权，最终一个叫李春晓的自然人以1000元拍走。一个月后，五矿发展向中国五矿集团转让五矿营口中板公司一半股权，股权转让价竟是1元。

点评：挂牌价真的只要1块钱，卖一个钢厂的钱都不够在菜市场买一斤白菜。数月来，国内很多上市公司旗下的钢铁资产已由之前的“小甜甜”转为“牛夫人”，那是“说甩就甩”，毫不犹豫。

10. 再创纪录，中国钢材出口量首次突破1亿吨

事件：今年前11个月的统计数据显示，中国钢铁出口量首次突破了1亿吨，创下历史纪录水平，超过除日本以外所有国家的钢铁总产量。相信未来人民币走低甚至可能帮助中国进一步扩大出口量。

点评：在我国钢铁行业总体供过于求、经营利润日趋低下的情况下，全球钢铁行业已接近破产，中国钢材出口量的增加，起码可以短期缓解国内钢铁产能严重过剩现象，为此我们又何乐而不为？

三、2016 年中国钢铁行业十大事件

1. 宝钢武钢正式重组联姻，“中国神钢”横空出世

事件：12 月 1 日，中国宝武钢铁集团在上海正式揭牌成立。新组建的宝武钢铁集团拥有员工 22.8 万人，资产总额约 7300 亿元，营业收入达 3300 亿元，成功晋升为全国粗钢产能第一、世界第二的钢铁集团。

点评：宝武钢铁集团揭牌是中国钢铁行业推进去产能、调结构的标志性产物，集团重组与上市公司合并同步推进，也是本轮正在实施的国企改革中“比较彻底”的中央级企业联合重组表率。

2. 中频炉整治风暴：冀苏两钢厂遭国务院“点名”

事件：11 月 23 日，国务院总理李克强在国务院常务会议上点名河北安丰钢铁有限公司、江苏新沂小钢厂未批先建、顶风违法违规项目。国务院决定派出调查组严肃查处，一时市场掀起坚决淘汰落后产能的专项整治风暴。

点评：在我国钢铁供大于需严峻形势下，中频炉炼钢等落后产能、低质量产品的退出，既能解决供需双方共同关心的质量问题，又对市场形成有利影响，关键是“不能让一颗老鼠屎坏了一锅汤”。

3.《钢铁工业调整升级规划（2016—2020）》出炉

事件：11 月 14 日，工信部公布的《钢铁工业调整升级规划（2016—2020）》提出，到 2020 年钢铁工业供给侧结构性改革取得重大进展，产能过剩矛盾将得到有效缓解，预计全国粗钢产能将要净减少 1 亿～1.5 亿吨。

点评：新《规划》为中国“十三五”钢铁业发展指明了方向。钢铁是严重产能过剩行业之一，政府要有“不破不立”勇气，壮士断腕之气魄。这是一个前所未有而当前又必须推进的“大手术”。

4. “一升一降”，中国南北两大钢企大咖命运迥异

事件：12月13日，河北省人民检察院依法以涉嫌受贿罪对原河钢集团董事长王义芳决定逮捕。同一天，工信部网站公布，宝钢集团原董事长、党委书记徐乐江已正式出任工业和信息化部副部长。

点评：一个是中国最大钢铁企业的掌门人，一个是中国最会赚钱的钢铁央企掌门人，分别盘踞中国“一北一南”的钢铁封疆大吏、叱咤风云人物，今天却有着截然相反的命运，让人唏嘘不已。

5.《中国钢铁电商行业发展报告》北京隆重发布

事件：5月6日，《中国钢铁电商行业发展报告（白皮书）》在第九届中国钢铁物流合作论坛上正式发布。本报告由中国物流与采购联合会钢铁物流专业委员会与《现代物流报》联合发布。是我国钢铁电子商务行业第一份系统性权威调查报告。

点评：本报告全面系统展现出我国钢铁电子商务行业突飞猛进的发展现状，揭示了本轮钢铁电子商务交易平台投建热潮的深层原因，对我国整个钢铁流通行业转型升级发展具有重要指导意义。

6. 美国对我国的钢铁产品发起最严“337调查”

事件：5月27日，应美国钢铁公司申请，美国国际贸易委员会（USITC）正式立案决定对中国输美碳钢与合金钢产品发起“337调查”，调查涉及鞍钢、宝钢等40家中国钢铁生产企业，引发中钢协和许多钢厂强烈抗议。

点评：这种简单而又频繁地采取贸易保护措施，从根本上无助于解决美国钢铁产业暂时面临的发展困难，相反只会人为地对正常贸易秩序造成干扰，影响其国际钢铁产业市场竞争与健康发展秩序。

7. 新兴铸管联合西本新干线进军“钢铁互联网”

事件：3 月 17 日，新兴铸管发布公告：拟与西本新干线股份有限公司和上海态一商贸有限公司共同出资 5 亿元人民币，在上海注册成立“西本新干线新兴（上海）有限公司”，全面进军拓展钢铁电子商务领域，努力构建“钢铁 + 互联网”。

点评：我国传统中央级钢铁上市企业和业内知名电子商务平台合作，是一次贯彻“国家混合所有制经济”的创新尝试。未来会逐渐形成新兴交易模式，构建有市场影响力的电子交易生态圈。

8. 中国钢铁 PMI 指数和市场钢价创下两年新高

事件：今年以来，受原材料成本上涨、环保限产等多因素叠加，中国钢铁行业盈利水平好转，4 月份钢铁 PMI 指数 57.3，创下 2013 年 2 月以来新高。同时，现货市场钢价不断攀高，年内最高点较年初几乎翻倍。

点评：从我国钢铁市场发展现状来看，前期价格持续大涨在一定程度上已经透支了后市心理预期。如果未来供给侧结构性改革层面不再出现新的强力加码政策措施，这一轮钢价上涨空间有限。

9. 渤海钢铁千亿债务压身，世界 500 强“坍塌”

事件：3 月 19 日，有媒体报道：为化解渤海钢铁集团过剩产能、推动其脱困发展，天津市政府成立渤海钢铁债权人委员会。该委员会由北京银行等 105 家银行金融机构和类金融机构债权人组成，涉及债权金额 1920 亿元。

点评：坊间传出渤海钢铁集团千亿级债务风波或许只是表象，其深层次问题是其领导干部涉嫌在渤海钢铁系列公司大兴建设同时存在谋取私利，利用职权和掌握的资源“围猎”国有资产可能。

10. 华菱钢铁“去钢铁”，转型金融 + 节能发电

事件：7 月 17 日，华菱钢铁发布重组预案：拟通过与华菱集团等进行资产置换、发行股份购买资产及募集配套资金等方式，置出原有钢铁主业，并注入优质金融与节能发电资产，欲快步甩去钢铁“大包袱”。

点评：华菱钢铁本次重组置换后，公司钢铁业务范围新增加金融和发电业务，形成“金融 + 节能发电”双轮驱动，并且通过发展“金控平台”，有望率先甩掉钢铁包袱，提前完成钢铁“脱困”。

第三十二章　工信部钢铁行业规范条件修订变化

2012 年 6 月 15 日，国家工信部对《钢铁行业生产经营规范条件（2012 年修订）》进行公示。修订版主要从环保审查要求及程序、装备的认定标准和依据、部分环保指标限制、规范条件的可操作性等方面进行了重新调整。

据了解，2010 年，为加强钢铁行业管理，规范现有钢铁企业生产经营秩序，工信部发布了《钢铁行业生产经营规范条件》。随着《钢铁工业“十二五”发展规划》、《国家环境保护“十二五”规划》等规划以及新产品标准、环保标准的出台，工信部对《钢铁行业生产经营规范条件》进行了修订，从而更好适应钢铁行业发展的实际情况。比较来说，2012 年版《钢铁行业生产经营规范条件》是 2010 年的加强版，仍是从钢铁的工艺、设备、产品、规模方面进行规范。

变化一：名称进行了修改。

2010 年版的名称为《钢铁行业生产经营规范条件》。为了与其他行业准入条件的名称保持大体一致，2012 年版名称修改为《钢铁行业规范条件》。

变化二：涉及部门有变化。

《规范条件》2010 年版表示，将规范管理工作“作为有关部门核准或备案项目、配置资源、核发建筑钢材生产许可证等事项的依据”。《规范条件》2012 年版没有类似表述，只保留工信部能主导完成的内容，其他部门可将此作为参考。

变化三：装备认定标准和依据有调整。

《规范条件》2010 年版要求“对于钢铁行业建设及改造项目要达到更高的准入标准，须按照《钢铁产业发展政策》的有关要求执行”，而《规范条件》2012 年版对建设及改造项目没有涉及，表示适用于“现有钢铁联合、冶炼企业”。

变化四：增加严禁生产热轧硅钢片等内容。

《规范条件》2012 年版表示，“严禁生产Ⅰ级螺纹钢筋、Ⅱ级螺纹钢筋 (2013 年后)、热轧硅钢片等《部分工业行业淘汰落后生产工艺装备和产品指导目录 (2010 年本)》(工产业 [2010] 第 122 号) 中须淘汰的钢材产品”。

变化五：删除环评审批手续作为审查前提条件的表述。

《规范条件》2010 年版要求“钢铁企业须依法执行环评审批和‘三同时’制度，建设项目未经环评审批的，须补办环评审批手续”。这一表述在《规范条件》2012 年版中被删除，淡化了一些程序上的要求，拟通过环境监测机构出具的环境监测报告和环境保护行政主管部门出具的有关材料进行严格把关，确保企业在污染物达标排放和总量控制方面符合环保要求。

变化六：二氧化硫等排放指标有调整。

《规范条件》2012 年版表示，“钢铁企业吨钢烟 (粉) 尘排放量不超过 1.19 千克，吨钢二氧化硫排放量不超过 1.63 千克”，而此前《规范条件》2010 年版的要求是“吨钢烟粉尘排放量不超过 1.0 千克，吨钢二氧化硫排放量不超过 1.8 千克”。同时，《规范条件》2012 年版加入烧结、炼铁等工序环节新的排放标准。

变化七：新水消耗等要求提高。

吨钢新水消耗从此前的“不超过 5 吨”，提高到“不超过 4.1 立方米”。而对于固体废弃物的要求，也发生了变化。此前《规范条件》2010 年版的要求是

“高炉渣综合利用率不低于97%，转炉渣不低于60%，电炉渣不低于50%”。而在《规范条件》2012年版中则统一要求“固体废弃物综合利用率不低于94%”。

变化八：装备要求更详细。

《规范条件》2012年版对高炉、转炉的要求没变，仍然分别是400立方米以上、30吨以上；对于电炉的公称容量，除了要求在30吨以上外，变压器容量还须在15000千伏安以上。

变化九：焦炉环保设施要求更完备。

《规范条件》2012年版要求“焦炉应配套除尘、脱硫、污水生化处理、煤气回收利用(不得放散)以及干熄焦装置”，而《规范条件》2010年版要求“焦炉须配套煤气回收装置，有条件的企业焦炉须采用煤调湿并配套干熄焦装置”。

变化十：更加重视安全。

在安全方面，《规范条件》2012年版对相关要求进步一步明确：“焦化、氧气及相关气体制备、煤气生产(不包括回收)等危险化学品生产单位须取得危险化学品生产企业安全生产许可证”。

总之，基于规范我国钢铁行业健康发展考虑，我国钢铁企业即要符合《钢铁产业发展政策》，也要符合《钢铁产业调整和振兴规划》，还要符合环境保护的要求，这就需要多部门联合，最主要的还是要与地方政府协调好，权衡各方利益。若强行关闭一个钢厂，势必会想到失业人群和社会稳定以及对一个小地方的经济影响，让他们退出或者强拆，也要制定一套相应的切合实际的退出或补偿机制，那样，该规划才能更有效地、更快地达到目标，政策自然就有执行力。

第三十三章　中国钢铁淘汰落后产能政策时间轴（2007—2017）

• 2007 年 4 月 29 日，国家发改委发布《关于加快推进产业结构调整遏制高耗能行业再度盲目扩张的紧急通知》。为全面贯彻落实科学发展观，加快推进产业结构调整和经济增长方式转变，实现经济社会平稳较快发展和“十一五”节能减排的目标，必须综合采取经济、法律手段，辅助以必要的行政措施，坚决遏制高耗能行业再度盲目扩张。《通知》要求，一是从严控制新建高耗能项目，禁止违规审批（核准）、备案；二是坚决取缔违规出台的鼓励高耗能产业发展的各项优惠政策；三是认真贯彻国家产业政策和有关法律法规，积极推进产业结构调整；四是进一步提高行业准入门槛，淘汰能耗高、污染严重的落后生产能力；五是加强产业政策与国土、信贷、环保等政策的协调配合和市场监管；六是加强督促检查，确保政策措施落实到位。

• 2008 年 1 月 14 日，国家发改委下发了《关于报送关停和淘汰落后钢铁产能任务完成及第二阶段实施方案等有关情况的通知》，要求各地要抓紧开展第二阶段关停和淘汰落后产能工作，并报送具体实施方案。这意味着继签订第一批淘汰落后钢铁产能责任书后，淘汰落后钢铁产能进程会进一步加速。专家指出，根据发改委与全国 18 个省区签订的第二批责任书，连同第一批责任书，到 2010 年中国将总共关停淘汰7776万吨的落后炼钢产能及8917万吨炼铁能力，涉及企业573家，其中包括宝钢集团。而初步估算，2008年要关停和淘汰落后炼铁能力3706万吨、炼钢能力3820万吨。

•2009年2月9日，国家工信部发布《现有钢铁企业生产经营准入条件和管理办法（征求意见稿）》，要求2008年产钢100万吨以下的普通钢铁企业和年产50万吨以下的特钢企业退出钢铁行业。工信部明确规定，不符合准入条件的企业需按照准入条件的要求进行整改，整改无望的企业应逐步退出钢铁生产。根据《办法》，产钢100万吨以上的普通钢铁企业和年产50万吨以上的特钢企业，如果两年之内无重大产品质量问题，未发生重大环境污染事故，未发生重大安全事故，符合国家产品质量、环保、能耗标准，并且工艺装备符合相关要求，即可向工信部提交《现有钢铁企业生产准入申请报告》，经过各级政府主管部门和工信部审核后，对符合准入条件的企业进行公示和准入公告。

•2009年3月20日，国务院发布《钢铁产业调整和振兴规划》。针对当前钢铁业发展的现状和存在的问题，《规划》提出，要以控制总量、淘汰落后、企业重组、技术改造、优化布局为重点，着力推动钢铁产业结构调整和优化升级，切实增强企业素质和国际竞争力，加快钢铁产业由大到强的转变。力争在2009年遏制钢铁产业下滑势头，保持总体稳定。到2011年，钢铁产业粗放发展方式得到明显转变，技术水平、创新能力再上新台阶，综合竞争力显著提高，支柱产业地位得到巩固和加强，步入良性发展的轨道。

•2009年4月24日，国家工信部发布《关于遏制钢铁行业产量增长过快的紧急通知》。《通知》指出，2009年以来，随着国家一系列扩大投资、刺激内需政策的出台，钢铁行业出现了回暖迹象。在这种情况下，一些企业不顾市场需求，盲目扩大生产，致使供需关系严重失衡，钢材价格大幅度下滑。为贯彻落实党中央、国务院扩内需、保增长、调结构的总体要求，保持钢铁行业的平稳增长,《通知》要求，进一步健全完善统计监测制度，运用电子信息技术改造现有统计监测手段，及时汇总掌握生产、库存、销售等方面的动态信息，为政府部门和钢铁企业决策提供服务。主动调整品种结构，严格执行差别电价政策，对20吨及以下转炉电炉等淘汰类，2005年8月以后建设的120吨以下转炉、70吨以下电炉、1000立方米以下高炉等限制类生产能力继续实施淘汰类、限制类差别电价。对新增生产能力的炼铁、炼钢、轧钢项目应由国家有关主管部门核准，未经国家有关主管部门核准的项目均属违规项目。

• 2009年9月26日，国务院转发改委、工信部等十大部委发布《关于抑制部分行业产能过剩和重复建设引导行业健康发展的若干意见》，为应对国际金融危机的冲击和影响，按照“保增长、扩内需、调结构”的总体要求，国务院出台了钢铁等十个重点产业调整和振兴规划，在推动结构调整方面提出了控制总量、淘汰落后、兼并重组、技术改造、自主创新等一系列对策措施，各地也相继出台了一些扶持产业发展的政策措施。不过,《意见》提出，结构调整虽取得一定进展，但总体进展不快，各地区、各行业也不平衡。不少领域产能过剩、重复建设问题仍很突出，有的甚至还在加剧。特别需要关注的是，一些地区违法、违规审批，未批先建、边批边建的现象又有所抬头。《意见》指出，不再核准和支持单纯新建、扩建产能的钢铁项目，2011年底前淘汰400立方米以下高炉、30吨以下转炉和电炉。

• 2010年7月12日，国家工信部发布《钢铁行业生产经营规范条件》，对钢铁行业现有企业生产经营实行规范管理，作为有关部门核准或备案项目、配置资源、核发建筑钢材生产许可证、规范铁矿石经营秩序及推进淘汰落后钢铁产能等事项的依据。《条件》强调，钢铁行业生产经营规范要与兼并重组、淘汰落后等工作相结合，逐步减少钢铁企业数量，降低落后产能比例，改进和完善行业管理。《条件》中规定必须依法执行环评审批流程，制定污染物排放标准，规范现有钢铁企业生产经营秩序。专家强调，本规范条件是现有钢铁行业生产经营的一个基本条件，是适应我国钢铁工业目前发展水平的过渡性标准，随着我国钢铁工业总体水平的提升将不断提高。对于钢铁行业建设及改造项目要达到更高的准入标准，需按照《钢铁产业发展政策》的有关要求执行。

• 2011 年 10 月 24 日，国家工信部发布《钢铁工业“十二五”发展规划》，主要阐明钢铁行业发展战略和目标，明确发展重点，引导市场优化配置资源，对钢铁工业转型升级进行部署，作为“十二五”规划期间我国钢铁工业发展的指导性文件，将引导钢铁工业结构调整转型升级、更好地满足经济社会发展需求。与以往相比，《规划》更加强调发挥市场基础性作用，突出规划宏观指导的原则性、方向性。基于对我国钢铁工业现状、发展态势和外部环境综合分析判断，规划指出，“十二五”时期是我国钢铁工业步入转变发展方式的关键阶段。据了解，“十二五”时期钢铁工业加快转变发展方式是国民经济和社会发展的迫切要求，也是钢铁工业自身发展的切实需要。同时，我国钢铁工业具备加快转变发展方式的良好基础，在品种质量、技术装备和节能减排等方面进步明显。

• 2012 年 10 月 29 日，国家工信部发布《关于印发废钢铁加工行业准入公告管理暂行办法的通知》，主要为落实《废钢铁加工行业准入条件》（工业和信息化部公告 2012 年第 47 号），规范废钢铁加工行业发展，提高废钢铁综合利用水平，实现钢铁产业节能减排。《通知》强调，现有废钢铁加工配送企业可向本地区省级工业和信息化主管部门提出公告申请，公告申请书应对申请企业是否符合《准入条件》中企业布局和建设要求、规模、工艺和装备、产品质量、能源消耗和资源综合利用、环境保护、人员培训、安全生产、职业健康和社会责任等方面要求做出详细说明。

• 2013 年 1 月 22 日，国家工信部联合发改委、财政局、税务总局等发布《关于加快推进重点行业企业兼并重组的指导意见》，就加快推动钢铁等多个行业的企业兼并重组提出意见。《意见》提出的主要目标和重点任务与《钢铁行业十二五规划》基本一致：积极支持区域优势钢铁企业兼并重组，计划到2015年，前10家钢铁企业集团产业集中度达到60%左右；重点支持大型钢铁企业集团开展跨地区、跨所有制兼并重组。《意见》强调，着力推动跨区域重组，主要体现在三方面：一是坚持市场化运作；二是清理不利于兼并重组的政策，尤其是自行出台的限制外地企业并购的保护性政策；三是积极探索跨地区企业兼并重组地区间利益共享机制。专家指出，目前国内钢铁行业鲜有跨区域重组的成功案例，究其本源，政府的GDP考核体制和财税制度是阻碍跨区域重组的两大拦路虎。钢铁企业除了贡献大量GDP，还给地方政府带来大量税收。

• 2013年10月6日，国务院发布《关于化解产能严重过剩矛盾指导意见》，主要针对钢铁、水泥、电解铝、平板玻璃以及船舶五大行业，对钢铁行业提出两点要求：第一，在提前一年完成“十二五”淘汰落后产能目标的基础上，2015年前再淘汰1500万吨炼钢产能；第二，推进河北、山东等六地区产业结构调整，分散钢铁产能，推动城市钢厂搬迁，未来五年压缩钢铁行业产能超过8000万吨。“十二五”期间炼钢产能淘汰目标提升至6800万吨。此前工信部公布的“十二五”落后产能淘汰目标为4800万吨，国务院指导意见要求在2015年之前再淘汰1500万吨，将落后产能淘汰目标提升至6800万吨，这要高于“十一五”期间5000万吨的淘汰目标。乐观地测算，若6800万吨产能全部淘汰，则到2015年粗钢产能利用率有望从现在的74%提升至82%，供需矛盾将得到一定程度缓解，此外国务院要求五年压缩产能8000万吨，届时产能利用率也将超过83%。

• 2014年7月10日，国家工信部发布《关于做好部分产能严重过剩行业产能置换工作的通知》和《部分产能严重过剩行业产能置换实施办法》，要求各地工业和信息化主管部门做好钢铁、电解铝等行业产能置换工作。《办法》还要求，要对钢铁（炼钢、炼铁）、电解铝、水泥、平板玻璃行业项目建设实行产能置换，尤其是在京津冀、长三角、珠三角等环境敏感区域，实施“减量置换”。据了解，在2010年国务院印发的《关于进一步加强淘汰落后产能工作的通知》中，就已提出产能等量或减量置换。但由于没有明确要求和可操作的路径，各地在执行中标准不一，程序不够规范，甚至存在多次置换的问题，没有达到控制产能总量、遏制盲目扩张的目的。正因此，本次工信部研究制定了新办法，并印发了《通知》。《通知》中强调，将实施产能等量或“减量置换”作为化解产能过剩的一项重要措施，采取疏堵结合的方式来化解产能过剩。

• 2014 年 8 月 25 日，国家工信部公布符合《钢铁行业规范条件》企业（第三批）名单的公示，全国 149 家钢铁企业在列，其中包括攀钢集团成都钢钒有限公司、天津冶金集团轧三钢铁有限公司、河北宝信钢铁集团、河北津西钢铁集团正达钢铁有限公司等企业。据统计，2013 年工信部已先后公布了两批“白名单”，共有 158 家钢铁生产企业入围。不过，工信部初步考虑将这三批名单所纳入的企业数量控制在 200 家以内，争取把行业内 80% ～90% 的钢铁产能纳入进来。而目前已有 307 家钢铁企业进入名单，这意味着“白名单”已经超编。进入白名单企业并非就有了“免死金牌”，工信部将继续对入围企业保持规范生产要求，并在 2 年左右核查一次，实行动态管理。未达到要求者若在期限内达不到整改要求，将直接被移出“白名单”。

• 2014 年 9 月 30 日，国家工信部发布《关于做好“十三五”期间重点行业淘汰落后和过剩产能目标计划制订工作的通知》，要求部门进一步落实《国务院关于进一步加强淘汰落后产能工作的通知》《国务院关于化解产能严重过剩矛盾的指导意见》和《国务院关于印发大气污染防治行动计划的通知》部署，推进重点行业淘汰落后和过剩产能，做好 2015 年及“十三五”期间淘汰目标计划制订工作。《通知》指出，淘汰落后和过剩产能是化解产能严重过剩矛盾、促进产业结构调整的重要措施，是加强工业企业污染综合治理、推动节能减排的重要手段，是推进工业转型升级、提高发展质量和效益的迫切需要。各地要在总结前一阶段工作经验的基础上，按照新时期全面深化改革的精神，运用法律手段和经济手段淘汰落后和过剩产能的工作机制。继续淘汰现有目录界定的落后产能，确定工艺技术和装备落后的项目及产能，列入目标计划实施淘汰，坚决淘汰环保、能耗等不达标的落后产能。

• 2014 年 7 月 15 日，国家工信部发布《2014 年十五大行业首批淘汰落后和过剩产能企业名单》，炼铁、炼钢、焦炭、铁合金、电石、电解铝等十五大工业行业进入淘汰落后和过剩产能企业名单，其中炼铁 44 家、炼钢 30 家、焦炭 44 家、铁合金 164 家。对于列入名单中的企业生产线（设备），工信部要求今年年底前彻底拆除淘汰，且不得向其他地区转移，并按照《关于印发淘汰落后产能工作考核实施方案的通知》要求，做好对淘汰落后产能企业的现场检查验收和发布任务完成公告工作。

• 2014 年 11 月 6 日，国家能源局、发改委和环保部等七部委联合发布《燃煤锅炉节能环保综合提升工程实施方案》，计划到 2018 年，推广高效锅炉 50 万蒸吨，高效燃煤锅炉市场占有率由目前的不足 5% 提高到 40%；淘汰落后燃煤锅炉 40 万蒸吨；完成 40 万蒸吨燃煤锅炉的节能改造；燃煤工业锅炉平均运行效率在 2013 年的基础上提高 6 个百分点，形成年 4000 万吨标煤的节能能力；减排 100 万吨烟尘、128 万吨二氧化硫、24 万吨氮氧化物。《方案》还指出，截至 2012 年底，我国在用燃煤工业锅炉达 46.7 万台，总容量达 178 万蒸吨，年消耗原煤约 7 亿吨，占全国煤炭消耗总量的 18% 以上。我国燃煤工业锅炉整体能效水平较低，其实际运行效率比国际先进水平低 15 个百分点左右，具有较大的节能潜力。同时，燃煤工业锅炉污染物排放强度较大，是重要污染源，年排放烟尘、二氧化硫、氮氧化物分别约占全国排放总量的 33%、27%、9%。

• 2015 年 3 月 20 日，国家工信部发布《钢铁产业调整政策（2015 年修订）（征求意见稿）》。为贯彻《中共中央关于全面深化改革若干重大问题的决定》关于强化节能节地节水、环境、技术、安全等市场准入标准，建立健全防范和化解产能过剩长效机制的精神，落实《国务院关于化解产能严重过剩矛盾的指导意见》关于修订完善钢铁产业政策的要求，推动钢铁产能过剩矛盾化解，促进钢铁产业调整升级，工业和信息化部组织对2005年发布的《钢铁产业发展政策》进行修订，最终形成了征求意见稿。征求意见稿提出，到2017年，钢铁产能严重过剩矛盾得到有效化解，产能规模基本合理，产能利用率达到80%以上，行业利润率及资产回报率回升到合理水平。

• 2016年2月1日，国务院印发《关于钢铁行业化解过剩产能实现脱困发展的意见》，提出钢铁行业化解过剩产能实现脱困发展，要着眼于推动钢铁行业供给侧结构性改革，因地制宜、分类施策、标本兼治，积极稳妥化解过剩产能，促进钢铁行业提质增效。用5年时间再压减粗钢产能1亿～1.5亿吨，实现钢铁行业兼并重组取得实质性进展，该文件拉开了“十三五”时期中国钢铁行业“去产能”的序幕。《意见》强调，各有关省级人民政府、国务院国资委分别对本地区、有关中央企业化解钢铁过剩产能工作负总责。相关部门和各有关地区要建立化解钢铁过剩产能和脱困升级工作协调机制，统筹推进各项工作。要加强对化解过剩产能工作全过程的监督检查；及时将化解过剩产能任务年度完成情况向社会公示；对未完成任务的地方和企业要予以问责。要充分发挥行业协会作用，引导和规范企业做好自律工作。要加强宣传引导，做好政策解读，形成良好的舆论环境。

• 2016年10月28日，国家工信部发布的《钢铁工业调整升级规划（2016—2020）》提出，到2020年，中国钢铁工业实现全行业根本性“脱困”。在此改善基础上，未来我国严禁新增钢铁产能，停止建设扩大钢铁产能规模的所有投资项目，结构调整及改造项目必须严格执行产能的“减量置换”，以全面提高钢铁工业综合竞争力为目标，以化解过剩产能为主攻方向，提高我国钢铁工业发展质量和效益。具体到各项目标：粗钢产能净减少1亿～1.5亿吨，粗钢产能从目前的11.3亿吨降至10亿吨以下；产能利用率需从目前的70%提升至80%；产业集中度方面，前10家重点钢企集中度从目前的34.2%提升至60%。规划还指出，“十三五”时期，钢铁总需求低迷和产能过剩并存的格局难以出现根本改变。因此，全力推进钢铁工业供给侧结构性改革，着力化解过剩产能、实现钢铁行业脱困发展已是当务之急。

• 2017 年 2 月 9 日，国家工信部发布第一批拟撤销规范公告的 35 家钢铁企业名单，公开向社会公示。2016 年 3 月份，国家工信部正式下发《关于组织开展 2016 年钢铁行业规范企业动态调整工作的通知》，旨在实现对钢铁规范企业的动态管理，强化事中、事后监管，包括撤销规范公告企业名单、需整改企业名单和符合规范条件企业名单。根据《钢铁行业规范条件》和《钢铁行业规范企业管理办法》要求，对存在违法违规行为，发现国家明令淘汰装备，列入 2016 年去产能任务整体退出，环保、质量、安全、能耗等执法监管中责令停业关闭及以上处罚，停产超过 1 年以上等情形的企业，予以撤销规范公告。对存在环保、质量、安全、能耗等执法监管中责令整改的企业，列入整改企业名单。对列入整改名单的企业，如果下一年度再出现需整改类情形，直接撤销规范公告。

• 2017 年 4 月 24 日，国家工信部发布 2017 年第 15 号公告，公告称根据《钢铁行业规范条件（2015 年修订）》和《钢铁行业规范企业管理办法》，"从钢铁行业规范企业名单中撤销了 29 家钢铁企业，同时有 40 家企业列入需整改名单"。据了解，国家工信部自 2012 年开展钢铁行业规范管理工作以来，共分为三批公告了 304 家规范企业，约占全国粗钢总产能 90%。根据公告内容：此次列入撤销钢铁行业规范名单的企业主要包括三类：一是响应国家去产能号召，主动退出钢铁行业实施转型转产的企业；二是存在不符合规范条件要求情形的企业；三是已不具备生产经营条件，未通过省级工业主管部门初审的企业。当然，对积极整改能够按照规范条件要求持续规范生产经营的企业，原则上自撤销公告之日起，12 个月后可按程序重新提出规范申请。

• 2017 年 5 月 12 日，国家发改委、工信部等多部委联合发布《关于做好 2017 年钢铁煤炭行业化解过剩产能实现脱困发展工作的意见》。《意见》指出，

2017 年要推动钢铁行业跨地区、跨所有制的兼并重组，再启动若干钢铁行业重大兼并重组，鼓励有条件、有实力的钢铁企业通过多种方式开展国际产能合作。《意见》强调，要坚持市场化法治化去产能，遵循市场规律，充分发挥市场在资源配置中的决定性作用，通过优胜劣汰退出落后产能；要坚定不移处置“僵尸企业”，对于长期停工停产、连年亏损、资不抵债，没有生存能力和发展潜力的“僵尸企业”，加快实施整体退出、关停出清、重组整合。严查 400 立方米及以下的炼铁高炉（符合《铸造用生铁企业认定规范条件》的除外）、30 吨及以下炼钢转炉、30 吨及以下炼钢电炉（高合金电弧炉除外）等落后产能。

后 记

现在每天从印刷厂倾泻而出的书籍，简直如波涛洪流，可大家为什么还要硬凑热闹写书呢？我相信任何一位作者都有责任和义务向广大读者说明自己的创作意图，而我又能提出什么理由来为自己辩护呢？坦诚相告，在撰写本书之前，我想到了三类读者。

第一类是钢铁制造从业者。在中国特殊的历史和国情下，我们从“大炼钢铁”到“世界钢铁大国”，从“庄稼农民”到“上亿钢铁工人”，从“穷困村落”到“全国经济强县”……这个曾经令亿万中国人自豪的产业，如今迎来了产能过剩、工人下岗、债务危机、环保升级、倒逼转型、关停中频炉、破产重组……

这是我国钢铁产业三十年一遇的寒冬。在大力推进钢铁供给侧结构性改革的当下，我国许多钢铁生产从业者选择了坚守，砥砺前行；也有许多从业者选择了转业，远离钢铁。这两年，中国钢铁行业究竟发生了什么、正在发生什么、未来又将可能发生什么，需要有人告诉他们答案，哪怕不是最准确的答案，起码可以作为他们的决策参考。

第二类是钢铁物流从业者。大体来说，他们是我国钢铁供应链上的中游产业群体。从微观经济学来看，商品从生产到终端，可以是短流程，也可以是很漫长的长流程。不过存在即为合理，在发展初期，长流程包含了厂内物流、市场流通、仓储加工、贸易周转和终端配送等多个环节。然而，近年来我国钢铁贸易流通、钢材市场和仓储加工行业出现了严重的“重复质押”“钱紧”“钱荒”和“信贷危机”……最严重时，分分钟都有倒逼、被抓、跑路的钢铁贸易流通商。为此，这支庞大的钢铁贸易流通大军已从繁荣时期的20万家，一下“裁减”到了五分之二。

正可谓十年河东，十年河西。中国钢铁贸易流通行业从繁荣到衰败也不过走了十年而已。时至今日，我国钢铁贸易流通商再次站在了风云际会的当口。整个行业企业的多米诺骨牌性倒塌仍在蔓延，市场开始历经一场血与火的严峻考验。除了一些破产倒闭的企业外，还有一大部分名存实亡的空壳企业陷入了苦苦鏖战的境地。他们需要知道为什么，这个行业到底怎么了，是市场经济行业发展周期所致，还是社会进步、市场优胜劣汰所需，本书试图通过现状剖析和调查研究帮助他们找到背后原因。

第三类是钢铁电商从业者。这是我国乃至全世界而言的一个新兴行业，它的出现，让我国钢铁贸易流通正在从长流程变为短流程，它的科技性、变革性和进步性使其成为当前我国钢铁工业里最为耀眼的新星。不过，任何一个新兴事物的出现必然伴随着利与弊，都会对旧的事物产生影响，尤其是对于钢铁贸易流通商而言。不过，有人说两者是更新换代、相互替代，也有人说，两者是优势互补、相互依存。而现在呈现给市场的，一面是中国钢铁贸易流通大军快速优胜劣汰，一面是中国钢铁电子商务交易平台“雨后春笋”般蓬勃涌现。

事实上，从长流程到短流程，就是对我国钢铁供应链物流生态的变革和重构，给传统企业带来的影响就是深度洗牌。当然，有改变就会有伤害，这必然会“倒逼”大量的传统钢铁贸易流通企业倒闭或转型，数万从业者步入失业、待岗和再学习……上述这些人需要了解真相，需要抓紧“脑补”。与此同时，中国钢铁电子商务从业者更需要了解钢铁全产业链过程，把自己的IT技术和电子商务技能最大化地应用到钢铁传统贸易流通领域，故此，撰写本书的目的也是希望为他们提供一本快速了解行业的职业教科书。

鉴于以上种种需求，本书分为八部分30多个章节，重点从行业现状、存在问题、创新发展和未来趋势四个角度展开深入调查研究，并着重论述了钢铁生产、钢铁贸易流通、钢材市场和钢铁电子商务四大行业，通过实地调研和夹叙夹议方式，深刻剖析现存问题、难题，全面揭露出钢铁供给侧结构性改革进程中一些“混淆概念”和“草率应付”的现象。在写作过程中，围绕核心问题大胆发声，抛出了许多振聋发聩的观点。例如，书中通过“僵尸企业、顶风违法违规、囫囵吞枣、重复建设、地条钢丛生、跑马圈地、钢贸信贷危机”等词汇直指现状问题，同时也引用“壮士断腕、不能让一颗老鼠屎坏了一锅汤、创新升级、做优增量、走出去、做大做强”等词汇表达了我国政府对整个钢铁供应链整体治理和创新升级的决心和信心。

值得一提的是，本书在坚持以供给侧结构性改革与流通创新为主线的同时，特别涵括了钢铁生产、贸易、流通和加工配送等全产业链多领域。因此，该书也被定义为“一本关于中国钢铁全产业链供给侧结构性改革与流通创新的系统性调查研究著作”。英国著名供应链管理专家马丁·克里斯多弗（Martin Christopher）曾说：“未来市场上只有供应链没有企业”，“真正的竞争不是企业与企业之间的竞争，而是供应链和供应链之间的竞争”。当下，我国正在积极推进钢铁供给侧结构性改革，我们更要关注钢铁全产业链上每一个行业在改革中出现的创新和改变，只有这样才能真正应对未来供应链和供应链之间的竞争。寒冬是一种考验，更是一种机遇。我们在审视钢铁全产业链面临寒冬和机遇的时刻，更要以一种乐观的视角正视行业的价值，我们要相信，没有哪个冬天不可逾越，没有哪个春天不会到来，况且几经鏖战后，这个春天已经到来！

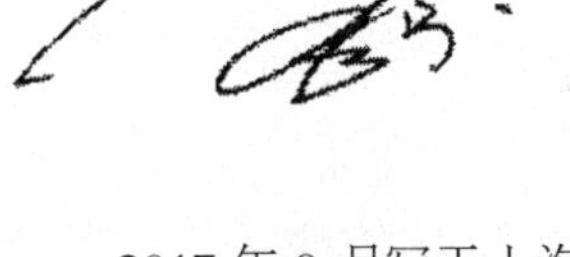

2017 年 9 月写于上海